Pedido e Causa de Pedir

Pedido e Causa de Pedir

2020 · 2ª Edição

Daniela Monteiro Gabbay

PEDIDO E CAUSA DE PEDIR
2ª EDIÇÃO
© Almedina, 2020
AUTOR: Daniela Monteiro Gabbay

DIRETOR ALMEDINA BRASIL: Rodrigo Mentz
EDITORA JURÍDICA: Manuella Santos de Castro
EDITOR DE DESENVOLVIMENTO: Aurélio Cesar Nogueira
ASSISTENTES EDITORIAIS: Isabela Leite e Larissa Nogueira

PREPARAÇÃO E REVISÃO: Monalisa Marcondes Neves e Lyvia Felix
DIAGRAMAÇÃO: Almedina
DESIGN DE CAPA: Roberta Bassanetto

ISBN: 9786556271460
Dezembro, 2020

Dados Internacionais de Catalogação na Publicação (CIP)
(Câmara Brasileira do Livro, SP, Brasil)

Gabbay, Daniela Monteiro
Pedido e causa de pedir / Daniela Monteiro Gabbay.
-- 2. ed. -- São Paulo : Almedina, 2020.

ISBN 978-65-5627-146-0

1. Direito - Brasil 2. Jurisdição 3. Processo
coletivo - Jurisprudência - Brasil I. Título.

20-48018 CDU-34(81)

Índices para catálogo sistemático:

1. Direito : Brasil 34(81)

Aline Graziele Benitez - Bibliotecária - CRB-1/3129

Este livro segue as regras do novo Acordo Ortográfico da Língua Portuguesa (1990).

Todos os direitos reservados. Nenhuma parte deste livro, protegido por copyright, pode ser reproduzida, armazenada ou transmitida de alguma forma ou por algum meio, seja eletrônico ou mecânico, inclusive fotocópia, gravação ou qualquer sistema de armazenagem de informações, sem a permissão expressa e por escrito da editora.

EDITORA: Almedina Brasil
Rua José Maria Lisboa, 860, Conj.131 e 132, Jardim Paulista | 01423-001 São Paulo | Brasil
editora@almedina.com.br
www.almedina.com.br

Aos meus filhos, Guilherme e Felipe,
que escrevem comigo os capítulos mais criativos da vida,
para quem desejo o poder transformativo dos livros.

AGRADECIMENTOS

Ao final de uma pesquisa que se estendeu por quase três anos, durante o mestrado em Direito Processual que cursei na Faculdade de Direito da Universidade de São Paulo (USP), muitos agradecimentos poderiam ser feitos a todos aqueles que me apoiaram desde a fase de amadurecimento do tema até a finalização da dissertação que deu origem a este livro.

Agradeço primeiramente à minha família, meus pais, Albert e Cecy, e meus irmãos, Marcelo e Arthur, por me incentivarem a cursar o mestrado, propiciando minha vinda para São Paulo e fornecendo apoio e conforto emocional em todos os momentos, verdadeiros alicerces e minha maior inspiração nesta caminhada. Ao meu irmão Arthur, que perdeu algumas noites dando-me suporte para tabular e consolidar em planilhas as decisões judiciais da pesquisa empírica, agradeço ainda pela paciência e dedicação.

Ao meu marido, Ricardo, e aos meus filhos, Guilherme e Felipe, agradeço a inspiração diária e a paciência com as horas de trabalho na revisão da segunda edição do livro que me privaram do que mais gosto de fazer, que é ficar com eles.

Um agradecimento especial precisa ser destacado ao meu orientador, Carlos Alberto Salles, pela oportunidade de fazer o mestrado na Faculdade de Direito da Universidade de São Paulo, pela dedicada orientação, que muito me ajudou na produção acadêmica deste trabalho, e pela disponibilidade para ouvir e analisar, sob perspectiva crítica, as ideias que o geraram. Sinto-me privilegiada por ter sido sua orientanda e ter participado de tantos outros projetos por ele capitaneados, como o Núcleo de Estudos de Meios de Solução de Conflitos (Nemesc). Sua dedicação, inteligência e competência, ao se revestirem de uma simplicidade admirável, dão ao ambiente acadêmico um ethos de produtividade, cooperação e estímulo.

Aos meus professores da Universidade Federal do Pará (UFPa), especialmente aos professores Antônio Maués, Gisele Góes e Pedro Bentes, agradeço pelo incentivo para cursar o mestrado que originou este livro. Obrigada por, desde a graduação, terem me instigado a percorrer a vida acadêmica.

Ao Centro de Estatística Aplicado da Universidade de São Paulo (CeA) agradeço pelo apoio estatístico na análise dos dados coletados na pesquisa jurisprudencial, especialmente aos alunos Gustavo Miranda da Silva e Diego Martins do Carmo, que se debruçaram detidamente sobre a pesquisa e se preocuparam em traduzir, em termos simples, conclusões que têm por trás um enorme e complexo universo estatístico e probabilístico.

Ainda em relação à pesquisa empírica, agradeço as orientações metodológicas que me foram fornecidas pelos professores Esdras Costa e Paulo Eduardo Alves da Silva durante a elaboração da dissertação de mestrado.

À FGV DIREITO SP, agradeço pelo estímulo à pesquisa, e aos meus alunos, pela troca constante em sala de aula, em um instigante ambiente acadêmico que muito contribuiu à minha formação como pesquisadora e docente.

Faço um agradecimento especial aos professores que compuseram a banca de defesa da dissertação que originou este livro: Kazuo Watanabe, Paulo Eduardo Alves da Silva e Carlos Alberto Salles, cujas considerações e ponderações durante a defesa foram muito relevantes para gerar a versão final deste livro.

À Larissa Romão, agradeço pelo trabalho de pesquisa e revisão da segunda edição, sem o qual não seria possível, em tão pouco tempo, finalizar a atualização deste livro, considerando as mudanças trazidas pelo Código de Processo Civil de 2015.

À minha sócia e amiga, Flavia Mange, agradeço por me apoiar em todas as minhas aventuras acadêmicas, como a revisão desta edição.

Por fim, e não menos importante, toda a dedicação que pude ter durante o mestrado não teria sido possível sem o apoio de meus grandes e verdadeiros amigos. Meus amigos de Belém, meus amigos de São Paulo, meus amigos da vida... Um agradecimento aos amigos que tiveram um papel especial no mestrado: Catarina Barbieri, Daniel Silveira, Débora Aymoré, Flavia Mange, Gabriela Avertano Rocha Silveira, Loiane Prado Verbicaro, Maria Cecília Asperti, Maytê Ximenes Ponte, Susana Henriques da Costa e Thomaz Pereira, amigos que bem poderiam ser incluídos no agradecimento que fiz à família, pois é como se fizessem parte dela.

PREFÁCIO

O presente livro trata de um tema fundamental e de sempre renovada importância para o direito processual civil.

Neste trabalho, com o qual obteve o título de mestre pela Universidade de São Paulo, Daniela Monteiro Gabbay discute os mecanismos processuais através dos quais o processo absorve um determinado conflito social, conformando-o na matéria a ser objeto da cognição do juiz, expressa habitualmente pelo tão cantado, quanto decantado, conceito de lide processual. Em termos estritamente jurídicos, o tema tratado é aquele do pedido e a causa de pedir.

Considerando o atual estado da arte de nossa ciência processual civil – se é possível colocar as coisas nesses termos – e o tema clássico escolhido pela autora, tudo levaria a esperar por uma dissertação vocacionada ao padrão tradicional, colecionando o que já foi dito sobre o tema e inventariando todas as possíveis interpretações dos dispositivos legais envolvidos, com variável grau de precisão. O resultado, como acontece nesses casos, acabaria por ser algo próximo a um manual de processo, a diferenciá-lo mais a extensão do que a profundidade dos temas tratados.

Felizmente, e como era de se esperar, não foi essa a opção de Daniela Gabbay. Ela preferiu, para o bem do direito processual, uma abordagem inovadora e à altura de seu talento intelectual e acadêmico. A dissertação, agora trazida a público na forma de livro, foi concebida de forma a enfrentar importantes desafios metodológicos, dando à matéria um tratamento, a um só tempo, consistente e inovador.

O tema é apresentado ao leitor a partir de uma análise funcional dos institutos tratados, isto é, mostrando sua serventia para o processo e para o Direito de maneira geral. A esse propósito, pedido e causa de pedir, como definido pela autora, não são mais do que mecanismos de triagem, pelos quais se realiza uma filtragem do conflito social, definindo através deles o âmbito de incidência da jurisdição e o tratamento esperado para dar conta da situação de fato trazida a juízo. Não é outro o sentido e a utilidade daquilo que na teoria do direito processual acabou estabelecido, não sem controvérsia, como do objeto do processo.

Essa triagem, no processo individual, é atribuída ao autor da demanda. É ele que, dentro de sua esfera de autonomia e disponibilidade, decide o que será ou não submetido a juízo. Realiza, por assim dizer, um recorte na realidade fática, formulando, através do pedido e da correspondente causa de pedir, opções condicionantes de todo o desenvolvimento do processo. Atua a esse propósito a "regra da congruência", segundo a qual a sentença e a coisa julgada deverão guardar correspondência com aquilo que foi pedido. Com isso, são as escolhas realizadas pelo autor que definem o âmbito de incidência da jurisdição estatal.

Nos processos coletivos, que são o objeto central deste livro, como também em outros nos quais os interesses em jogo não estejam confinados à esfera de autonomia e disponibilidade do autor da demanda, esse modo de funcionamento do processo mostra-se inadequado. Falta à jurisdição estatal, nesses casos, mecanismos aptos a definir o objeto do processo de forma mais maleável, permitindo à atividade estatal alcançar de forma eficaz os resultados últimos que lhes são colocados.

Nesse ponto reside o problema que constitui o cerne das indagações colocadas pela autora no presente livro. Em um processo voltado à realização de resultados – sociais, não somente jurídicos –, faria sentido a adstrição imposta pelo pedido à sentença e à coisa julgada? Não haveria maneira diversa para equacionar a necessidade de redução da complexidade social pelo processo? A regra da congruência, plenamente funcional em um processo pautado pela disponibilidade das partes, apresenta aspectos disfuncionais quando aplicada a processos direcionados a objetivos mais amplos, como é o caso dos processos coletivos.

A hipótese de trabalho proposta por Daniela Gabbay para dar resposta a esse problema aponta para a existência de uma tendência, já colocada em prática pela jurisprudência, de realização de uma interpretação extensiva dos elementos objetivos da demanda, de forma a possibilitar aquela espe-

PREFÁCIO

rada maleabilidade do pedido e da causa de pedir, permitindo ao processo atingir seus fins últimos.

Tal hipótese de trabalho é colocada à prova por meio de uma abordagem, também, bastante consistente e original. Após fixadas as premissas teóricas da matéria estudada, nos termos do processo civil individual, a questão é transportada para o âmbito dos processos coletivos, no qual se evidencia a necessidade de uma nova consideração da regra da congruência. A mesma finalidade tem o exercício de direito comparado empreendido pela autora, demonstrando o funcionamento mais maleável do processo civil norte-americano a propósito do pedido. Nesse sistema jurídico, a introdução do *notice pleading*, rompendo com a tradição formalista anterior, permitiu um modo mais flexível de formulação da demanda.

O ponto culminante deste livro, no entanto, é a inovadora pesquisa empírica realizada junto à jurisprudência do Superior Tribunal de Justiça (STJ). A autora levantou algumas centenas de acórdãos tratando da matéria, identificando, em cada um deles, o tratamento dado por aquela Corte em relação à regra da congruência. Nessa constatação empírica, feita com o auxílio do Centro de Estatística Aplicada da USP (CEA-USP), buscou-se verificar, ainda, a existência de uma possível diferença no tratamento dado pela jurisprudência a casos envolvendo direitos disponíveis e indisponíveis.

Os resultados, expressos em termos quantitativos, são surpreendentes. Demonstram, em primeiro lugar, uma elevada porcentagem de julgados adotando uma interpretação não estrita da regra da correlação da sentença ao pedido, não obstante a existência de norma expressa em sentido contrário em nosso Código de Processo Civil. Em segundo lugar, demonstram uma maior incidência estatística de aplicação não estrita em casos envolvendo direitos indisponíveis, embora, de forma admirável, em porcentagens também elevadas, próximas daquelas obtidas em relação aos casos envolvendo direitos disponíveis. A análise desses dados permite concluir que já está em curso, pela via pretoriana, uma reformação da regra da congruência.

Por fim, cabe destacar a interessante proposta trazida por este trabalho, no sentido de uma construção dialogal do objeto do processo, pautada em uma audiência preliminar com a participação das partes e do juiz da definição do objeto do processo, permitindo superar sua delimitação a partir de bases exclusivamente formais.

Por todos seus predicados, sumariamente apontados acima, a publicação da presente obra é fato a ser comemorado, pois com ela ganham os estudiosos do direito processual, os profissionais de Direito e também o próprio processo, aqui colocado na trilha de um substancial desenvolvimento.

CARLOS ALBERTO DE SALLES
Professor Associado da Universidade de São Paulo (USP).
Desembargador do Tribunal de Justiça do Estado de São Paulo (TJSP).

SUMÁRIO

INTRODUÇÃO   15

1. CONFLITO E PROCESSO: TRANSPOSIÇÃO ENTRE DOIS PLANOS   23
   1.1. Mecanismos de triagem do conflito, para o seu ingresso no âmbito jurisdicional   23
   1.2. Algumas premissas conceituais: os reflexos da linguagem na formulação do pedido e configuração do conflito   35
   1.3. Recorte e formalização do conflito por meio dos elementos objetivos da demanda   42
      1.3.1. Pedido e pretensões de direito processual e direito material   42
      1.3.2. Causa de pedir e eficácia preclusiva da coisa julgada   48
      1.3.3. Conflito sociológico x conflito jurídico: duas perspectivas?   57
      1.3.4. Interesses difusos e coletivos: dificuldades e entraves à sua judicialização   72
      1.3.5. Conflitos plurilaterais e elementos objetivos da demanda   82

2. DINÂMICA PROCEDIMENTAL EM QUE SE INSERE O CONFLITO   91
   2.1. Processo civil individual   91
      2.1.1. Regra da congruência da sentença ao pedido   91
      2.1.2. Regime procedimental rigidamente preclusivo   95
      2.1.3. Definição do *thema decidendum*: momento, forma e *locus* ideal para a sua construção dialogal pelas partes, à luz do contraditório e da atividade gerencial do juiz   104
         A) Audiência de saneamento nos sistemas processuais italiano e português   104
         B) Atividade gerencial do juiz   114
   2.2. Processo civil coletivo   119

2.2.1. Interpretação dos elementos objetivos da demanda	122
2.2.2. Audiência de saneamento e construção dialogal do objeto e certificação da demanda coletiva	125
2.3. Processo civil norte-americano: Federal Rules of Civil Procedure	128
2.3.1. Premissas metodológicas para a comparação com o processo civil brasileiro	128
2.3.2. Os elementos objetivos da demanda no sistema jurídico norte-americano: *notice pleading*	131
2.3.3. Elementos objetivos da demanda e class actions	138
3. UM DIAGNÓSTICO EMPÍRICO	**147**
3.1. Pesquisa jurisprudencial realizada no Superior Tribunal de Justiça (STJ)	147
3.1.1. Escolhas metodológicas, definição de amostragem e justificativas	147
3.1.2. Hipóteses	155
3.1.3. Análise dos resultados	155
4. PEDIDO E CAUSA DE PEDIR NO CPC/2015	**173**
4.1. Interpretação do pedido, que deve ser certo e determinado, e hipóteses de pedidos implícitos	174
4.2. Pedidos sucessivos, alternativos e subsidiários	177
4.3. Cumulação de pedidos e obrigação indivisível	179
4.4. Alteração do pedido e causa de pedir e estabilização da demanda	181
CONCLUSÕES	183
REFERÊNCIAS	189
POSFÁCIO	199
ANEXOS	
Anexo A – Anteprojeto do Código Brasileiro de Processos Coletivos	207
Anexo B – Tabulação dos dados da pesquisa empírica	231

INTRODUÇÃO

O mote central deste livro[1] está relacionado às dificuldades e aos entraves que se interpõem à processualização do conflito coletivo,[2] ou seja, à forma de transpô-lo do ambiente social em que surge ao universo processual, realizando o seu recorte por meio dos elementos objetivos da demanda (pedido e causa de pedir).

O referencial teórico adotado, todavia, não está restrito ao processo civil coletivo, pois muito já se pesquisou o pedido e causa de pedir no âmbito do processo civil individual, assumindo grande relevância os estudos sobre a definição do objeto do processo, além de temas correlatos como a congruência da sentença ao pedido, a reconvenção e pedidos dúplices, a relação entre demandas (conexão, continência e litispendência), o efeito devolutivo dos recursos, o efeito preclusivo da coisa julgada, entre outros.[3]

---

[1] O livro é uma adaptação e atualização da dissertação de mestrado em direito processual defendida na Faculdade de Direito da Universidade de São Paulo em 23.10.2007, sob o título *Processo coletivo e elementos objetivos da demanda*.

[2] Para tratar dos elementos objetivos da demanda no processo coletivo, considera-se predominantemente os interesses difusos e coletivos, pois são interesses que têm natureza indivisível e transindividualidade, não obstante haja diferenças quanto à determinabilidade dos sujeitos e à existência de relação meramente fática ou jurídica entre eles. Nesse sentido, são deixados em segundo plano os interesses individuais homogêneos, de natureza divisível, apesar do relevante interesse social presente em sua tutela coletiva, sendo considerados por Barbosa Moreira (1985a, p. 57) como interesses essencialmente individuais e acidentalmente coletivos.

[3] Alguns desses temas correlatos (especificamente a definição do objeto litigioso, cumulação de ações, modificação da demanda, litispendência e coisa julgada) foram analisados detidamente por Schwab (1968, passim), à luz da teoria processual alemã.

PEDIDO E CAUSA DE PEDIR

A opção pelo estudo da processualização dos conflitos coletivos[4] deveu-se à intenção de ir além das amarras procedimentais do sistema processual individual, voltado em grande parte das vezes aos direitos disponíveis e de natureza patrimonial, cujos titulares decidem com liberdade o que levar ao Judiciário, ou seja, a exata medida de sua litigância em relação ao conflito, de natureza bilateral.

Os interesses coletivos,[5] por sua vez, de titulares indeterminados e objeto indivisível,[6] geram efeitos plurilaterais[7] e são defendidos em juízo por legitimados que representam uma coletividade que os transcende, com reduzida disponibilidade do bem jurídico coletivo subjacente à demanda, relacionado a interesses de massa.[8] As decisões judiciais que originam têm efeitos *erga omnes* ou *ultra partes*.

Este livro analisa as dificuldades no recorte do conflito para a formulação do pedido nas demandas coletivas, levando em consideração o risco de se deixar de fora partes importantes que compõem o conflito, sendo

[4] Por processualização entende-se a configuração do conflito no âmbito jurisdicional via elementos objetivos da demanda: pedido e causa de pedir. O uso desta expressão justifica-se pela sua aptidão para expressar o filtro processual por que passa o conflito, ao ingressar no âmbito jurisdicional, e os entraves à sua formalização no universo endoprocessual, tendo o termo "judicialização" (tema do item 1.3.4) espectro cognitivo mais amplo, não voltado apenas ao enfoque processual do problema relativo à formalização do conflito por meio da estruturação da demanda.

[5] Adota-se, neste trabalho, a terminologia interesses coletivos em sentido *lato*, para designar tanto os interesses difusos quanto os coletivos *stricto sensu*.

[6] Ressalta Carlos Salles (1998, p. 69) que a indivisibilidade dos bens coletivos traduz ainda "um critério de justiça distributiva, segundo o qual aqueles bens necessários à sobrevivência e desenvolvimento da coletividade são alocados a todo e qualquer de seus membros, não permitindo, portanto, qualquer utilização (ou apropriação) excludente, isto é, que impeça o pleno uso por outros de seus membros".

[7] Sobre a contraposição entre conflitos bilaterais e conflitos plurilaterais, e a impossibilidade de a justiça distributiva realizar-se a partir do esquema procedimental previsto para os primeiros, vide LOPES (2006a, p. 134-139). Este mesmo autor trata dos bens indivisíveis, e suas semelhanças estruturais com os bens comuns dos pré-modernos, a partir de perspectiva histórica acerca do sentido da justiça distributiva em Lopes (2004, p. 197-251).

[8] Em 1970, Cappelletti já afirmava que "não é necessário ser sociólogo de profissão para reconhecer que a sociedade na qual vivemos é uma sociedade de produção em massa, de troca e de consumo em massa, bem como de conflitos ou conflitualidades de massa. Daí deriva que também as situações que o Direito deve regular são tornadas sempre mais complexas, enquanto, por sua vez, a tutela jurisdicional será invocada não mais somente contra violações de caráter individual, mas sempre mais frequente contra violações de caráter essencialmente coletivo, enquanto envolvem grupos, classes e coletividades" CAPPELLETTI, 1977, p. 130).

atribuída esta responsabilidade não apenas ao autor, pois o contraditório exercido entre as partes, à luz da atividade gerencial do juiz, pode propiciar o alargamento dos limites do objeto do processo por meio de uma definição dialogal do *thema decidendum* que também envolva o réu.

Assim como o tratamento processual da legitimidade das partes e da coisa julgada já se adequou às características e peculiaridades das demandas coletivas, com respaldo legislativo previsto no microssistema processual coletivo,[9] o esforço que se faz agora é para adequar o enquadramento procedimental do objeto do processo a essas mesmas peculiaridades, fazendo uma releitura de seu tratamento no processo civil individual. Há uma nítida e direta relação entre o objeto do processo e os limites objetivos e subjetivos da demanda processual e da coisa julgada, sendo inevitável adequar seu tratamento procedimental para que dialogue com esses outros institutos processuais e, mais do que isso, para que a sua atual configuração não seja um óbice à efetividade da tutela jurisdicional.

Além de um redimensionamento dos elementos objetivos da demanda, uma vez transposto o conflito coletivo do universo social ao universo jurisdicional, a forma de gerenciá-lo no curso do processo também se revela muito importante, levando-se em consideração a cooperação entre as partes na definição dos limites objetivos da demanda, a produção de provas, que algumas vezes transcende a parcela fática do pedido originariamente apresentado, a observância do contraditório e os princípios da economia processual e instrumentalidade de formas, que propugnam pela otimização da via processual para o máximo de aproveitamento possível na resolução do conflito.

O parâmetro desse aproveitamento máximo tem natureza valorativa, sendo considerado a partir do conceito de bem jurídico coletivo, que consiste no pedido mediato da demanda (bem da vida).

Utiliza-se neste livro a classificação carneluttiana de lide integral e lide parcial para expressar a dicotomia que pode existir entre a realidade conflitual e a realidade processual, trazendo-se à tona o rico debate travado entre Carnelutti[10] e Calamandrei[11] sobre a definição do objeto do processo,

---

[9] Capitaneado pela Lei de Ação Civil Pública e pelo Código de Defesa do Consumidor, conforme se destaca no item 2.2 deste livro.

[10] CARNELUTTI (1928, parte prima).

[11] CALAMANDREI (1928, parte prima).

sob perspectiva jurídico-processual e sociológica, ao qual Liebman[12] agregou interessante trabalho, também analisado. Os conceitos de pretensão processual e pretensão material expressam referenciais importantes nessa seara, e foram abordados nas premissas conceituais deste livro, no primeiro capítulo.

O tratamento do bem jurídico coletivo de forma adequada depende de um redimensionamento dos elementos objetivos da demanda coletiva. É uma reviravolta que se faz extremamente necessária, muito embora a busca pela maior aproximação possível entre a tutela jurisdicional pleiteada e o bem da vida coletivo não possa deixar de observar alguns parâmetros procedimentais e garantias relevantes, como a instrumentalidade de formas e a observância do contraditório, nesse contencioso social que se forma diante dos conflitos coletivos.

A audiência de saneamento foi considerada um *locus* relevante para a construção conjunta e dialogal do objeto do processo, tendo em vista a oralidade e imediação exercida pelo juiz, que poderá, por meio de sua atividade gerencial, estimular a cooperação entre as partes para a definição do *thema probandum* e *thema decidendum*, tornando precisos os elementos objetivos da demanda, tanto de natureza coletiva quanto individual. A regulação dessa audiência na Itália e em Portugal também foi objeto de análise comparativa, a fim de avaliar se nesses países ela é antecedida por uma fase postulatória mais flexível em comparação ao modelo procedimental brasileiro, embora de antemão já se considere que algumas alterações necessárias nessa seara transcendam a mera reforma legislativa, ao demandarem uma mudança de mentalidade e de postura tanto das partes quanto dos juízes.

Essa mudança de perspectiva, não obstante vise quebrar mitos e redimensionar algumas premissas do processo civil individual, não atua em contrariedade ao devido processo legal, que deve estar presente em uma dinâmica de pesos e contrapesos, orientada pela busca responsável do escopo social de pacificação dos conflitos.

Assim, a demanda coletiva não precisa conter necessariamente a integralidade do conflito, mesmo porque, muitas vezes, algumas parcelas deste não são sequer judicializáveis, e outras podem ser estrategicamente cindidas para sua defesa em demandas judiciais separadas, quando a amplitude

---

[12] Liebman (1999).

do objeto chegar a ser um óbice à sua efetivação, inclusive em termos de morosidade. No entanto, é preciso que a plurateralidade do conflito seja considerada, para que as escolhas realizadas se pautem em visão desembaraçada de restrições meramente procedimentais, tanto no ingresso como no gerenciamento desse conflito no curso do processo judicial.

Tais questões constituem algumas das diretrizes que orientaram a pesquisa e estão contidas neste livro, nos capítulos que seguem, tendo como polo metodológico o equacionamento processual do conflito e o constante confronto entre o seu tratamento nas esferas processuais individual e coletiva, na análise dos diversos mecanismos de triagem pelos quais o conflito transita para o seu ingresso no ambiente jurisdicional, naturalmente dicotômico, e considerando as diferenças que se apresentam, nesse contexto, entre direitos disponíveis e indisponíveis, ora estudados na esfera do processo de conhecimento.

Como triagem aqui se considera o caminho procedimental que percorre o conflito a partir das escolhas realizadas pelas partes. Escolhas que se referem principalmente ao recorte do conflito por meio do pedido (tanto mediato quanto imediato, divisão doutrinária que se refere respectivamente ao bem da vida e ao provimento jurisdicional postulado) e à opção pela técnica de composição do conflito, a partir de uma identificação do cenário em que se insere. As triagens por que passam os conflitos são uma consequência dessas escolhas, e dizem respeito, por exemplo, à formulação do pedido e da causa de pedir e ao filtro de admissibilidade da demanda.

Este livro tem três enfoques. O primeiro trata da relação entre conflito e processo, a partir dos mecanismos de triagem pelos quais passa o conflito para o seu ingresso no âmbito processual, e adota premissas conceituais relacionadas à conformação linguística do pedido e às dificuldades no recorte de conflitos plurilaterais por meio dos elementos objetivos da demanda.

O segundo enfoque é de natureza procedimental e encontra-se nos capítulos destinados à análise do pedido e causa de pedir no processo civil individual, processo civil coletivo e processo civil norte-americano, conectados pelo mesmo viés temático: a análise do regime procedimental a que se submetem os elementos objetivos da demanda e, por conseguinte, o conflito que está subjacente.

O terceiro enfoque tem natureza diagnóstica, considerando a pesquisa empírico-jurisprudencial realizada para aferir a aplicação da regra da correlação da sentença ao pedido pelo Superior Tribunal de Justiça (STJ).

O problema central que a pesquisa empírica buscou investigar é expresso no seguinte questionamento: há diferenciação na aplicação da regra da correlação da sentença ao pedido em face da natureza do conflito processualizado (disponível ou indisponível, individual ou coletivo), ou essa regra se aplica indistintamente em todos os casos? A partir desse problema, foram formuladas e testadas as hipóteses transcritas no Capítulo 3 deste livro.

Os dados coletados na pesquisa jurisprudencial foram trabalhados estatisticamente junto ao Centro de Estatística Aplicada (CEA), que resultaram em trabalho de conclusão de curso dos alunos Diego Gomes Martins do Carmo e Gustavo Miranda da Silva, sob a orientação do professor Carlos Alberto Bragança Pereira.[13] Algumas estatísticas e dados probabilísticos também estão expostos no Capítulo 3, no qual estão presentes as inferências conclusivas desta pesquisa que observou como a teoria dos elementos objetivos da demanda verifica-se na prática jurisprudencial.

Neste livro, portanto, são analisadas e testadas as seguintes hipóteses:

1. A processualização do conflito coletivo precisa ser tratada de forma diferenciada do recorte e da veiculação do conflito promovido no âmbito do processo civil individual, pois incide sobre bem indisponível e indivisível, de efeitos plurilaterais, o que enseja um remodelamento dos elementos objetivos da demanda (pedido e causa de pedir) no universo processual coletivo.

2. Muitos dos entraves a essa processualização decorrem de uma interpretação restritiva dos elementos objetivos, formatados a partir de um regime procedimental preclusivo e formalista. A quebra desses entraves por meio de uma análise mais dinâmica e dialogal do objeto do processo, tendo como parâmetro o bem da vida subjacente, é uma forma de assegurar um recorte e um gerenciamento mais adequados do conflito.

3. A aplicação da regra da correlação da sentença ao pedido, pelo Superior Tribunal de Justiça, visa aferir qual é a leitura que a jurisprudência faz das hipóteses anteriores, ou seja, como se posiciona acerca da necessidade de flexibilizar alguns formalismos em benefício de uma proteção jurisdicional mais ampla do conflito, nota-

[13] CARMO, PEREIRA e SILVA (2007).

damente quando ele é indisponível ou tem relevância social que justifique um tratamento diferenciado.

4. É importante que a correlação da sentença ao pedido tenha como parâmetro o bem da vida subjacente ao pedido (pedido mediato), que eventualmente pode não estar circunscrito aos limites formais da demanda, mas deve balizar a interpretação do juiz, a fim de que integre o objeto litigioso do processo, principalmente quando está em jogo bem jurídico coletivo, de natureza indivisível e indisponível.

Ao final, o último capítulo deste livro realiza análise comparativa das seções dos códigos de 1973 e 2015 destinadas à regulação do pedido, com foco nas alterações realizadas pelo Código de Processo Civil de 2015 (CPC/2015), muitas das quais foram ao encontro dos resultados da pesquisa empírica relatados neste livro.

1
Conflito e processo: transposição entre dois planos

1.1. Mecanismos de triagem de conflito, para o seu ingresso no âmbito jurisdicional

Uma primeira triagem do conflito está relacionada à própria escolha do meio ou técnica compositiva mais adequada para a sua solução, o que deve ser feito após uma criteriosa análise do cenário em que este se insere e dos interesses das partes.

Isso requer não apenas um conhecimento aprofundado das técnicas compositivas, para a consideração das potencialidades de cada uma, mas também uma habilidade, diante do caso concreto, para aferição da técnica que qualitativamente atenda aos interesses das partes e trabalhe melhor as facetas do conflito. Nos EUA, há uma literatura interessante sobre esta prática avaliativa (*evaluating dispute resolution*), normalmente exercida por um terceiro neutro (ou pelo próprio advogado), que emite parecer sobre as probabilidades de ganhos e perdas em relação ao caso, influindo na escolha da técnica aplicada à solução do conflito.[1]

---

[1] "The most significant insight students can gain from studying ADR is that adding an evaluation of the underlying, out-of-court objectives of the parties to narrow adversarial calculations about probabilities of success in court can aid them both in shaping their litigation strategy and, perhaps more important, in enabling them to use their creativity to transform dispute into agreement" (SPIEGELMAN, 1987, p. 28). Por meio de *evaluating dispute resolution* são avaliados o cenário do litígio, a natureza do conflito, os riscos envolvidos e os objetivos das partes, para que se indique estrategicamente a forma mais adequada de resolução do litígio e, inclusive, o foro mais apropriado à sua análise. Vide, ainda, Aaron (2005, p. 202-218); Jones e Yarn (2003, p. 427-461).

Há diversos meios de solucionar um conflito de interesses e, entre eles, o meio jurisdicional. A escolha do caminho a seguir depende normalmente do tipo do conflito e dos interesses das partes, que podem optar pela negociação, mediação, conciliação, arbitragem, jurisdição estatal, entre outras técnicas, inclusive híbridas, de resolução do conflito. Cada um desses métodos atinge e gerencia o conflito sob uma diferente perspectiva:[2] quando há relações continuadas entre as partes, por exemplo, indica-se, via de regra, a mediação, método de autocomposição que buscará visualizar as reais causas e as diversas facetas do conflito, agindo o mediador, por meio de determinadas técnicas, como um facilitador da comunicação entre as partes para a composição voluntária do conflito, buscando ir além das suas posições para que alcancem uma solução que satisfaça seus interesses e permita a continuidade do convívio (muito utilizada em conflitos envolvendo direito de família).[3]

Embora destaquem que a escolha da forma adequada de solução de conflitos é mais arte do que ciência, Frank Sander e Lukasz Rozdeiczer elaboraram um guia prático no qual atribuem diferentes pesos às técnicas de solução de conflitos a partir do maior ou menor atendimento aos diferentes objetivos das partes neles envolvidas. O guia auxilia as partes na priorização dos objetivos diante de cada caso concreto, estando entre eles a busca por celeridade, privacidade, redução de custos, manutenção de relação entre as partes, intervenção de terceiros, necessidade de uma decisão vinculante, complexidade técnica do caso, nível de controle do processo e do resultado pelas partes, etc.[4]

Conforme destaca Carlos Alberto Salles, muitos conflitos, antes de chegarem ao Judiciário, passam por outros foros sociais de decisão, de natureza formal e informal, como sindicatos, federações esportivas, igrejas, delegacia de polícia, escolas, bolsa de valores, ou mesmo contam com a colaboração de advogados, intermediários, entidades de variadas espécies, de forma

---

[2] Como as partes nem sempre querem a mesma coisa, muitas vezes elas podem ser atendidas na integralidade de suas pretensões. Sobre a necessidade de se correlacionar e adaptar o processo civil ao tipo de litígio e à conduta das partes (que podem ter um relacionamento prolongado e complexo, ou apenas contatos eventuais), vide Cappelletti e Garth (1988, p. 71-72).

[3] Vide, a respeito, Grief (1995, p. 43-57).

[4] Entendendo que a mediação é o método que oferece mais benefícios e menos contraindicações, podendo tanto resolver o conflito quanto auxiliar na escolha por outro método adequado, vide Sander e Rozdeic07zer (2006).

que parte expressiva não se torna sequer objeto de adjudicação judicial (litigância contida), ou utiliza o Judiciário como "Corte de Apelação" das decisões já tomadas previamente nestas esferas, sendo, portanto, o sistema jurisdicional uma alternativa entre várias outras socialmente existentes.[5]

Marc Galanter aponta para a necessidade de abandonar a ideia de que os tribunais sempre constituem o local em que, natural e normalmente, são apresentados e examinados litígios, confrontando-se os adversários em um processo cujo resultado é uma decisão, em conformidade com as regras formais, que resolve por completo o conflito de interesses, pois os tribunais constituem bem mais arenas nas quais se desenrolam diferentes processos, guardam-se arquivos (*record keeping*), modifica-se o estado das pessoas, negociam-se transações e conciliações, onde se ameaça, domina e leva um adversário a capitular, de acordo com as estratégias de barganha das partes. Os tribunais resolvem, segundo o autor, apenas uma ínfima parte de todos os conflitos cuja resolução lhes é pedida; e estes conflitos constituem uma ínfima parte de todos os conflitos cuja solução seja concebível pedir ao tribunal, e uma parte ainda menor do conjunto dos litígios que se produzem na sociedade, sem que com este quadro se queira demonstrar a necessidade de veicular tais conflitos ao Judiciário, pois muitas vezes os interessados podem se entender de maneira muito mais satisfatória sem a interferência de terceiros e a formalização do conflito em categorias jurídicas.[6]

Em termos mais precisos, este autor define que a contribuição dos tribunais (considere-se aqui o Judiciário) não pode avaliar-se levando em conta apenas os litígios que finalmente são resolvidos por uma decisão judicial, mas sim o fornecimento de um substrato (*background*) de normas (regras substantivas e processuais), indicativo de custos, riscos, tempo, oportunidades de ganhar, enfim, de uma base para as negociações e regulamentação das relações de natureza privada e administrativa (*bargaining endowment*), mensagens não necessariamente aparentes, e transmitidas a categorias diversas de auditores, com níveis de aptidão diferentes para a apreensão do seu sentido e do trunfo de que dispõem nas negociações.[7]

---

[5] SALLES (1998, p. 47-48).
[6] GALANTER (1993, p. 66-67).
[7] GALANTER (1993, p. 69, 74-75). Nesse mesmo sentido, entendendo que a decisão acerca de uma disputa pode não pôr fim ao conflito, Felstiner, Abel e Sarat sustentam que "the end of one dispute may create a new grievance, as surely as a decision labels one party a loser or a

PEDIDO E CAUSA DE PEDIR

Estudo interessante sobre o impacto dos sistemas legal e judicial nas negociações que ocorrem fora do Judiciário, tendo como pano de fundo o divórcio, foi realizado por Robert H. Mnookin e Lewis Kornhauser, que identificaram cinco fatores que influenciam os resultados deste processo: 1. as preferências e interesses dos pais divorciados; 2. uma base de acordo criada pelas regras legais, que indicam a possível alocação dos direitos e deveres que o Judiciário irá impor se as partes falharem na obtenção do acordo (*bargaining endowments created by legal rules*); 3. o grau de incerteza relativo ao resultado legal obtido se as partes forem ao Judiciário, relacionado à atitude das partes em relação aos riscos; 4. custos de transação e aptidão das partes para lidar com eles; 5. comportamento estratégico.[8]

Quanto ao segundo fator (*bargaining endowments created by legal rules*), destacam esses autores que os divorciados não negociam sobre a partilha dos bens, alimentos e guarda dos filhos no vácuo, pois barganham à sombra da lei, que regula estas matérias e dá um indicativo daquilo que cada parte obterá se for a juízo. Dificilmente as partes ajustarão algo aquém desses parâmetros.[9]

Considerando uma nova concepção de jurisdição, não compreendida a partir do monopólio estatal, mas funcionalmente como uma entre várias formas de solucionar disputas surgidas na sociedade, Carlos Alberto Salles sistematicamente divide os processos de solução de controvérsias em três espécies: adjudicatórios, consensuais e mistos. Os adjudicatórios são aqueles em que um terceiro, estranho às partes, analisa o caso, indicando uma solução com força imperativa para resolver o conflito entre as partes (na esfera estatal, além do Judiciário, há foros administrativos como o CADE, que exercem esta função; entre as formas não estatais, a arbitragem é o exemplo mais comum).[10]

Entre os mecanismos de solução de conflito consensuais, este autor cita, com fundamento na experiência norte-americana, o *ombudsmen*, que

---

liar. Even where such labeling is avoided, it is rare that any process explores and resolves all aspects of all disputant grievances, and new claims may emerge from the recesses of untouched dissatisfactions" (FELSTINER, ABEL e SARAT, 1980-1981, p. 639).

[8] MNOOKIN e KORNHAUSER (1978-1979, p. 966).

[9] MNOOKIN e KORNHAUSER (1978-1979, p. 968-969).

[10] SALLES (2006a, p. 786, 792). Sobre a necessidade de desjudicialização e informalização de litígios, com a criação de um novo paradigma de política pública de justiça, assente em um sistema que integre meios judiciais e extrajudiciais de solução de conflitos, vide Santos (2005, p. 3-5).

investiga reclamações e encaminha soluções dentro de determinada instituição; o *factfinding*, sujeito neutro em relação à situação conflitiva que levanta fatos capazes de gerar elementos para uma decisão interna, ou balizar uma negociação; a negociação, baseada na discussão direta do caso entre os interessados; a mediação, na qual um terceiro neutro levanta e examina os interesses em confronto, ajudando a planejar a negociação e a chegar a um acordo, sem decidir sobre o interesse das partes; e a conciliação que, próxima à mediação e utilizada de forma intercambiável, é um procedimento menos formal, atuando o conciliador como um mero interlocutor entre as partes.[11]

Por fim, os processos mistos consistem na combinação de mecanismos adjudicatórios e consensuais, tendo em vista a liberdade contratual das partes, podendo haver a inserção de meios consensuais em procedimento cujo objetivo final seja a adjudicação da controvérsia, o que ocorre no *med-arb*, uma mistura procedimental iniciada como mediação e, caso não haja acordo, concluída como arbitragem. Também as negociações estruturadas, conhecidas como *minitrials*, têm sido utilizadas nos EUA com bastante sucesso: trata-se de rodadas de negociações entre administradores do mais alto nível das empresas envolvidas, mediadas por um conselheiro externo neutro, contratado pelas partes para, ao final, caso não se chegue a um acordo, emitir um parecer não vinculante, com a finalidade de servir como parâmetro para a negociação das partes.[12]

As partes podem ainda ter urgência na resolução do problema, ou preferir a sua protelação, dependendo da posição que assumem no conflito (credor ou devedor, por exemplo), e dos custos que esta opção representará.[13] Podem preferir manter o sigilo na resolução do conflito, ou demandar análise técnica de um especialista sobre o objeto do litígio. Em suma, dependendo do interesse das partes e da natureza do conflito, deverá haver a escolha pelo foro mais adequado de solução do conflito, escolha que nem sempre é feita de forma precoce, daí porque muito se discute sobre válvulas de escape, internas ao procedimento judicial, para que as partes

---

[11] SALLES (2006a, p. 790).

[12] SALLES (2006a, p. 791-792).

[13] Barbosa Moreira (2004, p. 3) considera a busca da celeridade acima de tudo um dos mitos que distorce o diagnóstico do funcionamento da Justiça, pois a prática forense demonstra que, na maioria dos casos, o desejo de pelo menos um dos litigantes é de que o feito se prolongue tanto quanto possível, procrastinando-se o desfecho do processo.

possam ser direcionadas a outros meios de solução de conflito, no curso da ação judicial.[14]

Entretanto, há um aspecto cultural muito forte na formação do operador do Direito brasileiro para a solução contenciosa e adjudicada dos conflitos de interesses, utilizando com menor frequência os meios alternativos de solução de conflitos. Enfatiza-se o processo judicial, em que é proferida uma sentença imperativa por representante do Estado, sob a lógica do "certo ou errado", "preto ou branco", sem qualquer espaço para a adequação da solução, pelo concurso da vontade das partes, à especificidade do caso concreto.[15]

Comparando os sistemas jurídicos de *civil law* e *common law*, Hazard e Taruffo consideram que no primeiro há uma confiança exacerbada na figura do juiz, presumindo-se que a sua interpretação irá objetivamente determinar a verdade, conhecendo a lei e orquestrando a produção de provas para a prolação de uma sentença. A escolha pelo Judiciário, nesse caso, não é uma opção meramente pragmática dentre várias outras formas de solução de conflitos. Diferentemente, no sistema de *common law*, esta confiança é atribuída em grande parte ao advogado (*adversary system*), na escolha da técnica mais adequada para o gerenciamento do conflito, e na condução e manejo da mesma.[16]

---

[14] Nesse sentido, o art. 3º, § 3º do CPC/2015 determina que "a conciliação, a mediação e outros métodos de solução consensual de conflitos deverão ser estimulados por juízes, advogados, defensores públicos e membros do Ministério Público, inclusive no curso do processo judicial. O art. 334 do CPC/2015 ainda inseriu uma audiência de mediação e conciliação no momento inicial do procedimento, antes da contestação, que só não ocorrerá quando ambas as partes manifestarem desinteresse na composição consensual ou quando o conflito não admitir autocomposição, nos termos dos incisos I e II do § 4º desse mesmo artigo. Sobre essa audiência de mediação e conciliação, vide Grinover (2015, p. 1-21) e Tartuce (2015, p. 520-554).

[15] Esse modelo é ensinado nas faculdades de Direito do país, sendo o modelo de profissional do Direito exigido pelo mercado para as principais carreiras profissionais, como a advocacia, a magistratura, o ministério público e as procuradorias públicas, e que é fortalecido pela práxis forense (WATANABE, 2005a, p. 685).

[16] Não se busca aqui propor uma visão estereotipada das funções do juiz e das partes nestes sistemas, mas apenas parâmetros de análise comparativa (HAZARD JR. e TARUFFO, 1993a, p. 20-21). No Brasil, pesquisa realizada pela Associação dos Magistrados Brasileiros, em 2018, que entrevistou aproximadamente 4.000 magistrados de todas as regiões do país sobre variados temas relativos às suas percepções e avaliações sobre o sistema de justiça, ao analisar quais deveriam ser as áreas prioritárias de atuação do Conselho Nacional de Justiça (CNJ) constatou que apenas 838 juízes de primeiro grau em atividade, 150 juízes de segundo grau

Uma vez proposta a demanda perante o Judiciário (primeira triagem), embora haja a possibilidade de participar no início do procedimento de audiência de conciliação ou mediação prevista no art. 334 do CPC/2015, as partes assumem posições geralmente polarizadas: autor e réu defendem posições contrapostas e dicotômicas, em um jogo de soma zero (perde ou ganha). A litigiosidade das partes, via de regra, assume no Judiciário um estado de latência maior do que em outros meios de resolução de conflitos.

A fórmula de veiculação do conflito na seara judicial se manifesta da seguinte maneira: o autor, diante de uma pretensão resistida,[17] propõe ação judicial, apresentando o seu conflito, à luz da teoria do *trea eadem* – identificação da ação por meio das partes, pedido e causa de pedir.[18] A perspectiva adotada pelo processo civil brasileiro, seguindo a influência italiana, é relacionada à teoria da ação, e não à do objeto litigioso, que influenciou a base do direito processual alemão.[19]

Uma vez no âmbito judicial, portanto, uma triagem é exercida pela tradução do conflito via elementos objetivos da demanda (pedido e causa de pedir), que perpassa pela escolha do provimento jurisdicional pretendido (pedido imediato – tutela cognitiva, executiva e cautelar),[20] e deve aten-

---

em atividade e 127 juízes e desembargadores inativos consideram o estímulo aos meios alternativos de resolução de conflitos em âmbito judicial e extrajudicial como uma delas. Por outro lado, ao serem questionados quanto a medidas indicadas para aproximar a população dos serviços do Judiciário, um número maior de magistrados elegeu, entre as mais importantes, favorecer a conciliação prévia extrajudicial (1.552 juízes de primeiro grau em atividade, 215 juízes de segundo grau em atividade, 217 juízes e desembargadores inativos e 15 ministros de tribunais superiores). O teor integral dessa pesquisa, desenvolvida pelos sociólogos Luiz Werneck Vianna, Maria Alice Rezende de Carvalho e Marcelo Baumann Burgos, da PUC-Rio, encontra-se disponível em: https://www.amb.com.br/wp-content/uploads/2019/02/Pesquisa_completa.pdf. Acesso em: 28 fev. 2020.

[17] Para Carnelutti, a lide é o conflito de interesses qualificado pela pretensão de um dos interessados e pela resistência do outro, visando-se subordinar o interesse alheio ao interesse próprio. A pretensão pode ser proposta tanto por quem tem como por quem não tem o direito (sendo, por conseguinte, fundada ou infundada), pois distingue-se da razão (*ragione*), que consiste na afirmação da conformidade da pretensão com o direito objetivo. Quando uma afirmação, compreendida na razão, pode produzir uma dúvida e assim deva ser verificada, passa a ser uma questão (ponto duvidoso) (Carnelutti, 1936, v. I, p. 341-353).

[18] Sobre a identificação da ação utilizando como critério os seus elementos: *eadem personae*, *eadem res* e *eadem causa petendi*, vide Chiovenda (1933, v. 1, p. 321-331).

[19] Sobre este tema, vide os itens 2.3.1 e 2.3.2.

[20] Ressalta Dinamarco que não há a possibilidade de o autor optar pelo procedimento de sua preferência, pois a determinação do procedimento adequado constitui ditame de ordem

PEDIDO E CAUSA DE PEDIR

der, previamente, aos requisitos de admissibilidade da ação (condições da ação e pressupostos processuais),[21] importantes nesta função de filtro.[22]

Não se pode também desconsiderar que uma das triagens do conflito é viabilizada pelo próprio direito material, pois o conflito que é levado ao Judiciário normalmente decorre de alguma pretensão material da parte demandante, justificando o seu interesse.[23] Ressalte-se, todavia, que a pretensão material não corresponde à pretensão processual,[24] o que será abordado a seguir.

pública do processo, cujo desatendimento vicia a propositura da demanda e impede a sua apreciação (regra da indisponibilidade do procedimento), embora a tendência hoje seja atenuar os rigores acerca das consequências das escolhas inadequadas, à luz da regra da instrumentalidade de formas (DINAMARCO, 2005a, p. 188-189).

[21] No Brasil, desenvolveu-se a teoria do trinômio processual, estando presentes no processo três categorias de questões: os pressupostos processuais, as condições da ação e o mérito. Os dois primeiros (pressupostos – ligados à relação jurídico-processual e condições – ligadas ao direito de ação) constituem os planos preliminares que a cognição judicial deve atravessar para atingir o mérito da causa, integrando o juízo de admissibilidade (natureza processual), que antecede e condiciona o julgamento do mérito (plano substancial). Essa sistematização liga-se à identificação da relação jurídica processual como entidade autônoma, inconfundível com a relação de direito material (BÜLOW, 1964, 1-17). Kazuo Watanabe, após analisar detidamente o trinômio de questões e as teorias divergentes que incidem sobre as condições da ação (teorias eclética e abstrata), e refletem na distinção entre os planos do direito material e do direito processual, propõe uma análise empreendida sob o prisma da cognição e de seu grau de profundidade, à luz da economia processual, concluindo que as condições da ação nada mais são do que técnica processual instituída para evitar a prática de atos processuais inteiramente inúteis ao julgamento da causa, permitindo seu julgamento antecipado (WATANABE, 2005b, p. 102-111).

[22] Sobre a função elementar dos pressupostos processuais na constituição de um filtro capaz de reter as postulações inviáveis do ponto de vista formal, impedindo o seu acesso à fase subsequente, de julgamento da substância do litígio, vide Barbosa Moreira (1989, p. 83-93) e Costa (2017, p. 274-292).

[23] Para José Eduardo Faria, "a elaboração do direito moderno implica sempre uma filtragem, um processo de mediação, de escolha de interesses conflitantes. A história do direito é a história da escolha de interesses conflitantes, sendo que o escolhido se converte em norma e os derrotados acabam de alguma maneira sendo subordinados ao interesse vencedor. Nesse jogo de soma zero alguns interesses prevalecem, são escolhidos, filtrados, e se tornam conteúdos de normas, enquanto outros são derrotados e como tal são desprezados e submetidos à lógica vencedora. Para que esse sistema possa operar com algum grau de legitimidade e um baixo grau de tensão é que nós temos alguns conceitos de natureza tópica, que funcionam pragmaticamente, como princípios totalizadores, entre os quais o bem comum, interesse social da lei e interesse público. São, acima de tudo, princípios e têm a finalidade de dar ao direito um acabamento lógico e de despertar na sociedade a certeza de que os valores por ela reclamados acabam, de alguma maneira, sendo consagrados pelo direito" (FARIA, 2003, p. 81).

[24] SCHWAB (1968, passim, especialmente p. 3).

A maioria dessas triagens é consequência das escolhas realizadas pelas partes, principalmente pelo autor, nem sempre consciente dos seus riscos e implicações, ao exercer uma certa dose de disponibilidade no recorte do conflito que é levado ao Judiciário, escolhendo o que pretende discutir por meio do pedido e deixando de fora aquilo que não lhe interessa.[25] Serão aqui consideradas estas escolhas em relação às tutelas jurisdicionais individuais e coletivas, mais detalhadamente aquelas relacionadas ao provimento mandamental, de natureza específica, uma vez que, no caso de interesses coletivos e difusos, os provimentos reparatórios e meramente compensatórios têm espaço mais reduzido.[26]

Quanto à triagem que se dá com a formulação do pedido a partir do conflito, além de passar pelo recorte voluntário – e em muitos casos estratégico – do autor e de seu advogado, ela está sujeita a delimitações que prescindem de sua vontade, como, por exemplo, a conformação linguística do pedido, que nem sempre revelará todos os objetivos pretendidos pelo autor, algumas vezes sequer captados pelo seu advogado. Está sujeita ainda ao subjetivismo do intérprete, além do engessamento do pedido gerado pelo procedimento rigidamente preclusivo do sistema processual, não podendo o autor alterá-lo após a citação do réu, sem a sua anuência expressa, e em nenhuma hipótese após o saneamento da demanda, de acordo com o que dispõe o art. 329, II, do CPC/15.

---

[25] Essa margem de escolha é diversa no processo civil individual e no coletivo, sendo maior no primeiro do que no segundo, não obstante deva se orientar, em ambos os casos, pelos preceitos do direito material.

[26] Sobre a primazia da tutela específica em relação à tutela reparatória na proteção de bens coletivos, Salles pondera que apenas "a reparação em espécie do dano é capaz de restaurar a distribuição de recursos sociais existentes antes do fato lesivo, na medida em que, ao reconstituir o próprio bem coletivo, contempla todos os interesses afetados, como, por exemplo, a adoção de medidas para eliminar a emissão de poluentes, retirar do mercado um produto lesivo à saúde do consumidor, romper uma barreira arquitetônica impeditiva do acesso de portadores de deficiência a um edifício e outras providências dirigidas à recomposição da integridade do bem lesado. Medidas dessa natureza, embora corretivas, em princípio são capazes de gerar o devido efeito distributivo, recuperando a proporcionalidade entre os vários interesses direta ou indiretamente afetados pelo dano" (SALLES, 2005, p. 87). Nesse mesmo sentido, Paulo Cezar Pinheiro Carneiro considera que "a ação civil pública costuma ter por objeto direitos indivisíveis – difusos ou coletivos – que por sua própria natureza dificilmente podem ser quantificados em dinheiro, ensejando basicamente a execução específica, em regra de obrigação de fazer ou de desfazer (naquelas de não fazer que foram descumpridas), que, se frustrada, representará dano irrecuperável para a coletividade interessada" (CARNEIRO, 2003, p. 121).

Sob os influxos da sociologia crítica do processo civil,[27] David Trubeck analisa como a real intenção das partes é influenciada por fatores legais, sociais, institucionais e ideológicos, e, principalmente, como esta pode ser ofuscada e manipulada pelos advogados que a defendem.

Trata-se do que este autor denomina de *"denial of an authentic self"*, termo que surge com clarividência em alguns estudos sobre as relações entre advogado e cliente. A sociologia do Direito tem se dedicado muito a este assunto, e reconhece que há potenciais conflitos entre os interesses dos advogados e de seus clientes, devendo-se buscar formas pelas quais tais conflitos possam ser reduzidos ou eliminados, ao se atribuir, por exemplo, mais poderes ao cliente, para que o advogado seja fiel às suas intenções e finalidades.[28]

Ainda segundo este autor, não é novidade que muitos advogados manipulam os clientes para que eles aceitem as suas ideias como desejáveis e factíveis. Há estudos clássicos acerca do assunto, como o de Abraham Blumberg, sobre as formas de os defensores públicos "esfriarem" os réus criminais, e o de Stewart Macaulay, sobre advogados e a proteção ao consumidor, que mostra como as convicções políticas e sociais e os interesses econômicos dos advogados os levam a redefinir as demandas trazidas pelos seus clientes. Uma outra indicação é a literatura norte-americana, que pode ser encontrada no estudo de Sarat e Felstiner sobre divórcio entre advogados e seus clientes (Law and strategy in the divorce lawyer's office. 20 Law and Society Review, 1986). Baseado em observações acerca da interação entre advogado e cliente e em densas entrevistas, esse estudo demonstra o caminho complexo pelo qual um advogado de divórcio con-

---

[27] A sociologia crítica do processo civil insere-se na literatura do *Law and Society*. Em artigo sobre o tema, Trubeck analisa as premissas individualistas e formalistas sobre as quais se pautou o processo civil atual (sociedade liberal), que existe para servir ao direito material (*handmaid*), bem como a subsequente influência do realismo (com o desenvolvimento de importantes pesquisas píricas na área, considerando o contexto social em que se insere o conflito) e do pós-realismo, e alguns questionamentos à visão social que compõe o *mainstream*, finalizando com a identificação de seis temas que caracterizam a revanche dessa sociologia crítica, a qual emerge para pôr em cheque algumas bases do direito processual: 1. law denial of an authentic self, 2. the legal construction of self and society; 3. victimization of victims through law; 4. the communitarian alternative and the critique of adjudication; 5. the critique of alternative dispute resolution (ADR) and the discourses of need; 6. the discursitivy of social knowledge (TRUBECK, 1988, p. 112).

[28] TRUBECK (1988, p. 119 e 122).

CONFLITO E PROCESSO: TRANSPOSIÇÃO ENTRE DOIS PLANOS

vence o cliente a abandonar desejos e sentimentos emocionais profundos para concordar com a solução que o advogado acredita ser factível. Esse estudo também dá um enfoque detalhado às práticas linguísticas empregadas por advogados para reconstruir a subjetividade do cliente ("constituição discursiva da subjetividade").[29]

Sobre a transformação por que passa a vontade da parte, diante do contato com o direito processual, haveria, para Trubeck, três estágios problemáticos: denominação da demanda, acusação de alguém pelo prejuízo, e reclamação de algum remédio jurídico. Cada um desses estágios é construído socialmente. Não há ideias inatas que possam ser empregadas para negociar a partir de uma percepção de prejuízo até uma reclamação específica. Ideias prevalecentes em discursos legais vão delinear como os indivíduos reagem a várias possibilidades, e contatos institucionais vão canalizar o comportamento individual. Mais ainda, em cada estágio do processo a disputa será reformulada, remodelada em um discurso que pode ser muito diferente do entendimento inicial dos participantes na disputa.[30]

Tais estudos demonstram, assim, como contatos diretos com o advogado e o sistema legal podem transformar ou mesmo criar aquilo que os indivíduos buscam e esperam da justiça. Mas o tema da construção legal da realidade social vai além das observações desse impacto sobre a subjetividade, em face de um contato com os advogados e tribunais, e se estende às formas pelas quais o discurso legal penetra no cotidiano, afetando a real definição de relacionamentos e conflitos.[31]

Felstiner, Abel e Sarat também analisam a transformação das disputas, a partir das três fases citadas por Trubeck (*naming, blaming, claiming*), que vão desde a mera percepção de um ato ofensivo (condicionada a diversas variáveis, de natureza econômica, social, educacional, entre outras), passando pela elaboração de uma queixa (atribuição da responsabilidade pelo ato danoso ou pela violação da norma a alguém), até a sua transformação em uma disputa, após a reclamação de algum remédio jurídico (*claiming*), e a resistência, integral ou parcial, oposta à pretensão formulada. Segundo os autores, maior atenção deve ser dada à transição entre esses estágios (origem, contexto, história e consequências dos conflitos), principalmente

[29] TRUBECK (1988, p. 119 e 122).
[30] TRUBECK (1988, p. 123-124).
[31] TRUBECK (1988, p. 123-124).

aos primeiros, menos visíveis à luz da estrutura social das disputas, e não restritos à versão dos litigantes que vêm à tona na última fase.[32]

Imagine-se um teste nuclear, realizado em local próximo à residência de determinada coletividade de pessoas. Uma parte delas pode ter desenvolvido doenças cancerígenas em face do teste, e outra parte não. Dentro dessa parcela que adquiriu a doença, uma parte tem consciência de que a tem, e a outra não. Esse seria o primeiro estágio (*naming*), no qual o que os autores denominam de *Unperceived Injurious Experience* (UnPIE) se transforma em *Perceived Injurious Experience* (PIE). A transformação da mesma em *grievance blaming* ocorreria se aqueles conscientes da aquisição de sua doença atribuíssem a responsabilidade à empresa que realizou os testes nucleares. Por fim, o terceiro estágio surgiria com a pretensão a um remédio jurídico (indenizatório, por exemplo), e a resistência oposta pela parte demandada.[33]

Soma-se a esses fatores restritivos do dimensionamento do conflito a já citada polarização empreendida pela lógica do Judiciário, cujas demandas submetem-se a um jogo de soma zero.

Segundo José Reinaldo de Lima Lopes, os jogos de soma zero, tratados pela teoria dos jogos, em casos de comutação ou retribuição, são aqueles em que o resultado pertence integralmente a um vencedor. A decisão dos conflitos de soma zero tem um caráter binário: certo-errado, lícito-ilícito, culpado-inocente, credor-devedor. Um exemplo é o contrato de compra e venda, no qual as partes têm interesses opostos, e o resultado da interação é zero: uma fica com a coisa, a outra com o preço, sem nada a ser acrescido. Os jogos de soma não zero, por sua vez, são aqueles cujo resultado é uma forma de participação: o ganhador tem mais, mas não pode excluir o perdedor, havendo uma igualdade proporcional a ser preservada, sendo a decisão desses conflitos plurilateral. Um exemplo é a sociedade, na qual todos são simultaneamente devedores da mesma coisa (o capital, o esforço) e simultaneamente credores da mesma coisa (o lucro, o dividendo) e a cooperação criará algo a ser dividido (o lucro ou o prejuízo). A autoridade chamada a arbitrar um conflito assim, sobre bens indivisíveis, vê-se impelida a servir de mediador ou conciliador, e a sua decisão normalmente dá apenas início à resolução do problema, com a divisão das regras de justiça distributiva.[34]

---

[32] FELSTINER, ABEL e SARAT (1980-1981, p. 633-637, 639).
[33] FELSTINER, ABEL e SARAT (1980-1981, p. 633-637).
[34] LOPES (2006b, p. 145-146; 2006c, p. 168-170).

Recaindo o código binário da norma (pode ou não pode, é legal ou ilegal) sobre situações já cristalizadas e estabilizadas, revela-se importante a válvula de escape representada pelos princípios e normas programáticas, diante do dinamismo social presente. É necessário, todavia, não haver uso abusivo e meramente paliativo dos princípios, inclusive no momento de fechamento normativo no qual o juiz se depara ao sentenciar e aplicar regras e interpretar princípios, para que não se transforme em colegislador, judicializando matérias que não são de sua competência, por meio dessa fluidez decisória.[35]

1.2. Algumas premissas conceituais: os reflexos da linguagem na formulação do pedido e configuração do conflito

A linguagem se tornou, após a reviravolta linguística,[36] uma das questões centrais da Filosofia, passando de objeto da reflexão filosófica para a esfera dos fundamentos de todo o pensar, pois a linguagem é o espaço de expressividade do mundo, a instância de articulação de sua inteligibilidade.

A linguagem possui três dimensões de análise: a semântica, a sintática e a pragmática. A dimensão semântica diz respeito ao conteúdo dos conceitos e das proposições em sua relação com o mundo real ou ideal, isto é, ao que eles significam, e não apenas em relação à sua forma (o que constitui a sintaxe – regras de construção apropriada, em conformidade com o código e signos da língua). A dimensão pragmática, por sua vez, envolve no processo significativo o sujeito situado, ou seja, o sujeito histórico localizado no tempo e no espaço.[37]

---

[35] FARIA (2003, p. 81-82).

[36] Sobre a reviravolta linguístico-pragmática, vide Oliveira (1996, p. 11-13).

[37] Tércio Ferraz Jr. apresenta interessante relação entre os três modelos básicos arquitetados pela dogmática (analítico, hermenêutico e empírico) e as três dimensões da linguagem: "O modelo analítico executa sua função heurística privilegiando a função organizatória, o que explica sua preocupação mais sintática na compreensão das questões teóricas do Direito, como a elaboração de sistemas, classificações, busca de natureza jurídica dos institutos, etc. Já o modelo hermenêutico privilegia, no exercício de sua função heurística, a função avaliativa, o que explica uma preocupação mais semântica, de busca do sentido dos atos, das normas e das instituições. Por fim, o modelo empírico privilegia a função de previsão, procurando conceber o Direito como um sistema de controle do comportamento, com evidente preocupação pragmática, ligada a uma teoria da decisão jurídica ou do Direito como conjunto de procedimentos decisórios ou dos instrumentos procedimentais das decisões" (FERRAZ JR., 1980, p. 122-123). Considerando que as dimensões semântica e pragmática do discurso semiótico não dizem respeito à lógica formal, vide Alves (2003, p. 59 e 73-76).

Após a reviravolta linguístico-pragmática, a linguagem deixou de ser vista como meramente designativa e instrumental em relação ao ser, como reprodução do real. Rompeu-se com a tradição filosófica ocidental (teoria objetivista), de caráter reducionista da linguagem, para se considerar, à luz do que prelecionou Wittgenstein, que não existe um mundo em si, independente da linguagem, que deveria ser copiado por ela, pois somente há mundo na linguagem, como condição de possibilidade de qualquer conhecimento enquanto tal, horizonte intranscendível.[38] Assim, deixando de se voltar à relação sujeito-objeto, a linguagem passa a priorizar a relação sujeito-sujeito (intersubjetividade), em um contexto de historicidade, levando em conta os usos e costumes de uma determinada época (práxis comunicativa).[39] A dimensão pragmática tornou-se a dimensão central da linguagem humana.

Tomando por base estas premissas conceituais, percebe-se, primeiramente, que a linguagem não está presente apenas na formulação do pedido de uma determinada demanda judicial, mas na própria configuração do conflito, enquanto mediado linguisticamente por quem o observa, reflete e interage com o mesmo.

O pedido é apenas uma moldura mais restrita do conflito que, pelas regras do processo civil individual, é construída unilateralmente pelo autor, enquanto o conflito subjacente (realidade esta intranscendível pelo pedido), mais próximo da realidade intersubjetiva das partes envolvidas, e mediado pela linguagem, teria seus contornos mais abrangentes, dependendo da perspectiva do observador.

As perspectivas de análise das partes (autor, réu e juiz) são diferenciadas, refletindo suas diferentes formas de ver a realidade, sua carga de interesse e conhecimento (inclusive sob a ótica emocional) a respeito do assunto, de forma que o real pode ser facilmente moldado e manipulado diferentemente pelas partes, daí a importância da relação intersubjetiva e dialética entre as mesmas para se definir um objeto mais preciso e fiel ao conflito e à contemplação dos interesses em voga.

---

[38] OLIVEIRA (1996, p. 127).

[39] Nesse sentido, vide Wittgeinstein (sob a ótica dos jogos de linguagem), Karl-Otto Apel (sob a ótica transcendental-hermenêutica), H. G. Gadamer (sob a ótica hermenêutica da ontologia), Habermas (sob a ótica da pragmática universal, por meio da teoria da ação comunicativa), embora suas teorias guardem peculiaridades próprias (OLIVEIRA, 1996, p. 227, 254, 337).

O juiz, ademais, tem o dever de ser imparcial, na busca de perquirir a relação entre o sentido da linguagem e a realidade. A busca do sentido da linguagem tem como base a análise dialética das significações dos termos linguísticos, a fim de que se estabeleça um elo consistente entre o discurso e a realidade colhida no sentido dos atos de percepção.[40]

Predominando a forma escrita no processo civil, a linguagem jurídica, de natureza técnica e formal, na maior parte das vezes ignora a complexidade dos fatos que lhe estão subjacentes, manipulando e aprisionando o conteúdo, por meio dos limites conferidos pela forma, mediante uma linguagem reducionista, que desconsidera a contextualização do conflito em tudo aquilo que extrapolar os estritos contornos fáticos da causa de pedir expressa na demanda. Quando os direitos são disponíveis, não há problemas maiores, pois as partes têm autonomia da vontade para decidir a extensão da decisão que pretendem obter do Judiciário, com a delimitação dos elementos objetivos da demanda. Mas quando os direitos são indisponíveis, a situação é diversa. É o que ocorre nos casos de direitos e interesses difusos e coletivos, justificando o seu tratamento diferenciado, em benefício do bem jurídico coletivo.[41]

É preciso, muitas vezes, decodificar a linguagem jurídica, formal, hermética e ininteligível ao jurisdicionado, que está fora desse universo conceitual. Ademais, é importante também considerar que discurso jurídico é discurso argumentado, sempre organizado e manipulado em face de determinados fins, constituído de estratégias voltadas à indução do Juízo sobre uma situação de fato, diversas vezes recorrendo-se a um arsenal de efeitos retóricos e valendo-se de aspectos contraditórios do direito positivo e da ambiguidade conceitual de sua linguagem. A partir da cultura jurídica de inspiração normativista e formalista, surge, assim, um conjunto fetichizado de discursos.[42]

Atualmente, segundo José Eduardo Faria, novas definições dos sistemas de produção do discurso jurídico vêm sendo consideradas: ao nível semântico, enfatiza-se a necessidade de se neutralizar o formalismo e a estilização do recorte doutrinal e judiciário dos processos jurídicos, ou

---

[40] Alves (1996, p. 286).

[41] Ressalte-se que nem todos os direitos individuais são disponíveis, pois há direitos, como os relacionados à personalidade, estado e dignidade das pessoas, que, não obstante sejam individuais, possuem natureza indisponível.

[42] Faria (1992, p. 47-60).

seja, em vez de se aceitar a redução desses processos a modelos formalizados, separados do contexto pelas categorias abstratas e gerais do direito positivo, o que se busca é o enriquecimento dos objetos dos discursos jurídicos com as determinações histórico-concretas que lhe dão sentido no plano da consciência popular. Já no nível pragmático, enfatizam-se novas formas de designação dos sujeitos socialmente legitimados para manter um discurso jurídico, garantindo a participação na administração da justiça por intervenientes não profissionais, com o objetivo de contrapor o *homem da rua* ao jurista acostumado aos jogos formais de eloquência e aos malabarismos conceituais. Por fim, quanto ao nível sintático, propõem-se conceitos, métodos de argumentação e meios de prova e demonstração que colidem com os pontos-chave da organização discursiva dos juristas tradicionais e dogmáticos, pretendendo pôr fim à *neutralização* das relações sociais pelos dogmas jurídicos, historicizando o Direito, reduzindo a distância entre a linguagem oficial dos juristas e a linguagem corrente dos indivíduos, a fim de se tornar menos hermético o raciocínio jurídico para convertê-lo em algo mais compreensível pela sociedade, e, por conseguinte, por ela mais facilmente fiscalizado e controlado.[43]

Considerando a contingencialidade e a possibilidade de reformulação contínua do conflito social objeto do processo, maximizando seus reflexos políticos, entende ainda o professor José Eduardo Faria que "em muitos casos, a apresentação desse objeto, pelas partes, é somente um ponto de partida para o encaminhamento de um conflito bem mais complexo e não claramente enquadrável na legislação vigente, sendo necessário levar-se em conta o modo de apresentação do 'material' incorporado no desenrolar do processo, a direção, do que foi incluído, e a interpretação que lhe é atribuída".[44]

Sobre os riscos de perversão, deturpação e manipulação da "verdade dos fatos" pelos ritos e procedimentos de direito processual, adverte este mesmo jurista que "os atos se transformam em autos, os fatos se convertem em versões e os problemas concretos são sutilmente substituídos pelos argumentos dos advogados, os quais costumam extrair da realidade apenas os aspectos que mais se adequem e reforcem seus respectivos discursos".[45]

[43] FARIA (1992, p. 123).
[44] FARIA (1992, p. 63-64).
[45] FARIA (1992, p. 73).

Trata-se de saber, dessa forma, até que ponto é possível ultrapassar a moldura linguística representada pelo pedido da parte, em especial do autor, quando há (in)disponibilidade do direito que está subjacente. Por trás das limitações formais, há uma paisagem muito mais ampla, de natureza material, que é representada pela realidade social vigente.[46]

Uma vez presentes interesses e direitos coletivos, caso o pedido formulado pela parte, ou seja, a porção da realidade social trazida ao processo por meio do pedido, não coincida com a extensão integral (ou pelo menos mais próxima) do bem da vida subjacente, restando parcela do conflito fora dos contornos estabelecidos pelo demandante, o que se propõe neste livro é que o magistrado possa interpretar o pedido de forma extensiva, para a proteção mais ampla do bem jurídico coletivo em questão, desde que propicie às partes o debate sobre os elementos objetivos da demanda e submeta as questões fáticas à prova, a fim de que o contraditório legitime a sentença final, que deve estar adstrita e correlata ao pedido mediato, ou seja, ao bem da vida, de natureza coletiva e indisponível.

Sem dúvida, a visão integral do conflito revela-se utópica, além de estar marcada pelo subjetivismo do intérprete e observador,[47] principalmente em caso de conflitos coletivos, de efeitos plurilaterais. A ideia aqui defendida, portanto, é a de que possa o magistrado transcender aos limites rigidamente estabelecidos pelas partes, por meio do pedido, para uma maior proteção do bem da vida, observados certos parâmetros, como o contraditório e a produção de provas sobre a parcela excedente ao pedido originário.

O que se sustenta é um redimensionamento dos elementos objetivos da demanda (pedido e causa de pedir), cuja extensão, que transpõe os parâmetros conceituais e entraves formais, deve alcançar a melhor e mais efetiva proteção do bem jurídico, principalmente quando revestido de interesse social (como o bem jurídico coletivo) e indisponibilidade.

Sem ir de encontro à importância de escolhas bem-feitas e justificadas pelas partes, ao exercerem habilidade seletiva[48] na definição do objeto do

---

[46] Lembre-se de que o próprio Kelsen, maior expoente do positivismo jurídico, permitia o advento de decisões judiciais fora da moldura representada pela letra da lei, pela via da interpretação autêntica do órgão que aplica a norma (KELSEN, 2000, p. 394).

[47] Nesse sentido, vide Felstiner, Abel e Sarat (1980-1981, p. 631-632). "Disputes are not things: they are social constructs. Their shapes reflect whatever definition the observer gives to the concept. Moreover, a significant portion of any dispute exists only in the mind of the disputants."

[48] Na comunicação humana, o emissor, ao transmitir mensagens, realiza uma seleção de expectativas e possibilidades que o receptor recebe não como seleção, mas sim como um fato,

processo a interpretação judicial pode garantir a efetiva compreensão da controvérsia e superar os entraves formais em nome de uma leitura axiológica do conflito, que priorize o valor do bem da vida subjacente. Os riscos de subjetivismos e arbitrariedades são minimizados quando se realiza esta leitura partindo do diálogo empreendido pelas partes, no curso do processo, ao sustentarem as escolhas realizadas e os objetivos pretendidos, à luz do contraditório.

Não constitui finalidade deste livro a análise meramente conceitual do objeto litigioso, nas diversas modalidades de ações, nem a tomada de posição sobre as diferenças teóricas entre pretensões de direito material e processual, teoria da substanciação e da individuação, demandas auto e heterodeterminadas.[49] A referência a alguns desses conceitos é feita preliminarmente com o intuito apenas de adotar determinadas premissas, para o aprofundamento de outras questões mais práticas, incidentes sobre o conflito e suas formas de resolução, como alicerce e instrumental essenciais para a aferição da efetividade da tutela jurisdicional sob a ótica externa de um processo civil de resultados.

A análise sociológica do objeto litigioso, principalmente quando relacionada ao conflito coletivo, também é apenas instrumental ao tema ora tratado, mesmo porque se sabe que a dogmática jurídica (e a dogmática processual não foge a esta regra) tem a função de reduzir a complexidade social e os elementos extrajurídicos para inseri-los na lógica de conceitos

---

isto é, como premissa para a sua própria seleção. Isto, de certo modo, alivia o receptor, que pode deixar de lado a complexidade primária (análise valorativa das expectativas, ou seja, a expectativa que o receptor tem sobre as expectativas que o emissor da mensagem tem dele) ou, pelo menos, encará-la em confronto com uma seleção já feita. O problema assume dimensões mais complexas quando envolve terceiros (FERRAZ JR., 1980, p. 105-107). Segundo Gabriel Rezende Filho, expressando o ponto de vista habitualmente aceito, o autor deve vir a juízo com a sua intenção bem clara e definida, de forma que assume o risco do insucesso caso tenha invocado fatos e fundamentos inadequados. Assim como não é facultado ao autor desistir da ação proposta, sem o consentimento do réu, não deve ser permitida a modificação do objeto ou causa de pedir sem consenso das partes, estando vedada qualquer possibilidade de o autor furtar-se dos efeitos da lide temerária que intentou (REZENDE FILHO, 1933, p. 54-55).

[49] Temas sobre os quais a doutrina brasileira e a estrangeira já se debruçaram em variados estudos (TUCCI, 2001, p. 90-132; DINAMARCO, 2002, t. I, p. 232-276; BUZAID, 2002, p. 72-132; CARVALHO, 1992, p. 14, p. 52-79; SANTOS, 1947, p. 80-98; LACERDA, 1990, p. 75-93; WATANABE, 2005b, p. 111-126; TUCCI e BEDAQUE, 2002, passim; GRECO, 2003, p. 47-71; SCHWAB, Karl Heinz, 1968, passim; DELGADO, 1981, passim; LENT, 1962, p. 147-173; ROSENBERG, 1955, p. 27-44).

e classificações dicotômicas, formais, que circunscrevem um modelo sistêmico e fechado.[50] A ideia é buscar um ponto de equilíbrio entre estas duas esferas, a social e a jurídica, especialmente no momento da transição do conflito de uma para a outra, por meio de seu ingresso no âmbito jurisdicional, intermediado pelos elementos objetivos da demanda, o que muitas vezes demandará novas bases procedimentais aptas a lidar com essa realidade social emergente.

Sobre a relação entre o Direito e a Sociologia, refletida na definição das pretensões de direito material e processual, considera Jaime Guasp que:

> A forma ou figura jurídica aparece sempre como uma substituição da matéria social autêntica, que vem a se transfigurar em uma construção artificial do legislador, desaparecendo em sua pura matéria para permanecer somente como mera forma criada. O direito se aproxima da sociologia sempre da mesma maneira; toma dela os problemas cuja solução postula a comunidade, estabelece um esquema de instituições artificiais, nas quais trata de refletir ou substituir as estruturas e funções puramente sociais do fenômeno, e, uma vez realizada esta atividade de alquimia, se despreocupa integralmente daquela matéria social para operar somente com as novas formas criadas. A verdade é que o direito, para salvar a sociologia, não tem outro remédio que não o de matá-la.
>
> [...]
>
> Pois bem, o direito se ocupa do problema da pretensão sociológica da mesma maneira que se ocupa do resto dos problemas sociais. Toma a questão do âmbito social em que aparece encravada e cria, no lugar da figura sociológica que suscita o problema, uma forma jurídica específica na qual aquela se reflita. A pretensão em sentido sociológico corresponde no direito à figura da pretensão jurídica.
>
> [...]

---

[50] Segundo Tércio Sampaio Ferraz, a dogmática, que se desenvolveu à sombra do direito privado voltado a conflitos interindividuais, mantém-se ainda hoje sob a forma de constituição de doutrinas, entendidas como sistemas teóricos voltados para a decidibilidade normativa de conflitos com um mínimo de perturbação social. Trata-se de um sistema de conceitos, normas e regras, compondo a totalidade que tende a fechar-se em si mesma, em uma unidade imanente e perfeita (positivação), pensamento tecnológico que fixa seus pontos de partida e problematiza apenas a sua aplicabilidade na solução de conflitos – o raciocínio lógico-dedutivo permite o desdobramento dos conceitos e normas abstratas da generalidade para a singularidade, mediante subsunção lógico-formal. Visando à neutralização das expectativas sociais, surgem sérios riscos de distanciamento da dogmática em relação à realidade, disfarçada no plano de abstração conceitual cristalizada (FERRAZ JR., 1980, p. 5-7, 81-95, 132, 159).

Não outra coisa ocorre com a pretensão jurídica; criada pela pretensão em sentido sociológico propicia uma pretensão de direito, porém imediatamente, ao especificar seu tratamento em um setor peculiar do ordenamento jurídico, se converte já, nitidamente, em algo mais concreto e limitado: uma pretensão processual, a cuja atenção se dedica toda uma instituição jurídica base: a do processo.[51]

1.3. Recorte e formalização do conflito por meio dos elementos objetivos da demanda[52]

1.3.1. Pedido e pretensões de direito processual e direito material

No processo civil individual, o autor apresenta o pedido em relação ao qual o réu se defende,[53] havendo um conflito de interesses qualificado pela pretensão de um dos litigantes e pela resistência do outro, com a exigência de subordinação de um interesse alheio ao interesse próprio. Esse conceito de lide carneluttiano[54] é referido na exposição de motivos do CPC/1973, onde se define a lide como mérito da causa, seu objeto, em que se exprimem as aspirações em conflito de ambos os litigantes.[55] Na exposição de motivos do CPC/2015, essa definição de lide não é abordada, muito embora o termo "lide" permaneça sendo mencionado no novo código nos artigos 103, 125, 129, 303, 305, 505 e 509.

Ao negar os fatos constitutivos do direito do autor, ou opor fatos impeditivos, modificativos ou extintivos, o réu apenas transforma os pontos alegados pelo autor em questões de natureza controvertida, sem que seja

---

[51] DELGADO (1981, passim. p. 42-43 – tradução da autora).

[52] Sobre este tema, foram escritos pela autora os seguintes artigos, cujas principais reflexões são trazidas à tona neste capítulo: GABBAY, ALVES, ANDRADE e LUCON, 2005, p. 184-199; GABBAY, 2006a, p. 113-116; GABBAY e LUCON, 2006, p. 159-183, GABBAY e LUCON, 2007, p. 78-95.

[53] Não obstante a exceção seja um direito correlato à ação, à luz da bilateralidade do processo, tendo o réu a pretensão de que o pedido do autor seja rejeitado, é preciso destacar que o autor é quem pede, o réu simplesmente impede (resiste) (CINTRA, GRINOVER e DINAMARCO, 2005, p. 279-281).

[54] CARNELUTTI (1936, v. I, p. 341-345).

[55] BRASIL. Código de Processo Civil (1973), Exposição de motivos ("Da terminologia do projeto", item 6). Entretanto, há várias críticas à adoção do conceito de lide como polo metodológico da teoria do processo, pois o mesmo não se adequa às hipóteses de revelia e de reconhecimento do pedido, em que não há contraposição de pretensões, ou seja, resistência do réu. Isso também ocorre em momento anterior à contestação e no processo executivo (CARVALHO, 1992, p. 55-56).

CONFLITO E PROCESSO: TRANSPOSIÇÃO ENTRE DOIS PLANOS

deduzida nova pretensão nem ocorra a ampliação do *thema decidendum*.[56] Qualquer contra-ataque do réu só será permitido por meio de reconvenção, pedido dúplice e contraposto, ou mesmo ação declaratória incidente. Assim, o objeto do processo é aquele exposto pelo autor na petição inicial (*res in iudicium deducta*),[57] e não algo construído conjuntamente pelas partes. O réu pode até propiciar a redução do âmbito da controvérsia, por meio do reconhecimento parcial do pedido, por exemplo, mas não pode ampliá-lo contra si próprio. Sua perspectiva é sempre defensiva.[58]

Ovídio Baptista da Silva considera que o subjetivismo na caracterização da demanda (tendo o autor a faculdade de configurá-la em seu pedido de tutela jurídica) pode gerar uma margem excessiva de insegurança e imprecisão, diante da relação entre o pedido e os limites objetivos da coisa julgada. Pondera, contudo, que não obstante essa objeção seja procedente, não se pode dizer que a solução alvitrada constitua novidade, pois não era outro o que recomendavam os textos romanos, quando sugeriam que, nos casos duvidosos, quando não se tivesse certeza sobre a perfeita identidade do objeto litigioso, se recorresse, para conhecê-lo, à intenção manifestada pelo autor, em sua petição de tutela jurídica (D. 5, 1, 61; e D. 45, 1, 83, 1).[59]

---

[56] DINAMARCO (2006, p. 59-63).

[57] A expressão *res in iudicium deducta* advém do Direito romano, no qual res designava um bem da vida juridicamente considerado, que poderia ser deduzido em juízo, originando a referida expressão. Quando o processo se encerrava, com o julgamento da lide, a *res in iudicium deducta* se tornava *res iudicata* (BUZAID, 2002, p. 75-76).

[58] A intervenção de terceiros implica na ampliação ulterior do objeto do processo – o pedido do autor ou do réu contra terceiro na denunciação da lide, o pedido do réu no chamamento ao processo, o pedido do terceiro contra o autor e o réu, formulado na oposição –, havendo, nestes casos, cúmulo eventual de pedidos, pois o teor do julgamento do primeiro condiciona a admissibilidade do segundo. No processo coletivo, por sua vez, há a questão da ampliação *ope legis* do objeto do processo, com o transporte *in utilibus* da coisa julgada resultante de sentença proferida na ação civil pública para as ações individuais de indenização por danos pessoalmente sofridos (CDC, art. 103, § 3º). Ada Pellegrini ressalta esse aproveitamento da coisa julgada favorável em ação coletiva tendo em vista o princípio da economia processual, o que possibilita que as vítimas e seus sucessores sejam por ela beneficiados, sem necessidade de nova sentença condenatória, passando-se *incontinenti* à liquidação e execução da sentença. Assim, além da extensão subjetiva do julgado, ocorre aqui a ampliação *ope legis* do processo, passando o dever de indenizar a integrar o pedido, exatamente como ocorre na reparação do dano *ex delito*, em que a decisão sobre o dever de indenizar integra o julgado penal (efeitos civis da sentença penal condenatória – CP, art. 91, I; CPP, art. 63; e CPC, art. 584, II) (GRINOVER, 2004).

[59] SILVA (1995, p. 145).

O pedido formulado pelo autor é responsável pela configuração e veiculação da lide processualizada, pedido muitas vezes submetido ao recorte estratégico do advogado, conforme já exposto, na tentativa de selecionar e ressaltar os fatos e direitos mais favoráveis ao seu cliente.

Há autonomia das partes para escolher as parcelas do conflito que serão levadas ao Judiciário, de forma que o magistrado o analisa apenas indiretamente, na proporção e medida do que foi veiculado pelo pedido e causa de pedir do autor (ônus de afirmação).[60] Nesse sentido, o artigo 322 do Código de Processo Civil (CPC/2015) determina que o pedido deve ser certo, sendo que a interpretação do pedido considerará o conjunto da postulação e observará o princípio da boa-fé.

De acordo com Cândido Rangel Dinamarco,[61] o mérito da ação corresponde apenas ao pedido, que se subdivide em imediato (provimento jurisdicional pretendido) e em mediato (bem da vida subjacente). Assim, a petição inicial é um projeto de provimento, ao indicar o conteúdo pretendido e os limites em que o exercício do poder jurisdicional será legitimamente exercido em face da situação da vida descrita, e em resposta à iniciativa da parte, à luz dos princípios da inércia da jurisdição e da demanda.

O pedido imediato e o pedido mediato correspondem aos planos processual e substancial da demanda: pretensão ao provimento postulado (cognitivo, executivo, cautelar) e pretensão ao bem da vida descrito,[62] não podendo o juiz decidir além, aquém ou fora do que foi pedido, o que acarretaria nulidade em face do exercício não provocado da jurisdição (sentenças *ultra petita*, *infra petita* e *extra petita*); daí a existência da regra da correlação da sentença ao pedido, positivada nos artigos 141 e 492 do CPC/2015, e que será tratada no item 2.1.1.

Dinamarco elabora essas distinções doutrinárias a partir do conceito de pretensão de direito processual (com dupla direção), desconsiderando

---

[60] Entende Milton Paulo de Carvalho como absoluto o poder das partes de submeter à Jurisdição uma parcela da realidade social na medida do que lhes convém, não obstante o *petitum*, que delimita o *iudicium*, envolva a consideração de duas classes de interesses: um, de natureza privada, consistente na solução da controvérsia, deduzido em contraditório pelas partes, cada uma pleiteando que o Estado lhe dê razão; e outro, de natureza pública, o de pacificação social e da observância efetiva do ordenamento jurídico, ou seja, o interesse de dar razão a quem tem (CARVALHO, 1992, p. 14).

[61] DINAMARCO (2002, t. I, p. 234-235).

[62] DINAMARCO (2002, t. I, p. 236).

a pretensão de direito material como elemento substancial à definição do objeto do processo.[63]

Diferenciando a pretensão a partir da perspectiva temporal, descreve Dinamarco:

> *Antes* do processo, há uma pretensão insatisfeita e o processo se instaura e realiza precisamente em virtude dessa insatisfação e com o fito de eliminá--la. *Durante* o processo tem-se uma pretensão deduzida, que constitui o objeto das atenções do juiz e das atividades de todos os sujeitos processuais. *Depois* do processo, havendo sido julgado o mérito, há uma pretensão dirimida – dirimida mediante sua satisfação (pretensão acolhida) ou mediante a definitiva não satisfação (pretensão rejeitada), mas em qualquer hipótese com a eliminação da crise jurídica que o exercício da jurisdição visa a resolver.[64]

Para Pontes de Miranda, entretanto, em uma escala, teríamos, no *plano pré-processual*, o direito subjetivo, a pretensão de direito material, a ação material e a pretensão à tutela jurídica, enquanto no *plano processual*, por sua vez, haveria a ação processual e a pretensão processual.[65]

Assim, o credor tem direito subjetivo ao que se lhe atribui (tem-no desde que a relação nasceu). A exigibilidade faz-lhe pretensão de direito material (o poder de exigir a prestação). Se o devedor não paga como e quando deve pagar, cabe a ação de direito material (que poderia se verificar com a notificação extrajudicial para fins de cobrança, por exemplo, sendo o direito de reclamar a atuação da lei).[66] No plano pré-processual, tanto a pretensão quanto a ação se dirigem a uma prestação do obrigado. Apenas a pretensão à tutela jurídica (que pode ser tanto do réu como do autor) dirige-se ao Estado, e o seu exercício origina a pretensão e ação

---

[63] WATANABE (2005b, p. 112-115). Sobre as distinções entre direito subjetivo, pretensão (processual e material) e ação, sob a perspectiva dos filósofos do Direito, processualistas e civilistas alemães, italianos e espanhóis, vide Buzaid (2002, p. 90-132).

[64] DINAMARCO (2006, p. 53).

[65] MIRANDA (1976, p. 13-22).

[66] A ação de direito material não deve ser confundida necessariamente com a autotutela, pois se verifica em outros casos nos quais se pode reclamar a atuação da lei fora do Judiciário, como, por exemplo, no caso de protesto de títulos executivos extrajudiciais, inscrição do devedor em cadastros restritivos de crédito, negociações diretas entre credor e devedor, de forma que estar fora do Judiciário não equivale a estar alijado do Direito.

processuais (plano processual), tendentes não a uma prestação, mas a um efeito jurídico específico.[67]

Aquele que comparece para pedir a indenização pelo dano sofrido, por exemplo, exercita o direito público de invocar a justiça (pretensão à tutela jurídica), ou pedindo apenas prestação de sentença, ou já pedindo execução, emprega a sua pretensão à forma processual adequada (obrigatória ou facultativa) e quer que, exercitada a ação, se lhe dê ganho de causa quanto à pretensão de direito material, talvez pretensão sujeita a exame, apenas para efeitos declarativos sentenciais.

A pretensão à tutela jurídica (pré-processual) independe da pretensão de direito material – o que fica evidente em certas ações constitutivas, nas declarativas negativas e nas declaratórias de falsidade ou autenticidade de documento.[68]

Dessa maneira, preocupado com a precisão linguística necessária da ciência jurídica, Pontes de Miranda considerada máxima importância *distinguir a pretensão à tutela jurídica, a pretensão processual que nasce do exercício daquela, a pretensão objeto do litígio e o remédio jurídico processual. Lamentável é que, na linguagem corrente, se empregue, a cada passo, o termo "ação" para qualquer dos quatro.*[69]

Tal como na Alemanha, onde a pretensão prevista na ZPO não é a mesma prevista no BGB,[70] a pretensão submetida ao processo civil brasileiro não se confunde com aquela prevista pela legislação de direito civil pátrio (CC, art. 189),[71] sendo o primeiro instrumento tipicamente processual.

Nem sempre há uma perfeita correspondência entre as pretensões, e ora se questiona até que ponto a pretensão processual está totalmente desconectada da pretensão material e do direito material que visa a satisfazer via tutela jurisdicional.

---

[67] MIRANDA (1976, p. 11-14). Para demonstrar a inconfundibilidade dos conceitos de direito subjetivo, pretensão e ação, ressalta Pontes de Miranda a possibilidade de i. permanecer intacta a legislação quanto ao direito subjetivo e mudar quanto às pretensões, ou permanecer inalterado quanto àquele e a essas, e mudar quanto às ações; ii. haver prazos para a ação, sem que com a extinção dela se extinga a pretensão ou o direito subjetivo; iii. existirem direitos subjetivos e até pretensões sem ação, como os créditos provenientes de jogo.

[68] MIRANDA (1973, p. XLVI, t. I).

[69] MIRANDA (1973, p. XLVI, t. I, p. 37).

[70] ENCINAS, 2001.

[71] "Art. 189. Violado o direito, nasce para o titular a pretensão, a qual se extingue, pela prescrição, nos prazos a que aludem os artigos 205 e 206."

Não se coloca em dúvida, com tal assertiva, a existência de uma relação jurídica processual distinta da relação jurídica material, autonomia propugnada desde a obra de Oskar von Bülow (1868), um dos grandes marcos da Ciência Processual, fixando que o juiz tem que decidir não somente sobre a existência do direito controvertido, mas também, para conhecê-lo, deve examinar se concorrem os requisitos de existência da própria relação jurídica processual, que são os pressupostos processuais, sistematizados por Bülow.[72]

Alguns processualistas alemães sustentaram posição intermediária ao adotarem o conceito relativo à mera afirmação de direito, evitando a correspondência do objeto litigioso ao direito material. Leo Rosenberg, nesse sentido, considera que o objeto litigioso significa o mesmo que pretensão processual, ou seja, uma afirmação de direito ou de uma consequência jurídica sobre a qual se solicita, na petição, uma resolução apta a adquirir autoridade de coisa julgada. Nas demandas condenatórias, essa afirmação é a de que o autor tem o direito a uma prestação, tendo em vista relação obrigacional afirmada ou por declarar; nas demandas declaratórias, a afirmação recai sobre a existência ou não da relação jurídica; e nas demandas constitutivas, a afirmação é de que ao autor corresponde um direito à constituição pedida.[73]

Buzaid, por sua vez, considera o objeto da controvérsia como um fenômeno de natureza processual, que não deve ser identificado com a pretensão jurídica material, um passo decisivo para a compreensão da essência do objeto litigioso, de forma que a discussão caminha, a partir desse consenso, para o conteúdo e alcance desse conceito processual, não obstante esse processualista reconheça que uma parte da teoria processual alemã (sustentada por juristas como Nikisch, Henkel e Blomeyer) manifesta reação ao conceito de pretensão, com conteúdo apenas processual, e procura reconstituí-lo, valendo-se da teoria substancial do objeto do processo.[74]

Jaime Guasp Delgado, ao considerar que sem esclarecimentos do conceito de pretensão processual é impossível propiciar uma definição satisfatória do próprio processo, e na tentativa de conciliar suas características sociológicas e jurídicas, entende que a pretensão jurídica seria um reflexo da pretensão social, dentro de uma lógica diferenciada, eminentemente

---

[72] Vide obra de Bülow (1964, p. 1-17, 292-302).
[73] Rosenberg (1955, p. 27-28, 30).
[74] Buzaid (2002, p. 74, 111).

jurídica. Guasp explica, nesse contexto, a relação entre ação, pretensão e demanda: a ação, como poder de provocar um processo; a demanda, como exercício desse poder; e a pretensão, fundada ou não, enquanto voltada ao trâmite da demanda, seria a única que constitui o autêntico objeto do processo, o verdadeiro ponto de imputação das consequências processuais aludidas, justificando o trinômio ação-pretensão-demanda.[75]

1.3.2. Causa de pedir e eficácia preclusiva da coisa julgada

Além do pedido, há também outro elemento objetivo da demanda a ser considerado: a causa de pedir, que consiste na razão (fática e jurídica)[76] em virtude da qual um pedido é formulado. Segundo Dinamarco, há um eixo sistemático que interliga o pedido ao dispositivo da sentença, e a causa de pedir aos fundamentos da decisão (motivação).[77] Apenas o dispositivo da sentença faz a coisa julgada material, produzindo efeitos sobre a vida dos litigantes; a causa de pedir, por sua vez, muito embora atue na contextualização, identificação e alcance do pedido,[78] não compõe o mérito/objeto do processo, representando apenas os pressupostos lógicos em que se apoiam os preceitos concretos formulados no decisório, mas sem autonomia para projetar efeitos sobre a vida das pessoas ou do processo (CPC/2015, art. 504, I).[79]

O Superior Tribunal de Justiça já se manifestou no sentido de que é incabível a reforma de decisão cuja conclusão é correta, apenas porque acolhido fundamento equivocado. Assim, a quem já obteve tudo que poderia obter, não será lícito pretender outro pronunciamento judicial apenas porque determinado fundamento não foi considerado, sem que daí adviesse qualquer consequência prática.[80]

---

[75] DELGADO (1981. p. 19-46).

[76] Segundo Tucci, adotou-se no sistema processual brasileiro a teoria da substanciação, devendo ser expostos na inicial os fatos que fazem emergir a pretensão do demandante (causa de pedir remota) e o enquadramento da situação concreta, narrada *in statu assertionis*, à previsão abstrata contida no ordenamento de direito positivo, da qual decorre a juridicidade daquela (causa de pedir próxima). A regra da eventualidade, impondo um sistema rígido de preclusões, constitui pressuposto da teoria da substanciação (TUCCI, 2001, p. 151).

[77] DINAMARCO (2002, t. I, p. 274).

[78] LIEBMAN (1976, p. 164).

[79] DINAMARCO (2006, p. 16-18).

[80] STJ – EDcl no REsp 17646-RJ, Terceira Turma, Rel. Min. Eduardo Ribeiro, j. 09.06.1992, *DJ* 29.06.1992.

CONFLITO E PROCESSO: TRANSPOSIÇÃO ENTRE DOIS PLANOS

Barbosa Moreira distingue ainda um aspecto ativo e um aspecto passivo da causa de pedir: se o autor reclama a restituição de uma quantia emprestada, por exemplo, a *causa petendi* abrange o empréstimo, fato constitutivo do direito alegado (aspecto ativo), e o não pagamento da dívida no vencimento, fato lesivo do direito alegado (aspecto passivo).[81]

Este último aspecto se aproxima do conceito de pretensão material de Pontes de Miranda, estando relacionado à exigibilidade do Direito.

Tucci considera que boa parte da doutrina processual alemã valeu-se da teoria da individualização para extirpar do objeto litigioso a causa de pedir, ensejando verdadeira cisão entre direito substancial e processo, ao reservar matiz eminentemente processual ao objeto do processo, o que vai ao encontro da orientação de Elio Fazzalari, adotada por Tucci, de considerar a situação substancial como elemento integrante da pretensão deduzida, superando o cerne da discussão entre as teorias da substanciação e individualização, ao afirmar que elas não representam mais do que as faces de uma mesma moeda (dependendo do bem jurídico tutelado pela demanda, exigir-se-á maior ou menor detalhamento da causa de pedir). Assim, o objeto do processo identificar-se-ia com a circunstância jurídica concreta deduzida em juízo *in status assertionis*, que aflora individualizada pela situação de fato contrária ao modelo traçado pelo direito material.[82]

Ao prever os efeitos preclusivos da coisa julgada de forma ampliativa, o art. 508 do CPC/2015 determina que "transitada em julgado a decisão de mérito, considerar-se-ão deduzidas e repelidas todas as alegações e as defesas que a parte poderia opor tanto ao acolhimento quanto à rejeição do pedido".[83] O objeto do processo, entendido como equivalente ao pedido, não parece ter correspondência com os efeitos preclusivos da coisa julgada,

---

[81] BARBOSA MOREIRA (1999, p. 15).

[82] TUCCI (1992, p. 272-277).

[83] Para Mancuso, a técnica da eficácia preclusiva opera como uma válvula de segurança do sistema, de modo a imunizar as questões deduzidas e deduzíveis, mas desde que atinentes ao núcleo do *thema decidendum*, isto é, ao preciso objeto litigioso, técnica que lembra o *collateral estoppel*, das *class actions* do Direito norte-americano, pelo qual consideram-se incluídos no julgado os *necessary steps*, ou seja, as premissas necessárias à conclusão (MANCUSO, 2006, p. 29, 236). Sobre a possibilidade de emprego do collateral estoppel por terceiro, que não foi parte no processo, mas detém relação jurídica conexa à que foi decidida, vide Tucci (2006, p. 141-151).

PEDIDO E CAUSA DE PEDIR

estes nitidamente mais amplos, ao abarcarem aquela porção da lide pré-processual excluída, voluntariamente ou não, da demanda.[84]

Karl Heinz Schwab, por sua vez, analisa a definição do objeto litigioso, na doutrina alemã, e parte do entendimento já consagrado de que este é um fenômeno de natureza processual, para fomentar o debate sobre o conteúdo e alcance desse conceito, a partir de uma teoria do objeto litigioso. Fazendo uma breve síntese de vários posicionamentos doutrinários alemães, Schwab sustenta que o objeto litigioso é a indicação daquilo que o autor peticiona, na forma de um pedido determinado, conceito aplicável às pretensões condenatórias, constitutivas e declaratórias. Não obstante o pedido seja o verdadeiro objeto do litígio, deve ser interpretado à luz dos fatos alegados – causa de pedir.[85]

Segundo Dinamarco, o saldo útil das intermináveis disputas sobre o conceito de objeto litigioso (*streitgegenstand*) em que se envolveram os processualistas alemães durante décadas, é a conclusão de que o objeto do processo reside na pretensão deduzida pelo demandante (*anspruch*) representada pelo pedido feito (*antrag*) e apenas identificada pelo que nós, latinos, chamamos causa de pedir (a que eles, germânicos, aludem como estado de coisas, evento da vida ou segmento da história). Entretanto, para Dinamarco, Karl Heinz Schwab teria chegado à decepcionante arbitrariedade consistente em concluir (a) que *Streitgegenstand* é somente o pedido, quando tomado como elemento retor de institutos como o cúmulo ou alteração de demandas ou a litispendência, mas seria (b) o pedido mais o evento da vida, quando encarado como critério delimitador dos limites da coisa julgada. Desconsiderou que, como tudo neste mundo, o objeto do processo não pode ser e deixar de ser ao mesmo tempo, ou ter uma natureza ou outra, conforme o modo como interfere em cada conceito.[86]

Para Dinamarco, há uma diferença entre a coisa julgada como elemento estabilizador das relações jurídicas e imunizador da decisão (que incide exclusivamente sobre o dispositivo da sentença, visto que é daí que emanam preceitos capazes de influir na vida das pessoas) e coisa julgada como fator de impedimento de nova decisão (efeitos preclusivos), que depende

---

[84] Sobre a impossibilidade de uma construção unitária do objeto litigioso, compatível com a autêntica transformação operada com o trânsito em julgado, vide Assis (2002, p. 105-108).

[85] SCHWAB (1968, passim, especialmente p. 3-5, 243, 253).

[86] DINAMARCO (2006. p. 51-57). Vide, ainda, sobre o assunto, Dinamarco (2002, t. I, p. 267-273).

da confluência de ambos os elementos objetivos da demanda: pedido e causa de pedir.[87] Isso não altera, entretanto, o conceito de objeto litigioso, como propugnara Schwab.

Teresa Wambier traz o seguinte exemplo: no caso de ação de despejo fundada em desvio da finalidade do contrato locatício, sendo o pedido julgado improcedente, poderia este locador mais tarde ingressar com ação de despejo em face do mesmo locatário, baseada agora na falta de pagamento de aluguéis, ainda que esta causa de pedir tenha ocorrido concomitantemente ao desvio de finalidade do contrato locatício. O não pagamento dos aluguéis não deixaria de ser nova causa de pedir, autorizando a procedência do pedido. Isso porque, diante dos efeitos preclusivos da coisa julgada, fica protegida a possibilidade de posterior rediscussão a causa de pedir (*ratio decidendi*) *enquanto e na medida em que* serve de base à conclusão da sentença. Outra causa de pedir pode dar margem à reformulação do mesmo pedido perante o Judiciário, pois que, na verdade, não se estará diante do mesmo pedido, mas de outro, uma vez que a causa de pedir qualifica o pedido.[88]

Nesse mesmo sentido, Antonio do Passo Cabral ressalta que a vedação decorrente da eficácia preclusiva da coisa julgada prevista no art. 508 do CPC/2015 tem aplicação somente se estivermos diante da mesma causa de pedir, e traz o seguinte exemplo: se em um primeiro processo houve pedido de anulação de um ato jurídico por um determinado vício de consentimento (por exemplo, erro), mesmo após o trânsito em julgado da sentença de improcedência do pedido é possível à parte ajuizar outra demanda, pedindo a anulação do mesmo ato jurídico pela alegação de outro vício (por exemplo, dolo ou coação), ainda que não o tenha alegado no primeiro processo.[89]

---

[87] DINAMARCO (2006, p. 59). Para Dinamarco, o escopo da coisa julgada é afastar apenas os conflitos práticos entre os julgados (sentenças de preceitos opostos) e não conflitos teóricos, gerados por divergências entre duas sentenças quanto aos fatos em que se apoiam ou quanto à interpretação da mesma norma jurídica. Afirma, ainda, em contraposição ao que sustenta Schwab, sobre a consideração do pedido e a causa de pedir em face da coisa julgada: "Além disso, como também a diversidade das partes afasta o óbice representado pela coisa julgada (sempre, art. 301, § 1º e § 3º – CPC/1973), para ser coerente a posição de Schwab precisaria chegar ao ponto de afirmar que também esses elementos subjetivos da demanda integrariam o objeto do processo. Absurdo." (DINAMARCO, 2002, t. I, p. 274-276).

[88] WAMBIER (2005, p. 116-118).

[89] CABRAL (2015, p. 1309-1310).

PEDIDO E CAUSA DE PEDIR

Ovídio Baptista entende que o art. 474 do CPC/1973 (referente ao art. 508 do CPC/2015) é de capital importância em nosso sistema processual, visto que será por meio dele que iremos encontrar o conceito de demanda, tendo condições de identificá-la em seus respectivos elementos estruturais.[90] O autor trabalha com diversas construções teóricas a partir do seguinte problema prático:

> Se o autor em uma demanda de rescisão de contrato parciário afirmar, na petição inicial, que o réu causou danos à colheita e descrever detalhadamente – situando-os no espaço e no tempo – os fatos causadores do prejuízo, alegando que isso ocorreu em virtude de cultivar o colono a gleba sem o indispensável preparo do solo e utilizando-se de uma variedade inadequada de sementes, estará o juiz adstrito a julgar a demanda só com base nesse conjunto circunstancial? Ou ocorrendo, no curso da instrução da causa, a constatação de que o dano à colheita efetivamente ocorreu, porém, não como resultado dos fatos alegados e sim em virtude de haver o agricultor, depois de a produção colhida, a abandonado em lugar impróprio, estragando grande parte do produto, poderá o juiz acolher a ação, sem ofender o art. 128 do CPC (do CPC/1973; art. 141, do CPC/2015)? Como atuam os efeitos preclusivos da coisa julgada, nesse caso?[91] (Inclusão de correspondência ao CPC/2015 feita pela autora.)

Para o autor, no caso descrito deve haver uma ponderação de fatores, na identificação da causa de pedir da demanda, a partir dos fatos essenciais verificados:

> Nem se pode considerar como *causa petendi* o elemento fático "danos à colheita em virtude da utilização de sementes impróprias", e nem o extremo oposto, ou seja, "rescisão do contrato quaisquer que sejam os fatos praticados pelo réu". Nem a irrelevância absoluta e nem a completa relevância dos fatos.[92]

---

[90] Silva (1995, p. 166).

[91] Silva (1995, p. 160).

[92] Silva (1995, p. 163). Segundo Tucci, a regra da eventualidade e a respectiva substanciação da demanda dizem respeito exclusivamente ao *fato essencial*, delimitado pelo autor na petição inicial, de sorte que se puder ser deduzida outra questão, ainda que para o mesmo pedido, não haverá óbice algum para a propositura de outra ação, uma vez que esta não será idêntica à primeira (Tucci, 2001, p. 226). Sobre esse mesmo assunto, mas à luz da doutrina alemã, Othmar Jauernig coloca o seguinte problema – quando o autor apresenta, em um segundo processo, um pedido realmente idêntico ao da primeira causa, mas aduz fatos que não tinha

Filiando-se à posição assumida por Schwab, Ovídio entende que, nesse caso, o efeito preclusivo da coisa julgada atingirá toda a cadeia de fatos similares, sem abranger os fatos que não guardem relação com o material do processo; daí porque, para ambos os processualistas, o objeto litigioso consiste no pedido convenientemente interpretado, pois para interpretá-lo deve-se recorrer ao estado de coisas, que abrange os fatos e relações jurídicas deduzidos e dedutíveis.[93]

Barbosa Moreira entende que há uma relação de instrumentalidade entre os limites objetivos da coisa julgada e a sua eficácia preclusiva, pois enquanto os limites objetivos geram a imutabilidade do julgado, no que tange à parte dispositiva, a eficácia preclusiva consiste no impedimento que surge à discussão e à apreciação de questões suscetíveis de influir nesse julgado, cobrindo o deduzido e dedutível. Assim, pode suceder que, de fato, não tenham sido exaustivamente consideradas, no processo, as questões que poderiam influir na decisão, sendo vedado que depois de findo o processo se viesse a pôr em dúvida o resultado atingido, acenando-se com tal ou qual questão que tenha ficado na sombra e que, porventura, se trazida à luz, teria sido capaz de levar o órgão judicial a conclusão diferente da corporificada na sentença (ressalvados os casos restritos de rescindibilidade do julgado).[94]

O expediente técnico a que Barbosa Moreira se refere é de considerar implicitamente decididas pela sentença que transitou em julgado todas as questões, ainda que não apreciadas, cuja solução se devesse reputar idônea para influir no conteúdo do pronunciamento judicial. Trata-se de uma fic-

---

alegado no primeiro processo, ou não tinha alegado do mesmo modo, questiona-se: introduziu-se com a alegação de mais fatos (novos) em conexão com o pedido colocado um outro (novo) objeto de litígio, no segundo processo, ou apenas se completou a matéria de fato do processo em primeiro lugar pendente? Como a legislação processual alemã admite o simples *completamento dos factos*, sem que se incorra em modificação da ação (vide nota de rodapé 183, com a transcrição do § 264 do ZPO), a segunda ação não pode apoiar-se em fatos que simplesmente completam a matéria de fato do primeiro processo, podendo ser oposta a exceção de litispendência e coisa julgada, dependendo do estágio em que se encontra o primeiro processo. Exemplo de simples *completamento da matéria de facto* (vd. BGH RR 96, 827 NJW 85, 1560): em uma ação de anulação (KO §§ 29 e segs.) alegou primeiramente o liquidatário que o falido tinha dado diretamente ao réu, em agosto, US$ 75.000, posteriormente alegou que esta quantia tinha sido canalizada para o réu em julho, em duas prestações, por meio de um intermediário (JAUERNIG, 2002, p. 207).

[93] SILVA (1995, p. 166-167); SCHWAB (1968, passim, p. 243).

[94] BARBOSA MOREIRA (1977, p. 98-103).

ção, que não pode estender às questões a autoridade da coisa julgada (não estão imunes à rediscussão em outro processo), já que assim não ocorre nem mesmo entre as questões efetivamente apreciadas (a motivação da decisão não faz coisa julgada). Portanto, nem às questões deduzidas nem às dedutíveis se estende a *auctoritas rei iudicatae*, mas todas se submetem à eficácia preclusiva da coisa julgada, para que não venham a ser utilizadas como instrumento de ataque ao julgado.[95]

É extremamente difícil separar em dois campos opostos o pedido e a causa de pedir, dada a relação de instrumentalidade que existe entre os mesmos, na definição do objeto do processo. Há uma comunicação entre esses elementos processuais, o que fica claro pela relação entre autoridade e eficácia preclusiva da coisa julgada, prevalecendo uma interpretação sistêmica do direito processual que leve em consideração conexões cuja causa originária está na própria interseção entre direito material e direito processual, entre a esfera conflitual e a jurídica.

O objeto litigioso, ainda, não se confunde com o objeto do conhecimento do juiz, esse último de amplitude maior, submetido à cognição judicial, e que pode ser resultante da participação de outros atores, como o réu e o próprio juiz, por meio do diálogo processual promovido entre os mesmos.[96]

É importante notar certo avanço no art. 515, II, § 2º, do CPC/2015 – o qual já estava presente no art. 475-N, III, do CPC/1973 –, que admite a possibilidade de ampliação consensual do objeto do processo ao prever a

---

[95] BARBOSA MOREIRA (1977, p. 98-103).

[96] DINAMARCO (2002, t. I, p. 256). Arruda Alvim, por sua vez, considera o objeto litigioso equivalente ao mérito, e fixado exclusivamente pelo pedido do autor, ao passo que o objeto do processo seria um conceito mais amplo, ao englobar o primeiro somado às questões suscitadas pelo réu (ALVIM, 2000, v. I, p. 370). Kazuo Watanabe também faz essa distinção entre objeto litigioso e objeto da cognição do juiz, entendendo que o réu pode ampliar este segundo, ou seja, a área de atividade lógica do juiz, por meio da defesa (natureza dialética do processo). Ele o faz controvertendo os fatos e fundamentos jurídicos do pedido invocados pelo autor como causa de pedir, ou aduzindo fatos novos, extintivos, modificativos ou impeditivos do direito do autor (WATANABE, 2005b, p. 122-124). Já para a fixação do objeto litigioso, leva-se em conta apenas o pedido do autor, ou possibilidades em que o ordenamento jurídico admita a sua ampliação ou modificação, como o pedido do réu na reconvenção, o pedido do réu na contestação de ações dúplices, o pedido do autor ou do réu nas ações declaratórias incidentais, o pedido do autor ou do réu contra terceiro na denunciação da lide, o pedido do réu no chamamento ao processo, o pedido do terceiro contra o autor e réu, formulado na oposição (SANCHES, 1978, p. 24-25).

formação de título executivo judicial da "decisão homologatória de auto-composição judicial", sendo que "[a] autocomposição judicial pode envolver sujeito estranho ao processo e versar sobre relação jurídica que não tenha sido deduzida em juízo",[97] respeitada a competência do órgão julgador. Guilherme Teixeira defende, de lege ferenda, a ampliação dos efeitos desta regra aos casos em que o processo não é extinto, mas prossegue em conformidade com a alteração consensual da causa de pedir e do pedido, tendo como paradigma o art. 264 do CPC português, que admite a possibilidade de alteração consensual dos elementos objetivos da demanda, em qualquer fase do processo, desde que não seja tumultuada a instrução, discussão e julgamento da lide.[98]

Vale ainda destacar que, enquanto no CPC/1973, para que questões incidentes e prejudiciais se submetessem à eficácia da coisa julgada era necessário o manejo de ação declaratória incidental (CPC/1973, arts. 5º, 325 e 470), o CPC/2015 inovou ao prever, no parágrafo 1º do art. 503, que a extensão da coisa julgada alcança a questão prejudicial, sem necessidade de ação declaratória incidental, desde que os seguintes requisitos cumulativos[99] se verifiquem: (i) dessa resolução depender o julgamento do mérito; (ii) a seu respeito tiver havido contraditório prévio e efetivo, não se aplicando no caso de revelia; (iii) o juízo tiver competência em razão da matéria e da pessoa para resolvê-la como questão principal e, ainda, que não haja restrições probatórias ou limitações à cognição que impeçam o aprofundamento da análise da questão prejudicial (conforme o parágrafo 2º do art. 503).

Ao tratar de questões prejudiciais de direito material, que geralmente poderiam ser objeto de demanda autônoma, mas que por não terem sido pedidas não eram consideradas, no CPC/1973, parte do mérito, mas apenas questões que poderiam ser conhecidas de modo incidental como itinerário lógico para o juiz chegar à questão principal, Antonio de Passo Cabral traz

---

[97] Essa redação já estava prevista no art. 584, III, do CPC/1973, determinada pela Lei n.10.358/2001, que foi meramente realocado para o art. 475-N, III, pela Lei n. 11.232/05 e, posteriormente, readaptado para o art. 515, II, § 2º, do CPC/2015.

[98] Teixeira (2005, v. 10, p. 323-324).

[99] Cf. enunciado 313 do Fórum Permanente de Processualistas Civis, reunidos em Florianópolis em março de 2017, que dispõe: "(art. 503, § 1º e § 2º) São cumulativos os pressupostos previstos nos § 1º e seus incisos, observado o § 2º do art. 503. (Grupo Sentença, Coisa Julgada e Ação Rescisória)".

alguns exemplos: a inconstitucionalidade de uma norma, a discussão de paternidade na ação de alimentos, a validade de um contrato na ação em que se pede ressarcimento pelo inadimplemento, entre outros,[100] defendendo esse autor a subsistência da ação declaratória incidental em alguns casos, como nas hipóteses em que a questão prejudicial não tenha sido debatida nos termos do art. 503.

Mesmo no processo coletivo, é difícil ir totalmente ao encontro da importância da delimitação dos elementos objetivos da demanda, sob pena de prejuízo da defesa, sendo necessária a adoção de um ponto de partida, com a definição do pedido, ainda que sem a rigidez formal que o engesse e impeça modificações e adaptações no curso do processo, como ocorre diante da produção de provas que demonstrem a existência de fatos anteriormente não considerados.

José Reinaldo de Lima Lopes destaca que a formulação do pedido, que reflete o objeto da ação coletiva, acaba se tornando um dos maiores problemas, tanto na esfera conceitual como na prática, mas continua sendo um parâmetro utilizado, ainda que deficitário.[101]

Diante da plurilateralidade de interesses que podem decorrer de um mesmo conflito coletivo, sendo o objeto indivisível, fica claro que o juiz, vendo o processo sob os limites em que foi proposto (CPC/2015, arts. 141 e 492), não consegue corretamente avaliar e equacionar a totalidade do problema, ou seja, o conjunto de interesses relacionados com o fato levado a juízo.[102]

A preocupação aqui não gira apenas em torno da contingencialidade dos fatos subjacentes à demanda (que encontra uma válvula de escape na legislação processual, pela possibilidade de alegação de fatos novos), mas sim da relação existente entre o conflito processual e o conflito real entre as partes, e na capacidade de o processo judicial se aproximar deste último, tendo-se ciência das inúmeras limitações existentes.

A correspondência entre ambos depende, em alguns casos, da voluntariedade (consciente ou não) das partes, notadamente do autor (legitimado ativo – representante adequado das partes), na formulação do pedido, e enfrenta os entraves procedimentais ao ingresso do conflito no âmbito

---

[100] CABRAL (2015, p. 1290; 1295-1297).
[101] LOPES (2003, p. 91-92).
[102] SALLES (2003a, p. 136).

jurisdicional, óbices a serem superados em face da indisponibilidade do bem jurídico coletivo, a fim de que seja possível tutelar com efetividade o conflito coletivo.

1.3.3. Conflito sociológico x conflito jurídico: duas perspectivas?

Liebman considerou que o mais ousado esforço feito na tentativa de identificar o conteúdo material do processo, ou seja, a porção da realidade social que as partes trazem para o processo e sobre a qual este opera, foi o de Francesco Carnelutti.[103]

Segundo Carnelutti, o fim específico do processo é a atuação do direito para a composição de uma *lide*, polo metodológico que substitui a ação, como fundamento central da teoria processual, e se verifica quando alguém pretende a tutela de seu interesse em contraste com o interesse de outro, e este último resiste mediante a lesão do interesse ou mediante a contestação da pretensão (definição de lide incorporada no Projeto de Código de Processo Civil elaborado por Carnelutti). A relação entre processo e lide seria análoga à relação entre continente e conteúdo, daí a existência de processo integral e parcial, à medida que as questões relativas à lide estejam todas, ou ao menos uma parte, inseridas na demanda processual.[104]

Calamandrei firmou um profícuo debate com Carnelutti em torno dessa questão, criticando a consideração da lide como objeto e conteúdo do processo, ou seja, como *thema decidendum*.

Assim como a doutrina italiana havia fixado os elementos de identificação da ação (parte, pedido e causa de pedir), Carnelutti fixou os elementos de identificação da lide (partes, bem e interesses), prescindindo da definição da causa de pedir e da tutela jurisdicional pretendida (objeto imediato), o que, na opinião de Calamandrei, fora um grande equívoco,

---

[103] Vide Carnelutti (1936, v. I, p. 40-231 e ss., 350 e ss. e 907-908).

[104] Isso não quer dizer que não haja processo sem lide, em situações, por exemplo, nas quais a lei exija o processo para fazer nascer determinado efeito, o que reconhece Carnelutti. Sobre a crítica sustentada por Calamandrei ao conceito de lide, considera Carnelutti: "Questa è proprio la chiave di volta della teoria processuale. Le obiezioni di Calamandrei non sono servite che a ben ribadire la mia opinione: e forse questa sarà anche della mia replica rispetto a lui: ma l'essenziale non è che ci moviamo noi, sebbene che da questo nostro cozzare sprizzi una scintilla, la quale ilumini gli altri. Lite, e non contraddizione, che non è la stessa cosa. Ponga mente l'amico mio a questa differenza; e troverà la ragione per distinguere, nella mia teoria, il nuovo dal vecchio. La contradizione può essere un indice della lite, ma non è di questa nè condizione necessaria nè sufficiente" (CARNELUTTI, 1928, parte prima, p. 28-29, 31, 34).

PEDIDO E CAUSA DE PEDIR

pois a lide assim concebida, independente e separada do processo, pertenceria mais ao mundo sociológico do que ao mundo jurídico. Para que a lide ingresse no ambiente jurisdicional ela precisa assumir contornos jurídicos (objeto imediato do processo), de forma que apenas aquilo referido na demanda é submetido à cognição judicial, pois o juiz não se relaciona diretamente com a lide, que está fora do processo, mas apenas indiretamente, tendo em vista a porção do conflito trazido aos autos por meio da demanda e do pedido de tutela jurídica. Assim, para Calamandrei, no âmbito jurídico, todos os processos deveriam ser considerados integrais, pois objetivam resolver todas as questões da lide que são expostas e delimitadas na demanda/pedido, refletindo o *thema decidendum* do processo.[105]

Carnelutti respondeu às críticas de Calamandrei tratando da relação entre lide e processo, e justificando a consideração da fundamentação jurídica como fator externo aos elementos da lide. Segundo esse autor, as razões jurídicas têm, no processo, a mesma função que a medicina exerce na cura de uma doença. É o meio pelo qual o juiz cura as questões da lide (conflito de interesses regulado pelo Direito), sendo tão externa à mesma quanto é a medicina em relação à doença. Entretanto, Carnelutti alega ter sido mal interpretado por Calamandrei quando este último entende que a determinação do tipo do provimento requerido ao juiz é secundária em sua teoria, pois estaria esta identificação contida nas questões alegadas, com indicação inclusive da norma a cujo dissenso se refere, diferentemente do que afirmara Calamandrei, segundo o qual, nos termos da teoria carneluttiana, não se distinguiria a lide nos processos petitório e possessório, de declaração e condenação, desde que referentes ao mesmo conflito de interesses.[106]

Todavia, isso não quer dizer que o objeto do processo sejam as questões e não a lide, pois, mais uma vez metaforicamente, Carnelutti explica que, assim como o objeto da cura é a doença, e não o bacilo que a produz, o objeto do processo é a lide, e não as questões que a controvertem e originam, não obstante seja clara a interdependência entre esses elementos.[107] Assim, as partes são livres para levar ao processo apenas uma parte da lide, com a qual o juiz, por meio da demanda, se depara.

---

[105] CALAMANDREI (1928, parte prima, p. 91-96).
[106] CARNELUTTI (1928, parte prima, p. 99-100).
[107] CARNELUTTI (1928, parte prima, p. 101-102).

Sobre a crítica de Calamandrei à distinção entre processo integral e parcial, Carnelutti responde:

> Calamandrei acha que são nomes vazios porque, dado que considera que o processo não opera senão sobre aquele tanto de lide que se encontra dentro do mesmo, é sempre integral. Com essa mesma razão, considerando que um vaso não contém senão aquele tanto de líquido que se coloca nele, o meu brilhante amigo dirá que o vaso está sempre cheio. A verdade é que as relações quantitativas entre lide e processo devem também ser estudadas e fixadas porque um dos problemas fundamentais da nossa ciência concerne à determinação dos efeitos do processo sobre a lide: as teorias de litispendência, da coisa julgada, da conexão transitam por aqui. Por isso, antes de tudo, é necessário confrontar o processo com a lide, como se faz com dois desenhos sobre o vidro, para ver qual das duas áreas é maior.[108]

Os entendimentos de Carnelutti, na perspectiva de Liebman, merecem alguns reparos, pois:

> pode, com efeito, acontecer que o conflito de interesses entre duas pessoas não seja deduzido em juízo em sua totalidade. As partes são soberanas na decisão de submeter ou não ao julgamento da autoridade judiciária o conflito de interesses que surgiu entre elas e assim também podem submeter-lhe só uma parte desse conflito. É claro que neste caso constitui objeto do processo só aquela parte do conflito de interesses, a respeito da qual pediram as partes uma decisão. O elemento que delimita em concreto o mérito da causa não é, portanto, o conflito existente entre as partes fora do processo e sim o pedido feito ao Juiz em relação àquele conflito. [...] Carnelutti vê-se, assim, em face do problema da continência do processo com respeito à lide, que é a meu ver um falso problema. Para o processo, interessa o que for nele deduzido efetivamente e não importam os outros fatos que podem ocorrer pelo mundo afora.
>
> Do ponto de vista imaginado por Carnelutti, nunca haveria, na verdade, processo integral, pois não há conflito de interesses que não apresente, ou possa apresentar, aspectos diferentes daquele que a imaginação do advogado conseguiu em cada caso concreto configurar, ou problemas colaterais, secundários ou consequentes que as partes acharam mais conveniente ignorar. Todos os processos deveriam, portanto, ser qualificados como parciais.

---

[108] CARNELUTTI (1928, parte prima, p. 101 – tradução da autora).

Esse modo de considerar as relações entre lide e processo repousa na implícita suposição de existir para cada conflito de interesses surgido entre duas pessoas o correspondente processo destinado a acolhê-lo em sua totalidade. Somente essa ilusória suposição, fruto da fantasia e não da observação dos fatos, pode levar à ideia curiosa do processo parcial, ou seja, feito para conter lide maior que a efetivamente proposta. Mas a verdade é diferente. O processo só existe pelo fato de ser proposto e sua proposição consiste justamente em deduzir-se em juízo uma contenta qualquer. Assim o processo e a lide têm sempre medidas que se correspondem e sobrepõem exatamente. O jurista, e de modo especial o processualista, só pode cuidar de fenômenos reais, isto é, dos processos efetivamente propostos e das lides que forem realmente levadas perante os Juízes, e na medida em que o forem.

Aliás, por que deveríamos deter-nos na consideração das duas figuras do processo integral e do parcial? Quantos são os conflitos de interesses que nunca foram nem serão levados perante o Juiz? O quadro deveria, pois, ser completado com a hipótese do processo inexistente, e levar em consideração a série dos processos que não foram propostos e ficaram no limbo dos seres que não puderam nascer, o que representa a redução ao absurdo do problema imaginado.

Em segundo lugar, objeto do processo não é o conflito de interesses em sua simples e natural realidade. O processo é instituído de tal modo que não é suficiente denunciar ao Juiz a existência do conflito, para que ele trate de resolvê-lo "como achar justo". Ao contrário, o autor, além de expor ao Juiz as circunstâncias pedir-lhe uma concreta providência que considere adequada ao caso e capaz de satisfazer seu interesse (art. 158, IV, do CPC). Só em face desse pedido o juiz pode intervir, examinar o caso e julgar, de acordo com a lei, se o pedido é ou não procedente, concedendo ou negando em consequência a providência pedida. Para avaliar o alcance desta observação é preciso considerar que nem sempre o conflito é tão simples que possa legalmente comportar uma única solução. Frequentemente é ele mais complexo e pode ser encarado de vários pontos de vista, dando lugar, portanto, a outras tantas soluções diferentes e é ao autor que cabe fazer o diagnóstico do caso concreto e escolher uma entre elas, apresentando-a ao Juiz para que forme objeto de seu exame. Por sua vez, o juiz está ligado e limitado em seus poderes por essa escolha do autor: ele não pode de ofício compor o conflito na forma que achar mais apropriada e sim limitar-se a concordar, ou não, com a solução que lhe foi apresentada. A lei dá ao autor a liberdade, a iniciativa e a responsabilidade da escolha no modo de resolver a controvérsia, exigindo dele a indicação da forma concreta e determinada de tutela que pretende conseguir para a satisfação de seu interesse. A tarefa do juiz é unicamente decidir se a solução proposta é conforme ou não com o direito vigente. [...]. Portanto, o autor que quiser levar perante o Juiz um conflito de interesses do qual é parte deve, por assim dizer, construí-lo juridicamente, determinando a forma de tutela jurisdicional que ele pretende conseguir como consequência lógica dos fatos que afirmou existentes. Desse modo, o conflito de interesses não entra para o processo tal como se manifestou na vida real, mas só indiretamente, na feição e configuração que lhe deu o autor em seu pedido. Por sua vez, o Juiz não age diretamente sobre o conflito, não o compõe – como diz Carnelutti, pois que ele constitui uma realidade psicológica praticamente inatingível: o que o Juiz faz é verificar a procedência do pedido que lhe foi feito para, consequentemente, conceder-lhe ou negar-lhe deferimento, em aplicação do que a lei manda e preceitua.

Podemos, pois, concluir que estava com razão Calamandrei, quando afirmava que a lide, tal como a entende Carnelutti, é conceito sociológico e não jurídico. O conflito de interesse existente entre as partes fora do processo é de fato a razão de ser, a causa remota, não o objeto do processo.[109]

Ovídio Baptista considera insuperáveis as críticas sustentadas por Calamandrei:

> Para o processualista, ou se se quiser, para o Juiz, a controvérsia que haja ficado fora do processo não passa de um boato, de que ele, eventualmente, poderá ter notícia por meio de uma leitura de jornal, ou através de uma conversa de esquina. Ela será tão relevante, sob o ponto de vista processual, como qualquer outro boato. Não pode haver lide fora do processo pela simples razão de que o conceito de lide foi criado para a solução de um ou vários problemas peculiares ao processo. Pode ser que o historiador, ou o administrador, ou o sociólogo, ou até mesmo o médico, ou o jornalista, nos seus respectivos campos de atividade, conheçam, descrevam e interpretem esses conflitos sociais, porém, para o Juiz eles serão absolutamente irrelevantes. Essas observações foram feitas por Calamandrei, num estudo célebre, a respeito do conceito de lide, no pensamento de Carnelutti e, ao que se saiba, ninguém conseguiu destruir a notável argumentação do mestre de Florença.[110]

[109] LIEBMAN (1999, p. 744-745).
[110] SILVA (1995, p. 145).

Esse instigante debate, que tem como pano de fundo os direitos disponíveis e patrimoniais, assume relevância e dimensão ainda mais expressivas quando é deslocado para a seara coletiva, que envolve objeto indivisível (interesses difusos e coletivos) e um número maior ou até indefinido de indivíduos, sendo limitada a liberdade e autonomia das partes na defesa e disposição de tais interesses, ao constituir juridicamente o conflito.

É por isso que os elementos objetivos da demanda precisam ser redimensionados quando veiculam conflitos coletivos, e os conceitos de processo parcial e processo integral de Carnelutti podem ser adotados, nesse sentido, para que se visualize o fato de que a demanda judicial coletiva pode mascarar uma parte do conflito, que não esteja formalizada verbalmente no pedido, mas se encontre subjacente à causa, dependendo de uma tutela jurisdicional efetiva e ampla, apta a atingir aspectos plurilaterais do conflito.

Em sentido semelhante, mas aplicando a distinção entre processo integral e parcial às demandas cautelares, que admitem inclusive a atuação do juiz *ex officio* para alcançar a extensão de todo o conflito, Celso Neves entende que "a limitação objetiva e subjetiva do conflito de interesses, em toda a sua abrangência, é que determina a limitação da ação cautelar. O fato de não se ter deduzido em juízo todo o conflito de interesses é irrelevante para se saber até onde pode ir a ação cautelar. Esse alcance só o seu escopo pode determinar, coincidentemente com todo e qualquer direito da parte que possa ser afetado pelo *periculum in mora*".[111]

O legitimado ativo que move a ação coletiva representa uma coletividade que o transcende, não havendo disponibilidade dos interesses e direitos da mesma, nem fora nem dentro da esfera jurisdicional. Como então formular o pedido destas ações? Como o legitimado ativo pode exteriorizar o conflito em juízo, sem deixar de fora partes importantes que o compõem?

Como enfrentar o engessamento inevitável da demanda (a denominada estabilização da demanda) provocado pelo próprio sistema processual?

O conceito de lide, produto de uma visão privatista do processo civil do autor, não parece se adequar aos interesses coletivos, tendo tal conceito uma dificuldade técnico-processual em absorver tais conflitos, a partir dos institutos tradicionais da dogmática processual.[112]

É importante reconhecer que, diante de seu caráter plurilateral, os conflitos sociais dificilmente são transportados na sua integralidade ao

---

[111] Neves (1997, p. 145).
[112] Guerra Filho (1999, p. 112-113).

universo judicial, à luz da perspectiva dicotômica e bilateral típica deste meio, e nem seria também crível, sob a ótica do réu, cogitar que o mesmo se defendesse do conflito considerado em tais dimensões. Uma consideração extensiva do objeto do processo também implicaria riscos no caso de sua improcedência, em face da coisa julgada produzida, ou mesmo quando em ambos os polos da ação estejam grupos que defendam interesses de natureza coletiva.

Assim, a delimitação dos elementos objetivos da demanda assume grande relevância na esfera coletiva. Considerando a diferença entre o conceito sociológico e o conceito jurídico dos interesses e direitos coletivos, o professor Kazuo Watanabe considera que:

> importa para fins de tutela jurisdicional o que o autor da demanda coletiva traz para o processo. Vale dizer, o seu objeto litigioso. No plano sociológico, o conflito de interesses pode dizer respeito, a um tempo, a interesses ou direitos "difusos" e "individuais homogêneos". Suponha-se, para raciocinar, uma publicidade enganosa. Enquanto publicidade, a ofensa atinge um número indeterminável de pessoas, tratando-se em consequência de lesão a interesses ou direitos "difusos". Porém, os consumidores que, em razão da publicidade, tiverem adquirido o produto ou o serviço ofertado, apresentarão certamente prejuízos individualizados e diferenciados, de sorte que estamos aí diante de lesão a interesses ou direitos "individuais homogêneos".
>
> Limitando-se o autor da ação coletiva a postular, v.g., a retirada da publicidade enganosa, a tutela pretendida é dos interesses ou direitos "difusos". É esse o conflito de interesses trazido ao processo. É essa a "lide" processualizada. O objeto litigioso do processo, delimitado pelo pedido, tem essa "lide" como seu conteúdo.

É na transposição do conflito de interesses do plano extraprocessual para o processual e na formulação do pedido de provimento jurisdicional que são cometidos vários equívocos. A tutela de interesses "coletivos" tem sido tratada, por vezes, como tutela de interesses ou direitos "individuais homogêneos", e a de interesses ou direitos "coletivos", que por definição legal são de natureza indivisível, tem sido limitada a um determinado segmento geográfico da sociedade, com uma inadmissível atomização de interesses ou direitos de natureza indivisível.[113]

---

[113] GRINOVER (2004, p. 811).

PEDIDO E CAUSA DE PEDIR

Para o professor Kazuo, muitas vezes a correta distinção entre os direitos difusos, coletivos e individuais homogêneos depende da adequada fixação do objeto litigioso do processo (pedido e causa de pedir), o que tem grande importância na definição do legitimado passivo para a ação e na fixação da abrangência da demanda.[114]

Nelson Nery Júnior concorda com a adoção do pedido (tipo de pretensão deduzida em juízo) como elemento identificador do tipo de interesse metaindividual judicializado.[115] Todavia, esse critério é visto como extremamente processualista por José Roberto Bedaque, que considera que a distinção entre tais categorias de interesse não deve ser feita em função do tipo de tutela pleiteada, mas do direito material subjacente, pois, do contrário, assevera o autor, "chegaríamos ao absurdo de afirmar que inexistem interesses difusos, coletivos e individuais homogêneos fora do processo, pois eles surgiriam apenas com a formulação da tutela jurisdicional".[116]

Tereza Wambier[117] e Rodolfo Mancuso,[118] por sua vez, convergem na adoção de um critério misto ou eclético, calcado em elementos de direito material e de direito processual, para a identificação dos interesses coletivos, defendendo este segundo processualista que o pedido deve ser entendido em face do trinômio natureza-compreensão-extensão do interesse controvertido deduzido em juízo, havendo uma nítida interface entre o objeto litigioso e a extensão da eficácia da coisa julgada coletiva (limites objetivos da coisa julgada).[119]

---

[114] GRINOVER (2004. p. 808).

[115] NERY JÚNIOR (2000, p. 120).

[116] BEDAQUE (2006a, p. 39-40).

[117] ALVIM (1994, p. 276).

[118] MANCUSO (2006, p. 90-91).

[119] Há ainda uma relação entre os elementos objetivos da demanda e a coisa julgada *secundum eventum probationis*, que se forma de acordo e (apenas) até a prova produzida nos autos. Ou seja, considerando os elementos objetivos da demanda (pedido e causa de pedir), principalmente no que tange à matéria fática (causa de pedir remota), mais do que a mera alegação pelas partes, o que delimita o âmbito de incidência e define a relevância da coisa julgada na composição do objeto do processo, é o que, além de afirmado, for efetivamente provado pelas partes.
A parcela dos fatos afirmados, mas não provados no processo, não está submetida à extensão da coisa julgada, razão pela qual, surgindo prova nova ou superveniente sobre essa parcela fática, refletida na fundamentação do próprio pedido, nada obsta a propositura de nova demanda, sem qualquer óbice preclusivo, seja porque a coisa julgada não se formou (improcedência por insuficiência de provas – hipótese prevista no art. 18 da LAP, art. 16 da LACP, art. 103, I e II, do CDC), seja porque, mesmo que tenha se formado a coisa julgada (sentença de improcedência

CONFLITO E PROCESSO: TRANSPOSIÇÃO ENTRE DOIS PLANOS

Outra questão sensível que toca essa mesma temática diz respeito à incindibilidade do objeto da ação coletiva. Diversas vezes, idêntico fato conflituoso gera danos a indivíduos, grupos e coletividades determinadas e/ou indeterminadas. Tome-se como exemplo a poluição gerada por uma fábrica, que lança substâncias nocivas e prejudiciais à vida (humana, animal e vegetal) nas margens de um determinado rio. Esse fato pode gerar danos à saúde dos vizinhos da fábrica, problemas no abastecimento de água às populações ribeirinhas que vivem próximas às margens do rio, e danos à sociedade como um todo, diante da poluição ambiental (fauna e flora).

Nesse mesmo sentido, Nelson Nery traz outro exemplo, referindo-se ao naufrágio do navio *Bateau Mouche IV*, que ocorreu no Rio de Janeiro, em 1988, e poderia ensejar tanto a propositura de ação individual por uma das vítimas do acidente pelos prejuízos que sofreu (direito individual) como ação de indenização em favor de todas as vítimas ajuizada por entidade associativa (direito individual homogêneo), ação de obrigação de fazer movida por associação das empresas de turismo que têm interesse na manutenção da boa imagem desse setor da economia (direito coletivo), bem como ação ajuizada pelo Ministério Público, em favor da vida e segurança das pessoas, para que seja interditada a embarcação a fim de evitar novos acidentes (direito difuso).[120]

Um mesmo fato, assim, gerou múltiplos efeitos, atingindo partes que podem recorrer ao Judiciário sustentando dimensões de interesses e direitos diversas. Nesse caso, pergunta-se: o legitimado ativo, ao formular o pedido, é o responsável pela livre escolha do interesse defendido (perspectiva individual ou coletiva – individual homogêneo, coletivo ou difuso), ou deve-se considerar a incindibilidade do objeto[121] para não segregar e

---

fundada em provas produzidas), prova nova ou superveniente, que não pôde ser demonstrada no processo, é idônea, por si só, para mudar seu resultado. Essa segunda hipótese, de possibilidade de alteração do resultado obtido no processo anterior com a propositura de nova demanda, o que poderá ser feito no prazo de 2 anos, contados do conhecimento geral da descoberta desta prova, ainda constitui mera proposta, de *lege ferenda*, do Anteprojeto do Código Brasileiro de Processos Coletivos (art. 12, § 5º) (GABBAY e LUCON, 2007, p. 78-95. p. 166).

[120] NERY JÚNIOR (2000, p. 120).

[121] Segundo Aluisio Mendes, a impossibilidade de decomposição do interesse ou direito em partes singulares (indivisibilidade) pode ser material ou jurídica e deve ser analisada sob o prisma dos objetos imediato e mediato do pedido formulado. Assim, a eventual indivisibilidade poderá decorrer do bem jurídico almejado (v.g.: o monumento público a ser preservado, a escola a ser construída, o equipamento antipoluente a ser instalado) ou da providência

fragmentar a defesa judicial do conflito, dada a indivisibilidade e interdependência de suas esferas?

Sendo deferida uma obrigação de não fazer, por exemplo, no caso de poluição ambiental anteriormente citado, ou uma obrigação de fazer, como a determinação do fechamento da fábrica, mesmo que em sede de demanda individual, estas medidas iriam beneficiar a todos os envolvidos, daí a indivisibilidade do objeto, definida da seguinte forma por Carlos Alberto de Salles:

> É possível que um mesmo fato tenha diversos graus de repercussão, podendo afetar vários sujeitos e várias categorias de interesse de maneira diversificada. Com isso, uma medida em benefício de um interesse mais disperso pode reflexamente beneficiar um mais concentrado, e, reversamente, há situações nas quais, em razão da indivisibilidade do objeto, a defesa de um determinado bem, por um grupo ou mesmo por um indivíduo, pode atender, por via indireta, um interesse difuso.[122]

Segundo esse autor, não se deve negar a possibilidade de existência de um interesse individual subjacente à defesa processual de interesses coletivos, que em seu grau máximo de concentração pode implicar consequências diretas à esfera de direito individual, permitindo a sua exigibilidade pelo lesado. Como exemplos, considera o caso de um vizinho nocivamente afetado pela poluição atmosférica de uma indústria ou pelo ruído de um bar (art. 1277 do Código Civil), ou a ação movida em nome individual por um deficiente físico, em nome próprio, para garantir sua acessibilidade a um prédio ou serviço público (art. 227, § 1º, II, da CF/88). Incidindo sobre objeto indivisível, o atendimento desses interesses individuais, por via reflexa, beneficia também àqueles coletivos.[123]

No entanto, há uma expressiva parte de interesses difusos e coletivos que envolve parcela de interesses individuais muito pequena, além de os encargos necessários ao patrocínio dos mesmos serem normalmente altos (custas, honorários, produção de provas, que muitas vezes demandam o trabalho de equipes multidisciplinares), o que faz com que tais interesses

---

judicial requerida (e.g.: declaração de nulidade ou anulação de ato jurídico) (MENDES, 2002, p. 210-219).

[122] SALLES (1998, p. 141).

[123] SALLES (2006b, p. 23).

sejam sub-representados, ensejando a passividade das partes ante o efeito carona, pois o alto grau de dispersão permite que pessoas se beneficiem de sua defesa por iniciativa de outrem, sem qualquer custo.[124]

Apenas os interesses supraindividuais que comportam uma dimensão individual admitem a sua defesa pelo processo civil tradicional, pois, nos demais casos em que essa dimensão não está presente (em relação a direitos difusos e coletivos), inexiste legitimidade do indivíduo para levar a juízo a defesa de tais interesses, sem qualquer ofensa ao princípio constitucional da inafastabilidade da jurisdição. Teresa Wambier apresenta as seguintes situações, que ilustram o referido argumento:

> Alguém que julga que o patrimônio histórico de sua cidade tenha sido desvalorizado por uma obra X, pode mover uma ação objetivando que seja paralisada a construção de tal obra, no sistema tradicional (individual) do CPC? Não seriam, todavia, todos atingidos pela decisão que viesse a ser proferida? Não seria por isso caso de litisconsórcio necessário? Isto porque o direito é de todos e indivisível. Parece que sim, uma vez que este direito não tem dimensão individual. É um direito, por sua própria natureza, inarredável e inafastavelmente supraindividual, e só tem essa dimensão. O mesmo não se pode dizer, todavia, da situação em que certa e determinada pessoa se sentisse prejudicada pelo fato de estar respirando ar insalubre. Trata-se de um direito difuso, que tem, todavia, dimensão individual, protegida pelas normas de direito de vizinhança. É a essa dimensão que se refere o § 1º do art. 103 do CDC.[125]

Sobre a incindibilidade do objeto, principalmente quando houver a concorrência de demandas individuais e coletivas, o Anteprojeto do Código Brasileiro de Processos Coletivos, que será tratado a seguir, propõe, de *lege*

---

[124] SALLES (1998, p. 126-130). Sobre o efeito carona (*free riding*), vide também Lopes (2006b, p. 176).

[125] ALVIM (1994, p. 275). Considerando o óbice da legitimidade, defende Aluisio Mendes uma ampliação do rol de legitimados, para que as ações coletivas recebam tratamento compatível com os interesses em conflito: "a impossibilidade lógica do fracionamento do objeto, em tais hipóteses, enseja inclusive a dificuldade de diferenciação entre tutela coletiva e individual, demandando, dessa forma, solução comum, ainda que a iniciativa tenha sido individual. E, assim sendo, melhor talvez fosse, não a denegação pura e simples da admissibilidade de ações propostas por cidadão ou cidadãos, até porque ela já existe, em certas hipóteses, em razão do alargamento do objeto da ação popular, alcançado o próprio meio ambiente, mas a ampliação definitiva do rol de legitimados" (MENDES, 2002, p. 256-257).

ferenda, que "o Tribunal, de ofício, por iniciativa do juiz competente ou a requerimento da parte, após instaurar, em qualquer hipótese, o contraditório, determine a suspensão de processos individuais em que se postule a tutela de interesses ou direitos referidos a relação jurídica substancial de caráter incindível, pela sua própria natureza ou por força de lei, a cujo respeito as questões devam ser decididas de modo uniforme e globalmente, quando houver sido ajuizada demanda coletiva versando sobre o mesmo bem jurídico. Nesta hipótese, a suspensão do processo perdurará até o trânsito em julgado da sentença coletiva, vedada ao autor a retomada do curso do processo individual antes desse momento" (art. 7º, § 3º e § 4º).

A suspensão das ações individuais até o julgamento da ação coletiva sobre a mesma questão também foi apontada pela pesquisa empírica do CNJ como uma sugestão de enfrentamento aos problemas das ações coletivas, a fim de evitar a multiplicidade de demandas e o risco de decisões conflitantes,[126] inclusive sob pena de os instrumentos da ação coletiva serem preteridos pela utilização do Incidente de Resolução de Demandas Repetitiva (IRDR), caso isso não venha a acontecer.[127]

Amanda Guimarães analisa o caso do Projeto Caderneta de Poupança, julgado pelo TJRS, como um caso inovador que utilizou as ações coletivas (macro lide) como ferramenta para combater a litigiosidade repetitiva, por meio da suspensão *ex officio* das ações individuais incidentes sobre a mesma matéria até o julgamento das ações coletivas, o que foi confirmado pelo STJ em sede de Recurso Especial. Houve ainda, nesse caso, prioridade no julgamento das ações coletivas, a conversão posterior das ações suspensas em liquidação provisória de sentença e o reconhecimento da exequibilidade extrajudicial da sentença nas ações coletivas.[128]

Não sendo o caso de incindibilidade, mas havendo concomitantemente demandas coletivas que incidam sobre o mesmo bem da vida, ainda que sob a perspectiva diferenciada dos interesses difusos, coletivos e individu-

---

[126] MENDES (2018, p. 145-146).

[127] Sobre as escolhas políticas do CPC/2015 com foco no tratamento das demandas repetitivas pelo IRDR e Recursos Repetitivos, em detrimento da ação coletiva, vide Miranda (2020); Gabbay, Asperti e Costa (2019, p. 170-175). Sobre o impacto das demandas repetitivas no acesso à justiça, vide, ainda, Asperti (2018).

[128] Vide o relato detalhado desse caso em Guimarães (2018, p. 418-449). Helena Refosco também analisa a suspensão das ações individuais nesse mesmo caso de litigiosidade bancária em (2018, p. 313-316).

ais homogêneos, o Anteprojeto também prevê a possibilidade de reunião destas demandas[129] (por conexão ou continência), conquanto diferentes os legitimados ativos, determinando-se a prevenção do juízo de acordo com os critérios legais (CPC/2015, arts. 58 e 240).

Assim, na análise dos elementos objetivos da demanda (pedido e causa de pedir), deve ser considerada a identidade do bem jurídico coletivo a ser protegido (pedido mediato), interpretado não restritivamente. No que concerne à identidade das partes, a *substituição processual* deve ser considerada para que se admita que legitimados ativos ou passivos (quando neste polo figurar determinado grupo) possam ser diferentes, desde que a mesma coletividade seja titular do direito em tela.

Ao analisar a conexão entre duas ações civis públicas, de responsabilidade por danos ao meio ambiente, com idênticos objetos mediatos, e deixando bem clara a distinção entre pedido mediato e imediato, bem como a prioridade que se deve conferir à proteção do bem jurídico coletivo (o bem da vida), foi proferido o acórdão das Turmas Reunidas do TRF da 4ª Região, cuja ementa é transcrita a seguir:

> PROCESSUAL CIVIL. CONFLITO DE COMPETÊNCIA. CONEXÃO DE CAUSAS. OBJETOS MEDIATOS COMUNS. CRITÉRIOS. IMPROCEDÊNCIA. 1. EXISTENTES DUAS AÇÕES CIVIS PÚBLICAS DE RESPONSABILIDADE POR DANOS AO MEIO AMBIENTE COM IDÊNTICOS OBJETOS MEDIATOS (PRESERVAÇÃO DO ECOSSISTEMA DO RIO JACUI, AMEAÇADO POR CINZAS PO LUIDORAS UTILIZADAS PELOS DIFERENTES RÉUS), AINDA QUE DIVERSOS OS OBJETOS IMEDIATOS (NUMA, IMPEDIR CONSTRUÇÃO DE PORTOS; NOUTRA, ADOÇÃO DE MEDIDAS PREVENTIVAS E CORRETIVAS FACE REJEITOS CARBONÍFEROS DE USINAS TERMOELÉTRICAS), IMPÕE-SE (J.I. BOTELHO DE MESQUITA, RP 19/220) A REUNIÃO DAS CAUSAS EM VIRTUDE DA CONEXÃO, PORQUE UMA DECISÃO UNIFORME DEVE REPERCUTIR

---

[129] O que já se admite desde a Lei de Ação Popular (Lei n. 4.717/65), cujo art. 5º, § 3º dispõe que "a propositura da ação prevenirá a jurisdição do juízo para todas as ações, que forem posteriormente intentadas contra as mesmas partes e sob os mesmos fundamentos", não obstante os efeitos deste dispositivo legal tenham sido tolhidos com a redação atribuída ao art. 16 da LACP, pela Lei n. 9.494/97: "a sentença civil fará coisa julgada *erga omnes*, nos limites da competência territorial do órgão prolator, exceto se o pedido for julgado improcedente por insuficiência de provas, hipótese em que qualquer legitimado poderá intentar outra ação com idêntico fundamento, valendo-se de nova prova".

SOBRE UMA MESMA BIODIVERSIDADE; INFLUIR EM UM DIRECIO-NAMENTO COMPATÍVEL NAS DUAS ESFERAS DE PODER, SOB PENA DE NEUTRALIZAREM-SE MUTUAMENTE; E, POR ÚLTIMO, VALER--SE DE UMA SÓ PERÍCIA, LABORIOSA E ESPECIALIZADA, VISANDO DETERMINAR O IMPACTO AMBIENTAL, CIRCUNSTÂNCIA ESTA QUE AUTORIZARIA O JULGAMENTO EM CONJUNTO INCLUSIVE EM SEGUNDO GRAU – AMS-145299/PR, REL. MIN. ROLLEMBERG, *DJ* 19.06.1989 – (TRF 4ª região – turmas reunidas, CC 8904007089, Rel. Juiz Osvaldo Alvarez, j. 20.05.1992, V.U., DJU 15.07.1992).

O bem jurídico coletivo, nesse caso a biodiversidade de determinado rio, foi considerado o objeto central da tutela coletiva, ainda que os pedidos imediatos, ou seja, os tipos de tutelas ou providências jurisdicionais postuladas, sejam diferentes, desde que conduzam a um mesmo resultado, qual seja, a efetiva proteção do bem da vida, de natureza indisponível, tratando-se de demandas coletivas.

Percebe-se, nesse julgado, a influência da causa de pedir – remota principalmente (elementos fáticos) – na significação da real dimensão do bem jurídico coletivo. Não obstante esse bem jurídico seja uma faceta do pedido (pedido mediato), deve ser entendido também a partir dos fatos relacionados com o conflito, de modo que o bem não seja constituído, por exemplo, pela "biodiversidade nacional", mas sim pela lesão à "biodiversidade de determinado rio – o rio Jacuí".[130]

---

[130] Diferente solução foi dada às ações civis públicas e ações populares ajuizadas contra o leilão de privatização da Companhia Vale do Rio Doce, em sede de Conflito de Competência. Sobre o assunto, assim entende Ada Pellegrini Grinover: "todas estas ações, independentemente da roupagem e da denominação (até mandados de segurança coletivos houve) tinham o mesmo objeto: a anulação dos leilões; ou às vezes objeto um pouco diferente, como o impedimento do leilão, quando em vez de litispendência poderia haver conexão. Todas as ações foram ajuizadas contra o mesmo réu, o BNDES, e todas tinham a mesma causa de pedir, que era a ilegalidade. Às vezes a ilegalidade invocada era mais ampla, às vezes menos, a ilegalidade do edital, outras ilegalidades que tivessem surgido, mas era muito claro, a meu ver, que no mínimo havia uma relação de conexão entre todas as ações porque as partes eram as mesmas, sendo a parte ativa substituto processual da coletividade, o objeto era o mesmo e a causa de pedir era a mesma, com algumas diferenças estabelecidas por força da própria legislação. [...] Então o que aconteceu foi a suscitação de um conflito de competência para o qual fui solicitada a dar parecer, no qual sustentei a existência de conexão entre todas essas causas. E a conexão leva à reunião necessária de processos, observando-se as regras de prevenção para se estabelecer o juiz competente para julgamento conjunto. O Tribunal Superior de

CONFLITO E PROCESSO: TRANSPOSIÇÃO ENTRE DOIS PLANOS

Entretanto, é importante ressaltar que a reunião das demandas por conexão depende da análise de duas questões.

Em primeiro lugar, da necessária avaliação do juiz acerca da conveniência dessa reunião, tendo em vista a economia processual e a importância de evitar decisões contraditórias, mas também a possibilidade de a reunião das demandas gerar protelações e tumultos no trâmite das ações, que podem estar em fases procedimentais diversas, por exemplo.

Em segundo lugar, da prévia formulação de estratégias processuais pelas partes ao realizar o recorte do conflito e traduzi-lo por meio do pedido, pois, não obstante o bem da vida coletivo, dotado de relevância social, na maioria das vezes ultrapasse em importância os termos formais e linguísticos do pedido imediato formulado pelo legitimado, o requerimento de medidas judiciais diferentes e a complexidade do caso podem justificar seu processamento em ações diferentes, que demandam instrução probatória com finalidades distintas, para a proteção de interesses e direitos estrategicamente separados.

Carlos Alberto de Salles verificou que, em ações que envolvem extrema conflituosidade decorrente dos embates sociais na formação e apropriação do espaço urbano, como em matéria de loteamentos clandestinos em que há vários pedidos cumulados (abrangência objetiva ampla), além de eventuais cumulações subjetivas (inclusão da Municipalidade em face de sua obrigação solidária, por descumprimento do dever de fiscalização da ocupação do solo e edificação de casas), opções de natureza técnico-processual e política precisam ser feitas. Entende este autor que:

> deixando de lado aspectos relacionados ao cabimento jurídico e processual dos pedidos geralmente cumulados nessa modalidade de ação, é importante considerar a viabilidade prática de execução de um provimento jurisdicional com aquela abrangência. Nesse sentido, seria mais adequado que as inicia-

Justiça, em liminar, reconheceu efetivamente a conexão entre todas as ações civis públicas, mas não a reconheceu em relação às ações populares. Por quê? Só porque mudava o nome? Só porque às vezes o pedido era um pouco mais amplo? [...] O certo é que a essência, que o processualista tem que ver, para além do formalismo das disposições de um código que foi escrito para causas individuais, também indicava a conexão entre as ações populares, as ações civis públicas e os mandados de segurança coletivos. O que aconteceu? Juntaram-se todas as ações civis públicas, mas ficaram de pé as ações populares nos diversos juízos em que haviam sido ajuizadas. Devia-se ter avançado mais. Aliás, essa é a filosofia dos processos coletivos (GRINOVER, 2003, p. 144-145).

PEDIDO E CAUSA DE PEDIR

tivas de ação civil pública, em quadros como aqueles, procurassem reduzir a complexidade fática existente em várias ações separadas e propostas em momentos diferentes, de acordo com uma estratégia global do legitimado.[131]

A estratégia global traçada pelo legitimado, portanto, deve ser pensada tendo em vista a noção mais ampla do bem da vida, muito embora as medidas e demandas processuais escolhidas atinjam parcelas deste objeto de forma compartimentada, considerando as especificidades necessárias à sua efetivação.

1.3.4. Interesses difusos e coletivos: dificuldades e entraves à sua judicialização

Há muitos entraves à judicialização dos conflitos coletivos,[132] uma vez que eles não se subsumem perfeitamente à lógica bilateral do meio jurisdicional,[133] estando relacionados a interesses geralmente policêntricos, de fundo social e relevância política. Em grande parte das vezes, o foro mais adequado para a sua resolução acaba sendo aquele que detém menos amarras para se fomentar e implementar políticas públicas, que dependem de alocações orçamentárias e da fiscalização constante da efetividade das medidas adotadas, daí a corrente exclusão do Judiciário desse contexto de justiça distributiva,[134] e a alusão que se faz à separação de poderes,

---

[131] SALLES (2001, p. 243).

[132] Mais uma vez, ao se tratar dos interesses coletivos, está-se fazendo alusão apenas aos interesses difusos e coletivos, de natureza indivisível, com exclusão dos interesses individuais homogêneos.

[133] A antiga concepção da iniciativa processual monopolizada nas mãos do titular do "direito subjetivo" revela sua impotência e inadequação frente aos interesses coletivos que são, ao mesmo tempo, de todos e de ninguém. Ao lado do direito subjetivo, deve-se considerar o interesse legítimo, que precisa ser tutelado pelo ordenamento em geral (GRINOVER, 1979, p. 31, 44). O Direito brasileiro adotou dupla designação, fazendo referência tanto à categoria de direitos como à de interesses, na qualidade de difusos, coletivos e individuais homogêneos (vide art. 81, parágrafo único, I, II e III, do Código de Defesa do Consumidor).

[134] Sobre o esgotamento do modelo liberal novecentista de justiça, cujo ápice está na codificação do direito civil, como fundamento da justiça social, pressupondo que a simples existência de regras de justiça comutativa ou retributiva levaria a uma sociedade em que se faria, automaticamente, justiça distributiva, vide Lopes (2006a, p. 123-124). Cappelletti elenca, como exemplos de direitos e interesses difusos que não se adaptam à tradição processual individualista, demandando tipos novos de tutela: o direito ao meio ambiente natural e ao respeito às belezas monumentais, o direito à saúde e à segurança social, o direito de não

inércia jurisdicional e falta de representatividade popular (típica de instituições majoritárias) como obstáculos à ingerência do juiz em questões dessa natureza.

Todavia, alguns desses obstáculos[135] podem ser transpostos e o Judiciário pode desempenhar diferente papel nesta esfera, com impacto relevante na redistribuição do acesso à justiça.

Marc Galanter escreveu, na década de 1970, artigo que busca refletir a respeito das condições em que a litigância poderia ser redistributiva. O artigo "Por que quem tem sai na frente: especulações sobre os limites da transformação no direito", publicado em 1974 na *Law & Society Review*, considerou a ação coletiva como forma de empoderamento do participante eventual e não repetitivo do sistema de justiça, com vista à redistribuição do acesso à justiça.[136]

Nesse sentido, destaca-se o papel da formação de um novo tipo de contencioso com bases procedimentais diversas,[137] não obstante pesem ainda inúmeras dificuldades decorrentes, por exemplo, da aplicação do processo civil individual, ainda que de forma subsidiária, preenchendo lacunas presentes no processo civil coletivo e deixando sempre presente o risco de

---

ser esmagado por um caótico desenvolvimento urbanístico, por uma enganosa publicação comercial, por fraude financeira, bancária, alimentar, ou por discriminações sociais, religiosas ou raciais, dentre outros (CAPPELLETTI, 1977, p. 131).

[135] José Reinaldo Lima Lopes apresenta os seguintes limites impostos ao Judiciário para enfrentar o desafio de tratar da justiça dinâmica e distributiva: i. os limites da coisa julgada, ii. a legitimação política para decidir, sempre em conformidade com a lei, iii. o processo contraditório bilateral, voltado a conflitos individuais, em um jogo de soma zero; iv. a inércia institucional (o Judiciário só procede mediante provocação do interessado, geralmente o detentor de poder, não podendo definir suas pautas e agenda de reforma), v. o precedente, a tradição e a cultura jurídica (entraves solidificados), vi. o aparelhamento insuficiente (a justiça distributiva exige capacidade de obter informações que vão além dos limites materialmente impostos pela organização dos tribunais e juízos de primeira instância) (LOPES, 2006a, p. 134-138).

[136] GALANTER (1941).

[137] O Anteprojeto do Código Brasileiro de Processos Coletivos surgiu nesse contexto, e representa uma tentativa de sistematização das regras procedimentais aplicáveis aos conflitos coletivos, respeitadas as peculiaridades e a natureza indisponível desses conflitos. Grande parte dos dispositivos desse Anteprojeto foi incorporado ao projeto de lei que disciplinava a ação civil pública para a tutela de interesses difusos, coletivos e individuais homogêneos (PL n. 5.139/2009), o qual acabou sendo arquivado no Congresso em 2010. Para uma análise do trâmite e rejeição desse Projeto de Lei, vide Refosco (2018, p. 103-112).

se julgar com critérios de justiça comutativa problemas que são de justiça distributiva.[138]

É claro que nem tudo depende de alteração normativa, e Carlos Alberto Salles deixa bem claro que a complexidade do litígio coletivo muitas vezes coloca em xeque o caráter transubstancial e neutro das regras processuais.[139]

Considerando que muitas inovações decorrem de medidas práticas de administração da justiça, mas levando em conta o suporte que os dados empíricos podem dar às alterações legislativas, quando necessário, Helena Refosco realizou três estudos de caso (sobre litigiosidade repetitiva e coletiva nas áreas de telecomunicações, bancária e educação) para concluir com a apresentação das seguintes sugestões normativas que possibilitariam redefinir a estrutura da ação coletiva rumo a um maior acesso à Justiça:

(i) legitimidade ativa mais ampla, com prévio controle da representatividade adequada do membro do grupo e do advogado do grupo;

(ii) sistema de notificação efetivo em que prevaleça, sempre que possível, a intimação pessoal dos interessados;

(iii) prioridade na tramitação das ações coletivas;

(iv) sistema de honorários contingentes, que devem corresponder a uma porcentagem do valor total da condenação ou do acordo;

(v) sistema de autoexclusão das demandas coletivas;

(vi) certificação da classe;

(vii) execução coletiva da sentença, priorizando-se a forma mandamental;

(viii) participação do órgão regulador nas ações coletivas;

(ix) varas especializadas no julgamento de ações coletivas;

(x) técnica da indenização global, a ser repartida entre os beneficiários, quando essa opção for indicada para o caso;

(xi) suspensão das ações individuais durante o trâmite das ações coletivas, determinada de ofício;

(xii) regras claras quanto ao prazo prescricional no processo coletivo;

(xiii) sistema de produção antecipada e extrajudicial da prova para todos os legitimados;

---

[138] LOPES (2006a, p. 134). Isso não quer dizer que, em alguns casos, não se apliquem critérios de justiça corretiva na seara coletiva, com a adequada utilização de provimentos reparatórios.
[139] SALLES (2017, p. 193-224).

(xiv) critérios claros e abrangentes de competência e de extensão da coisa julgada.[140]

Segundo José Reinaldo de Lima Lopes, um dos novos papéis assumidos pelo Judiciário, a partir dos anos 1980, está relacionado à promoção de um canal para o diálogo e a visibilidade dos conflitos sociais (algumas vezes sub-representados em outras esferas de poder), criando impasses que pressionem o surgimento de negociações e barganhas fora desta esfera (novas pautas na agenda política), e assim convertendo-se em uma arena de discussão em que as partes possam racionalizar seus interesses, sob a linguagem própria do Direito e com a garantia de que os arranjos e disputas se façam sob a legalidade.[141]

Trata-se de um novo papel do Judiciário, quando consideradas a estrutura de poder e as funções montadas nos Estados Liberais do século XIX. No entanto, o mesmo autor ressalta que a politização da justiça era, à sua maneira, comum em séculos anteriores, e a introdução ao estudo do Direito fazia-se normalmente dentro de um arcabouço filosófico em que a distinção entre justiça distributiva e comutativa era um ponto de partida fundamental. Foi a modernidade que alterou esse quadro, cindindo o tema da justiça para que a justiça das trocas permanecesse com o Direito, tendo por base relações intersubjetivas bilaterais, enquanto a justiça das partilhas, de estrutura plurilateral, se deslocava para a política. Nesta cisão colaborou a divisão acadêmico-disciplinar entre direito público e direito privado, que se deu ao longo do século XVIII.[142]

Nas últimas décadas do século XX, José Reinaldo de Lima Lopes destaca o retorno dos temas de distribuição, inclusive pela mão do próprio direito constitucional, embora falte ao pensamento pós-positivista um

---

[140] REFOSCO (2018, p. 392-393).

[141] REFOSCO (2018, p. 120, 138).

[142] LOPES (2004, p. 198-199). Mesmo o direito administrativo do século XIX incorporou a noção estrita da justiça comutativa. Assim, só seria possível arbitrar judicialmente as questões de direito privado, de Direito no sentido estrito, e mais especificamente as questões bilaterais e de troca. A justiça distributiva, o comum e indivisível passaram a ser matéria de governo, de política e não de Direito, sujeitos aos critérios de discricionariedade e de utilidade. Diferentemente da maneira pré-moderna de pensar, que via relações estruturais tanto nas relações privadas quanto nas relações comuns, parece não haver mais regras racionais para a justiça distributiva, à luz desta nova compreensão da divisão de poderes e funções e do princípio da legalidade estrita (LOPES, 2004, p. 248-251).

PEDIDO E CAUSA DE PEDIR

arcabouço conceitual que permita o tratamento do assunto. E foi assim que se saiu em busca de substitutos; para alguns parecia que os princípios jurídicos seriam a tábua da salvação, para outros o restabelecimento da comunicação com as Ciências Sociais seria o caminho mais indicado, entre outras saídas.[143]

O que se visualiza aqui é apenas uma entre essas possíveis saídas, a partir da reformulação do contencioso social para a recepção desses conflitos, mesmo tendo-se consciência de que o real problema transcende essa medida procedimental, a qual atua mais em suas consequências do que em suas efetivas causas.

Pesquisa empírica realizada na Justiça Estadual e Procuradorias do Ministério Público do Estado do Rio de Janeiro, que teve por finalidade estudar o novo cenário da democratização brasileira no contexto institucional produzido pela CF/88, a partir dos instrumentos processuais destinados à proteção dos direitos coletivos e difusos,[144] aferiu acerca do objeto das ações civis públicas o seguinte:

> confirma a hipótese de que elas contêm duas vocações primordiais, quais sejam, propiciar à sociedade uma via de vigilância do Poder Público e servir como mecanismos de defesa contra os abusos econômicos cometidos por empresas privadas e por instituições filantrópicas. Mas a pesquisa também identificou um conjunto de ações com perfil inovador, nas quais o que está em jogo é a postulação para aquisição de novos direitos, seja através da reclamação contra a omissão do Poder Público – bastante frequente na área do meio ambiente e na de criança e juventude –, seja judicializando itens das políticas públicas.
>
> [...]
>
> Na atual mobilização do Judiciário para uma agenda de sentido social, as ações coletivas constituem território particularmente importante, pois, a partir delas, novas arenas de conflitos coletivos são criadas, contrapondo indivíduos e grupos sociais, organizados ou eventuais, ao Estado e às empresas, exigindo novas formas de regulação democrática, como se pretendeu demonstrar com a presente pesquisa. Tais arenas, a par de realizarem movimentos defensivos da sociedade em face de abusos do poder do Estado e do

---

[143] LOPES (2004, p. 200).
[144] A pesquisa incidiu sobre inquéritos civis, ações populares e ações civis públicas ajuizadas até setembro de 2001.

mercado, têm servido como lugar de afirmação de novos direitos e de participação na construção da agenda pública. Uma das evidências empíricas fortes, obtidas pela pesquisa das ações civis públicas e das ações populares, é que elas têm sido frequentadas por um amplo espectro de atores sociais e políticos, do homem comum ao parlamentar, de uma pequena associação de moradores à grande imprensa.[145]

Assim como as demais instituições, o Judiciário também apresenta falhas e imperfeições ao lidar com políticas públicas, sendo as mais comuns, entre outras, o distanciamento do processo judicial em relação à realidade social, os elevados custos da demanda, a inércia da jurisdição e a incapacidade de desenvolver políticas globais. Levando em consideração suas características de independência e imparcialidade, entretanto, o Judiciário cumpre um papel relevante nesta seara social, inclusive na escolha da instância decisória adequada para responder a uma dada situação a que se submetem grupos de interesses.[146]

Em 2018, foi publicado, pelo Conselho Nacional de Justiça, um relatório de pesquisa empírica realizada pela Sociedade Brasileira de Direito Público (SBDP) sobre "Ações Coletivas no Brasil: temas, atores e desafios". Trata-se de pesquisa inovadora, que apresentou um banco de dados com milhares de ações coletivas e aplicou um *survey* com juízes nas cinco regiões dos TRFs e em seis Tribunais de Justiça selecionados.[147]

---

[145] VIANNA e BURGOS (2002, p. 464-484). Interessante pesquisa foi realizada anteriormente, também no Rio de Janeiro, possibilitando uma radiografia bastante nítida de como a ação civil pública vinha funcionando, na prática, após 10 anos de sua criação pela Lei n. 7.347/85. Foram identificadas ações civis públicas distribuídas até o final do ano de 1996 na Comarca da Capital do Estado do Rio de Janeiro (285 ações), e preenchidos 87 questionários, a partir dos dados coletados, cuja consolidação e análise final constam de trabalho publicado em (CARNEIRO, 2003, p. 177-224). Sobre o objeto dessas ações, constatou-se que: a maioria (81,60%) aborda matéria de meio ambiente (44,82%) e de consumo (36,68%), seguida de proteção ao menor, sendo raros os casos que têm por objeto direitos relativos ao patrimônio cultural, à probidade administrativa e à cidadania em geral. Dos processos examinados, 72,41% veiculavam pedidos de fazer, não fazer ou os dois em conjunto, sendo que em 57% dos casos foram concedidas medidas liminares, dos quais 36,74% tiveram o pedido julgado improcedente. Pelo percentual de sentenças desfavoráveis nos casos em que medidas liminares são concedidas, ficou clara a opção da maioria dos juízes em privilegiar a concessão, no momento inicial do processo, de tais medidas.

[146] SALLES (1998, p. 101-105).

[147] MENDES, OLIVEIRA e ARANTES (2018).

Nessa pesquisa, ficou clara a percepção dos juízes sobre os principais problemas das ações coletivas, dentre eles a falta de celeridade e complexidade do processo, as dificuldades na execução, falta de estrutura e excesso de trabalho, custo da perícia, multiplicidade de processos, entre outros. Uma das soluções mais indicadas para fazer frente a tais problemas foi a criação de Varas Especializadas para julgamento de ações coletivas,[148] o que demonstra uma percepção de que o Judiciário, uma vez provocado, deve ter papel relevante e se especializar para melhor responder a esse contencioso social,[149] que incorpora conflitos plurilaterais sobre bens na maioria das vezes indivisíveis.

Nesse sentido, é preciso estar atento às mudanças procedimentais que se fazem necessárias, evitando a subsunção desses conflitos ao estrito contraditório bilateral entre as partes, abrindo espaço à participação de *amici curiae* que possam auxiliar na elucidação do conflito ao representar diversos interesses relacionados ao litígio (ainda que não catalogados como típicos interesses jurídicos),[150] além de flexibilizar o regime procedimental rigidamente preclusivo, permitir que os elementos objetivos da demanda sejam interpretados em atenção ao bem jurídico a ser protegido e atribuir ao juiz papel proativo no gerenciamento e na condução das múltiplas demandas individuais (repetitivas) e coletivas, assim como no cumprimento das sentenças, substituindo, sempre que possível, a tutela meramente reparatória pela tutela específica, normalmente de natureza mandamental.[151]

Marcos Paulo Veríssimo sustenta que várias das alterações recentes no âmbito da justiça e do processo civil brasileiro podem ser compreendidas como reações institucionais à transformação material ocorrida nos tipos de litígio judicializados, que deixam de referir-se apenas a questões de justiça retributiva e passam, cada vez mais, a envolver litígios de justiça distributiva, o que propicia a passagem de um modelo de adjudicação de

---

[148] MENDES, OLIVEIRA e ARANTES (2018, p. 142-146).

[149] Sobre a emergência de um novo modelo de litigância civil, cujo objetivo é vindicar a efetivação de políticas públicas expressas em lei ou decorrentes de valores consagrados constitucionalmente (escolhas realizadas pelos vários centros de decisão estatal), vide Fiss (2004, p. 25-104) e Salles (2003a, p. 39-77).

[150] Uma ampla análise do *amicus curiae* no Direito brasileiro é realizada em Cássio Scarpinella Bueno (2006, p. 125-346).

[151] Sobre a relação entre as *injunctions* norte-americanas e a tutela mandamental brasileira, vide Salles (1998, p. 197-225).

direitos subjetivos para um modelo de gestão de interesses.[152] Sobre essa expansão do papel do Judiciário, o mesmo autor levanta e analisa críticas de três categorias: crítica de legitimidade (fundamentada principalmente no postulado da separação de poderes), crítica institucionalista (muito comum em países em desenvolvimento, que buscam o aumento da previsibilidade das decisões judiciais para evitar a insegurança institucional no âmbito econômico, e propiciar, assim, atração de investimentos) e crítica instrumental, sobre a qual se detém mais detalhadamente, que consiste na incapacidade de o órgão judiciário lidar com conflitos políticos diante da inadequação do seu aparato instrumental para a tarefa.[153]

A inércia da jurisdição e a necessidade de adstrição da sentença ao pedido, a independência do processo político e a existência de instrumentos processuais ligados à solução retrospectiva de conflitos bilaterais seriam apenas alguns exemplos de obstáculos instrumentais à atuação do Judiciário nesta seara, na qual os conflitos são policêntricos e as soluções buscadas devem ser prospectivas, muitas vezes obtidas por meio da barganha, e que demandam adaptações ao contexto social em que atuam – o que é obstado pela coisa julgada, por exemplo, no universo jurisdicional tradicional.

Mas esse autor busca demonstrar que, em parte, o desajuste estrutural apontado pela crítica instrumental deve-se à intensa relação feita com a concepção do direito de tradição liberal, vendo-se o Judiciário como um mero implementador de direitos subjetivos, de forma que a reintrodução do bem comum, no cenário jurídico brasileiro, como um relevante problema jurídico, propicia paulatina transformação, sobretudo no plano coletivo, do desenho institucional e aparato instrumental das cortes de justiça e do processo judicial. Sob o prisma substancial, as questões de justiça distributiva não parecem mais estranhas ao Direito, pois estão nas leis de consumo, na proteção ao meio ambiente, na proibição de lesão nos contratos, enfim, nas novas cartas de direitos. O proporcional e o distributivo parecem ter sido reintroduzidos na agenda jurídica plural da sociedade contemporânea, mas as instituições não sabem ainda como operá-los, e muitas vezes acabam tentando encaixar suas estruturas nas ferramentas de trabalho de que dispõem, produzindo resultados indesejados.[154]

---

[152] O autor se baseia na análise realizada por François Ost (1990, v. II).
[153] Veríssimo (2006, p. 19 e 76).
[154] Veríssimo (2006, p. 77-85, 110).

Essa redefinição funcional dá ensejo à concepção do processo como instrumento de adjudicação de interesses sociais, baseado em premissas estruturais diversas daquelas do modelo procedimental individual, para atendimento dos interesses difusos e coletivos.

No sistema norte-americano, o Judiciário e o sistema processual já haviam enfrentado situações semelhantes a partir da década de 1950, e reagiram com o objetivo de promover reforma estrutural em diversas instituições sociais e organizações, emergindo como *leading case* os julgados referentes à *Brown* vs *Board of Education*, nos quais a Suprema Corte, sob a presidência de Earl Warren, conferiu significado ao princípio da igualdade, determinando que as escolas públicas segregadas pelo racismo fossem unificadas para a implementação de verdadeira reconstrução da realidade organizacional e social, em favor da igualdade racial.[155]

Segundo Owen Fiss, a função primordial do juiz passou a ser a de interpretar, conferir significado concreto e aplicabilidade aos valores públicos previstos na Constituição. A atribuição dessa relevante função ao juiz decorre de fatores institucionais e ideológicos que garantem ao magistrado maior objetividade, na busca do significado dos valores constitucionais, como, por exemplo, a independência do órgão judicial (favorável a uma maior medida de imparcialidade)[156] e a participação do magistrado em diálogo processual (contraditório) com as partes para o proferimento de sua decisão, devidamente motivada. Para Fiss, haveria, de fato, uma relação dialética entre os diversos Poderes (Executivo, Legislativo e Judiciário) para a busca de um significado dos valores constitucionais, mas o Poder Judiciário se revela, nesse contexto, como o mais distanciado das partes e do corpo político e, por isso, teoricamente, está mais apto para utilizar o

---

[155] FISS (2004, p. 25-27, 39).

[156] No Brasil, as garantias de vitaliciedade, inamovibilidade e irredutibilidade dos subsídios (previstas no art. 95, I, II e III, da CF/88) contribuem à independência do órgão judicial em relação às partes e aos demais Poderes do Estado, levando-se ainda em consideração que os juízes não são eleitos pelo povo, não devendo haver qualquer representatividade política e popular refletida em suas decisões. Todavia, nos EUA os juízes estaduais são, via de regra, indicados pelo governador e podem até mesmo ser eleitos pelo voto popular (o que depende da legislação de cada Estado) para exercício da magistratura por um determinado período de tempo; e os juízes federais, por sua vez, embora vitalícios, são indicados pelo presidente da República e passam pela aprovação do Senado, o que introduz um elemento de controle político sobre a composição do Poder Judiciário.

instrumento processual em favor de um julgamento que confira significado aos valores constitucionais, núcleo da moralidade pública da sociedade.[157]

O modelo de adjudicação estrutural analisado por Fiss se opõe ao modelo tradicional de resolução de controvérsias, de estrutura processual tripartite (conflito entre autor da ação e réu, mediado pelo juiz) e altamente individualista, pois aquele transcende fins privados e se refere a um grupo, muitas vezes de natureza policêntrica, que se manifesta judicialmente por meio de um representante adequado, garantindo suporte institucional ao indivíduo, não mais visto como o eixo central da controvérsia. O juiz deixa de ser passivo, dependente da iniciativa das partes, para assumir responsabilidade afirmativa e social pela adequada solução do litígio, bem como pelo monitoramento e gerenciamento da implementação da decisão, que depende de relação contínua entre o juiz e a instituição, para a reorganização estrutural e eliminação da condição que ameaça ou viola valores constitucionais.[158]

Nesse mesmo sentido, Abram Chayes destacou a insuficiência da estrutura bipolar do contencioso judicial (voltado à solução de litígios privados) para comportar litígios que não se restringiam aos interesses antagônicos das partes privadas envolvidas diretamente na lide. Os conflitos tratados em ações coletivas, e por meio de outros instrumentos processuais que veiculam demandas de política pública (o que genericamente é denominado pelo autor de *public law litigation*),[159] demandavam tratamento diferenciado, pois não mais se adequavam ao processo civil tradicional, desprovido de efeitos prospectivos e que ultrapassassem os limites subjetivos e objetivos estabelecidos e controlados pelas partes, sem a atuação proativa do juiz como gestor do procedimento adequado ao caso.[160]

Assim, um novo modelo de adjudicação emergiu nos EUA, com a assunção de novos papéis pelo Judiciário diante de conflitos coletivos, que veiculavam muitas vezes questões de política pública, exigindo uma estrutura

---

[157] FISS (2004, p. 42-43, 46).

[158] FISS (2004, p 48, 58-63). Sobre o processo estrutural no Brasil, vide Arenhart e Jobim (2017).

[159] Tem por objeto, por exemplo, desagregação racial na escola, discriminação trabalhista, direitos dos presos ou internos, concorrência desleal, fraude de seguros e outros aspectos da conduta de negócios corporativistas, falência e recuperações, governança sindical, fraude a consumidores, discriminação doméstica, crimes eleitorais, meio ambiente, etc.

[160] CHAYES (1975-1976, p. 1281).

PEDIDO E CAUSA DE PEDIR

procedimental apta a recebê-los sem reducionismos e a oferecer respostas condizentes com a sua relevância social. Sobre o poder-dever assumido pelo juiz diante desse contencioso social, vide o item 2.1 deste livro.[161]

Essa realidade, que teve início nas décadas subsequentes ao *New Deal* e à Segunda Guerra Mundial, com um Estado ativo na promoção do bem--estar social, perdurou até o final dos anos 1970, quando a Suprema Corte passou a ter nova composição, liderada por Warren Burger, que retrocedeu bastante diante das reformas estruturais. Houve, a partir de então, tendência forte ao ressurgimento do modelo tradicional de solução de controvérsias, dentro de um contexto político mais amplo, caracterizado pela retomada do interesse na economia de mercado e, de forma ainda mais geral, pela reafirmação da teoria do contrato social, considerando o caráter privado de todos os fins.[162]

1.3.5. Conflitos plurilaterais e elementos objetivos da demanda

Até este momento, foram contrapostos os conflitos plurilaterais aos conflitos bilaterais, que são observados, respectivamente, no processo civil coletivo e no individual.

Lon Fuller, ao analisar o conceito de adjudicação sob uma perspectiva ampla, observando as formas e limites dessa atividade,[163] atenta para a existência de conflitos policêntricos, que envolvem diferentes atores, interesses e centros decisórios, relatando um pouco da dificuldade na submissão dos mesmos a uma forma de composição de conflitos.

A relação entre a plurilateralidade e o policentrismo dos conflitos não é de equivalência, mas em ambos há dificuldades no momento de ingresso ao universo jurisdicional, sujeitos que estão a reducionismos a partir das

---

[161] Está sob pano de fundo aqui principalmente a *injunctive class action*, diferente da *class action for damages*, que tem por objeto interesses divisíveis.

[162] Cf. FISS (2004, p. 118-120).

[163] Fuller considera a importância de se buscar denominadores comuns que distingam a adjudicação de outras instituições e processos sociais existentes, nos quais as disputas e controvérsias também possam ser resolvidas. Sendo a adjudicação uma forma de *social ordering*, este autor a analisa à luz das duas formas básicas de ordenação de uma sociedade: a organização por objetivos comuns (exemplificada com a eleição) e a organização por reciprocidade (exemplificada com o contrato). Analisando a forma peculiar de participação das partes afetadas na decisão, no contrato pela negociação, e nas eleições pelo voto, a adjudicação se distinguiria delas diante da participação das partes afetadas na decisão pela apresentação de *provas e argumentos racionais* (FULLER, 1978-1979, p. 357-365).

triagens por que passam, além da consideração do que transcende aos limites procedimentais pré-fixados como elemento extraprocessual, a ser deixado de lado.

O conflito policêntrico não está necessariamente relacionado ao número de partes afetadas, nem à contingencialidade fática do objeto, dada a sua rápida mudança no tempo, mas sim ao fato de que qualquer decisão repercutirá de variadas maneiras e produzirá efeitos diversos em relação às partes.

Fuller utiliza alguns exemplos para demonstrar este fato, não necessariamente situados na seara coletiva. Um deles retrata a situação de uma senhora que morre em Nova York e deixa uma valiosa e variada coleção de quadros ao *Metropolitan Museum* e à *National Gallery*, a serem divididos equitativamente, sem indicar como seria feita a partilha. O que torna esse conflito policêntrico é que a disposição de qualquer um dos quadros tem repercussões na disposição de todos os demais: aquele que ficar com um quadro de Renoir, terá menos interesse em um de Cezanne, e mais no de Bellows, por exemplo. Qualquer juiz que assuma o caso poderá se sentir tentado a assumir o papel de mediador, ou adotar a clássica solução de deixar o irmão mais velho (aqui o *Metropolitan*) dividir o acervo em partes iguais de acordo com o seu critério, e depois deixar o irmão mais novo (a *National Gallery*) escolher uma das metades.[164]

O mesmo autor cita também como exemplo a distribuição dos jogadores de um time de futebol, pois qualquer mudança na posição de um deles afetará diferentemente os demais 10 jogadores em campo.[165]

Muitas vezes, as características policêntricas do conflito não são sequer percebidas pelo juiz, que considera estar declarando direitos e deveres das partes, enquanto está, na verdade, proferindo uma decisão que repercute em uma série de outras questões não explicitamente consideradas. O difícil é mensurar o nível dessa repercussão.

Fuller considera que a adjudicação não oferece respostas a esses problemas, nos quais variados pontos de influência interagem e repercutem reciprocamente, e os dois meios mais adequados para tratá-los seriam a esfera administrativa (*managerial direction*) e a contratual (*contract* ou *reciprocal adjustment*).[166]

---

[164] FULLER (1978-1979, p. 394).
[165] FULLER (1978-1979, p. 395).
[166] FULLER (1978-1979, p. 398).

PEDIDO E CAUSA DE PEDIR

Entretanto, quando esses conflitos policêntricos são submetidos a formas de adjudicação, o autor indica que três coisas podem acontecer: i. a solução adjudicatória poderá falhar, pois repercussões não previstas tornarão a decisão impraticável; ii. os julgadores poderão ignorar o procedimento judicial, testando soluções não previstas no mesmo, como um maior número de audiências (*posthearing conference*), consulta a partes não representadas no processo, consideração de fatos não provados e que não fazem parte do pedido das partes; iii. em vez de acomodar o procedimento à natureza do problema em questão, o julgador poderá reformular o problema para adaptá-lo aos limites e formas da solução adjudicatória.[167]

Na tentativa de acomodar o conflito aos limites procedimentais rigidamente previstos, muitas questões são erigidas à condição de elementos extraprocessuais da demanda, que não devem ser submetidos ao juiz, como ocorre, por exemplo, com as consequências econômicas e sociais de suas próprias decisões.

Pesquisa empírica realizada por José Reinaldo de Lima Lopes, no Tribunal de Justiça do Estado de São Paulo e no Superior Tribunal de Justiça, sobre decisões em matéria de saúde e educação, objeto de ações civis públicas, demonstrou, entre outras conclusões,[168] que esses tribunais ficam mais à vontade para julgar casos em favor do indivíduo – convertendo o pedido em defesa de direito fundamental individual (fruição individual de um direito social) – do que para obrigar a revisão de políticas gerais, relacionadas a interesses indivisíveis, com repercussões econômicas e sociais. Uma das razões para isso, segundo o autor, é que a doutrina constitucional ainda está baseada no conceito de direito subjetivo individual e no Brasil não incorpora o problema central de um regime democrático, qual seja, o da universalidade, da simultaneidade do gozo e da isonomia abstrata e universal.[169]

Essa mesma preferência dos magistrados pelo julgamento das ações individuais em detrimento das ações coletivas foi detectada pela pesquisa sobre ações coletivas do CNJ mencionada, cujos magistrados ouvidos consideram que as ações individuais tendem a obter mais sucesso, com sen-

---

[167] "The adjudication, instead of accommodating its forms to a polycentric problem, has accommodated the problem to its forms" (FULLER, 1978-1979, p. 401).
[168] Para acessar o teor integral da pesquisa, vide Lopes (2006c, p. 221-264).
[169] LOPES (2006c, p. 255-256).

tenças favoráveis ao pedido, do que ações coletivas em casos que envolvem acesso a políticas/bens públicos (como medicamentos, creche, etc.).[170]

É importante evitar que demandas coletivas sejam convertidas em individuais, e conflitos distributivos sejam tratados como conflitos retributivos. Hoje, ainda se percebe certa pulverização de demandas individuais sobre interesses coletivos, com fundamento no respaldo constitucional, de viés garantista, que prevê inúmeros direitos sociais aos cidadãos. Há variadas consequências negativas desse tratamento individualizado de pautas coletivas, políticas públicas que são esvaziadas em prol de interesses particulares, sem uma análise global do conflito, no contexto social.[171]

Nas áreas da saúde[172] e da educação[173] foram proferidas algumas decisões judiciais emblemáticas acerca desse problema, em demandas indivi-

---

[170] A maioria dos juízes (62,4%) respondeu nessa pesquisa que "Ações individuais solicitando acesso a políticas/bens públicos têm mais sucesso do que ações coletivas", ao passo que apenas 8,5% afirmaram o contrário, ou seja, que ações coletivas são mais bem-sucedidas. Para 23,4%, não há diferença quanto à probabilidade de julgamento favorável entre ações coletivas e individuais que envolvem acesso a políticas/bens públicos (MENDES, OLIVEIRA e ARANTES, 2018, p. 105-106).

[171] Entretanto, deve-se também considerar, entre outras coisas, os limites orçamentários que uma decisão coletiva de maior espectro poderia enfrentar, deferindo à coletividade a fruição de um direito social sem que o Executivo pudesse arcar com os custos de tal medida.

[172] No STJ, vide acórdão proferido pela Corte Especial (STJ – AgRg na SS 1408-SP, Corte Especial, Rel. Min. Edson Vidigal, j. 25.10.2004), que negou deferimento de suspensão de segurança, requerido pelo Estado de São Paulo, em ação na qual se pleiteava fornecimento de medicamento a uma única paciente, sob a seguinte fundamentação, constante da ementa: "A determinação para que o Estado de São Paulo forneça medicamento a *uma única paciente não apresenta potencial lesivo* capaz de provocar sérios danos à ordem, à saúde ou à economia públicas. Eventual *efeito multiplicador da decisão* liminar reclamada deve ser fundamentado na exposição de dados concretos, e não em meras conjecturas" (grifo nosso).

[173] No STF, o voto proferido pelo Relator em julgamento de Recurso Extraordinário (RE 410.715-5/SP, 2ª Turma, Rel. Min. Celso de Mello, j. 22.11.2005), ao se manifestar sobre a matrícula de crianças de até seis anos de idade em unidades de creche e pré-escola, à luz do direito constitucional à educação (CF, art. 208, IV), dever jurídico cuja execução se impõe ao poder público, notadamente ao Município (CF, art. 211, § 2º), deu provimento ao Recurso deduzido pelo Ministério Público do Estado de SP por entender que neste caso não havia indevida ingerência do Judiciário no poder discricionário do Executivo, a partir dos seguintes argumentos: "Embora resida, primariamente, nos Poderes Legislativo e Executivo, a prerrogativa de formular e executar políticas públicas, revela-se possível, no entanto, ao Poder Judiciário, determinar, ainda que em bases excepcionais, especialmente nas hipóteses de políticas públicas definidas pela própria Constituição, sejam estas implementadas

duais, que utilizam recursos públicos sem nenhuma adoção de critérios distributivos e consideração do impacto que seria gerado pela universalização da decisão a outros casos semelhantes. Os custos sociais decorrentes dessas demandas, que são vistas de forma compartimentada, e não global, revelam-se bastante expressivos.

Isso não quer dizer que se deva retirar do indivíduo toda e qualquer forma de tutela desses direitos, que constituem, em muitos casos, direitos fundamentais previstos na CF/88, tendo em vista os possíveis danos provocados e identificados na sua esfera privada de interesses, bem como o princípio constitucional da inafastabilidade da jurisdição.

É preciso, porém, que o magistrado tenha uma visão calcada na racionalidade distributiva necessária à proteção desses interesses, sem buscar subterfúgios sob o "manto protetor dos elementos extraprocessuais", a fim de evitar que a tutela individual ocasione nítidos prejuízos àqueles que não integram a relação processual, pois o ganho de um indivíduo não pode ocasionar uma perda para todos os demais, não beneficiados de igual maneira, à luz de uma consideração holística do bem comum.

Nesse sentido, o litígio sobre creche e pré-escola no município de São Paulo se tornou um caso paradigmático para quem estuda a relação entre demandas individuais e coletivas. Susana Henriques da Costa analisa o julgamento, em 2013, da Apelação n. 015073564.2008.8.26.00002, pelo Tribunal de Justiça do Estado de São Paulo, nos autos de ação civil pública que havia sido extinta sem julgamento do mérito, em que resta clara a importância da litigância estratégica do Ministério Público e de Grupo de Trabalho Interinstitucional sobre Educação Infantil para romper com um padrão decisório que priorizava as ações individuais em relação às coletivas na litigância sobre direito à educação infantil. Houve, ainda, medidas procedimentais inovadoras nesse caso, como a realização de audiência pública no TJSP, com ampla participação de especialistas, além de medidas relacionadas ao monitoramento da decisão, com a criação de um comitê interdisciplinar de monitoramento da execução.[174]

---

pelos órgãos estatais inadimplentes, cuja omissão – por importar em descumprimento dos encargos político-jurídicos que sobre eles incidem em caráter mandatório – mostra-se apta a comprometer a eficácia e a integridade de direitos sociais e culturais impregnados de estatura constitucional. A questão é pertinente à *reserva do possível*'".

[174] COSTA (2017, p. 449-471).

Diferentemente da legislação brasileira,[175] que veda ao indivíduo legitimidade para a propositura de demandas coletivas, nos EUA o indivíduo pode fazê-lo, desde que comprove a sua representatividade adequada (pré-requisito de admissibilidade da *class action*) na defesa de interesses alheios. Assim, o representante tem interesse pessoal e direto na lide, principalmente quando os interesses em questão não são tão dispersos a ponto de gerar uma sub-representação que dificulte a assunção dos custos de litigância pelo legitimado, tema que será melhor analisado no item 2.3.3 deste livro.

O processo civil coletivo brasileiro visa conferir um tratamento procedimental diferenciado a esses conflitos e interesses, como em relação à legitimidade das partes, relação entre demandas, limites subjetivos e objetivos da coisa julgada, entre outros.

Todavia, a aplicação subsidiária do processo civil individual ainda ocupa espaços muito relevantes, como o referente aos elementos objetivos da demanda, levando a uma configuração reducionista do conflito coletivo, sob um modelo procedimental rigidamente preclusivo, de natureza bipolar.

Percebe-se que a definição do conteúdo e extensão do pedido exclusivamente pelo autor, além de sua interpretação restritiva, estagnação pelo regime procedimental rígido, bem como a regra da correlação da sentença ao pedido são regulamentações que não se adaptam a este novo modelo de

---

[175] Os representantes dos interesses coletivos têm legitimidade extraordinária para defender em nome próprio direito alheio, diferentemente dos direitos subjetivos, que demandam titularidade exclusiva e excludente de outras, sobre o mesmo bem. A estrutura de legitimidade para as demandas coletivas pode ser classificada no Brasil como mista, pois possui elementos de um modelo governamental, no qual uma entidade estatal responde pelas funções de defesa dos bens coletivos, e possui um viés associativo ou organizacional, permitindo que organizações não governamentais, na forma de associações civis, patrocinem em juízo a defesa desses interesses. Na prática, entretanto, percebe-se que o Ministério Público propõe a grande maioria das demandas coletivas (tornando-se um *repeat player*, em muitos casos), o que demonstra, além da pequena mobilização da sociedade civil, o funcionamento do MP como uma espécie de redutor dos custos transacionais (como, por exemplo, aqueles relacionados a um levantamento técnico para definir determinado dano ambiental ou vício de qualidade de um produto) (SALLES, 2003b, p. 134-135). O predomínio do Ministério Público no ajuizamento de ações coletivas também foi identificado em pesquisa empírica do CNJ sobre ações coletivas, em decorrência de fatores como (i) a possibilidade de usar o inquérito civil para fundamentar as suas ações coletivas; (ii) autoridade para firmar termo de ajustamento de conduta; (iii) independência funcional e boas condições institucionais, entre outros (MENDES, OLIVEIRA e ARANTES, 2018, p. 108-115).

litigância social, que incide sobre bens indisponíveis e indivisíveis e cujas escolhas perpassam problemas de alocação de recursos, opções valorativas legais[176] e constitucionais que não podem ser realizadas pelas partes, nem sequer unilateralmente pelo autor, pois em muitos casos estão relacionadas a políticas públicas, questões de justiça distributiva relevantes que não são disponíveis ao legitimado, na formulação da demanda.[177]

Havendo um hiato entre a matriz constitucional que encontra a sua pedra de toque em um Judiciário concebido como um poder funcional-

[176] "Analogamente ao ocorrido com a atividade administrativa, o Legislativo, em sua atividade, incorpora escolhas formuladas entre interesses diversos e conflitantes, decidindo sobre o interesse público na situação objeto de uma lei ou regulamento. Também nesse caso, há uma opção entre os vários interesses envolvidos, significando um posicionamento em relação ao interesse público. A opção legislativa, incorporada no texto legal, representa uma política adotada pelo legislador, configurando uma medida distributiva, no sentido de alocar entre os vários indivíduos recursos comuns" (SALLES, 1998, p. 63-64).

[177] Na tentativa de resposta ao desenho particular desses conflitos coletivos, Marcos Paulo sustenta que "ocorrem, sobretudo, modificações no 'modo de ser do processo' em três planos: *primeiro*, flexibilizam-se as regras do procedimento, concentrando poderes de gestão nas mãos do juiz, que passa a desenhar o procedimento de acordo com as necessidades do caso a resolver; *segundo*, pouco a pouco se flexibiliza o caráter parte-controlado do processo, o que faz com que os termos do conflito, que originariamente eram dados de forma rígida pelo próprio autor em seu ato inicial de comparecimento a juízo (a demanda), paulatinamente passem a ser objeto de redefinição ao longo do processo, não raro com a colaboração e intervenção do próprio órgão judicial; *terceiro*, flexibilizam-se os mecanismos de prova técnica, que vão deixando de consubstanciar-se em uma opinião dada por um técnico distante do conflito para transformarem-se em mecanismos de informação do magistrado acerca das variáveis técnicas envolvidas na decisão" (VERÍSSIMO, 2006, p. 192-193, grifos nossos). Cássio Scarpinella Bueno trata também da releitura das regras processuais diante de novos conflitos, mas admite como mote norteador a noção de interesse público, regida pelo direito material público. Ao lado e sem prejuízo do processo civil, que o autor chama de clássico ou tradicional (que regula as relações de direito privado em estado de conflito: relações de família, sucessões, propriedade, vizinhança, muitas dos quais transformaram-se com a massificação da sociedade), surgem também outros objetos e finalidades que demandam um aparato processual diferenciado, apto a lidar com as novas realidades normativas, lides qualitativamente diferenciadas (BUENO, 2003, p. 24-33). Carlos Alberto de Salles, no entanto, adota a designação "processo civil de interesse público" para distinguir as lides nas quais a prestação jurisdicional recai sobre interesses individuais daquelas nas quais o objeto do processo é uma decisão sobre um interesse público. Todavia, a oposição ora estabelecida não é simétrica àquela entre direito público e direito privado, pois o público é definido em contraposição ao individual, indicando aqueles interesses pertencentes à generalidade das pessoas (designação que encontra amplo respaldo na literatura jurídica norte-americana, onde são utilizadas as expressões análogas *public interest law* e *public interest litigation* (SALLES, 2003a, p. 40-41).

mente capaz de resolver problemas, conflitos e demandas, nos limites estritos das prescrições e procedimentos estabelecidos na lei, e as novas práticas sociais de natureza confrontacional, as relações econômicas e político-institucionais[178] que não necessariamente se encaixam na moldura procedimental rígida da legislação processual, os direitos e interesses coletivos, que demandam direito processual de igual natureza, emergem em um contexto de explosão de litigiosidade, assumindo configurações que extravasam as estruturas legais vigentes, e exigem reformulação dos meios processuais tradicionais de prevenção, neutralização, filtragem e resolução até então utilizados na inserção do conflito no sistema jurídico.

É preciso muitas vezes ultrapassar os limites endoprocessuais da demanda para aferir a efetividade da tutela jurisdicional, e o real alcance de seus resultados por meio do atendimento ao conflito de interesses que foi inserido no universo jurisdicional e sobre o qual a decisão ali proferida deve produzir seus efeitos.

> A consideração da efetividade da tutela jurisdicional impõe a formulação de um juízo sobre a adequação do procedimento e do provimento jurisdicional a uma dada situação de fato, tomando em consideração não só seus objetivos imediatos (prestação de tutela à parte reclamante), mas também aqueles mediatos (relacionados com os valores e objetivos do ordenamento jurídico), o que apenas será factível a partir de uma visão externa do processo, isto é, não restrita a seus próprios pressupostos.[179]

Uma forma de evitar o tratamento de conflitos plurilaterais como bilaterais, por exemplo, conferindo-se à defesa coletiva um papel mais relevante, quando estão em jogo direitos e interesses indivisíveis que envolvem políticas públicas, é a sugerida pelo Anteprojeto do Código Brasileiro de Processos Coletivos no caso de incindibilidade do objeto.

Conforme exposto no item 1.3.3, quando há concorrência de demandas individuais e coletivas, o anteprojeto estabelece que o tribunal, de ofício ou a requerimento da parte, após instaurar o contraditório, poderá determinar a suspensão de processos individuais em que se postule a tutela de interesses ou direitos referidos à relação jurídica substancial de caráter incindível, pela sua própria natureza ou por força de lei, a cujo respeito as questões

---

[178] FARIA (1992, p. 16).
[179] SALLES (1998, p. 41-42).

devam ser decididas de modo uniforme e globalmente, quando houver sido ajuizada demanda coletiva versando sobre o mesmo bem jurídico.

Caso não haja o ajuizamento de demanda coletiva sobre o mesmo objeto, é ainda possível evitar a pulverização de demandas individuais repetitivas propostas contra o mesmo demandado, mesmo quando for inviável a sua reunião perante um mesmo juízo prevento (por conexão e continência, por exemplo). O anteprojeto do Código Brasileiro de Processos Coletivos determinava, nesse caso, que o juiz, tendo conhecimento da existência de diversos processos individuais, com identidade de fundamento jurídico, notificasse o Ministério Público e, na medida do possível, outros legitimados, a fim de que propusessem, querendo, demanda coletiva contra o mesmo demandado (art. 8º), ressalvada aos autores individuais a faculdade de não suspender a ação individual, caso o objeto não seja incindível. Essa medida foi inserida no CPC/2015 no art. 139, X, que determina que cabe ao juiz "quando se deparar com diversas demandas individuais repetitivas, oficiar o Ministério Público, a Defensoria Pública e, na medida do possível, outros legitimados a que se referem o art. 5º da Lei n. 7.347, de 24 de julho de 1985 , e o art. 82 da Lei n. 8.078, de 11 de setembro de 1990, para, se for o caso, promover a propositura da ação coletiva respectiva".

2
Dinâmica Procedimental em que se insere o conflito

2.1. Processo civil individual
2.1.1. Regra da congruência da sentença ao pedido

A regra da congruência ou correlação da sentença ao pedido está prevista em lei ordinária (CPC/2015, arts. 2º, 141, 492), estando a sua *ratio* relacionada com a intrínseca disponibilidade do bem da vida e do direito invocados, que, ordinariamente, poderão ser apresentados em juízo da maneira que melhor aprouver aos litigantes.

Além da correlação da sentença aos elementos objetivos da demanda, essa regra também se aplica em face dos elementos subjetivos,[180] pois a tutela jurisdicional deve atingir determinadas partes e terceiros, relacionados à demanda.

Quanto aos elementos objetivos, de que trata este trabalho, sabe-se que a decisão não pode ir além do objeto da demanda (*ultra petita*), nem extravasar (*extra petita*) ou ficar aquém (*citra petita*) desses limites, pois dessa forma o juiz estaria decidindo sem a indispensável iniciativa da parte (CPC/2015, art. 2º).[181]

Caso a sentença ultrapasse os limites estabelecidos pelos elementos objetivos da demanda, ela é considerada viciada e passível de anulação a pedido daquele que sofreu o prejuízo. Em conformidade com o princí-

---

[180] Sobre os limites subjetivos da eficácia da sentença e da coisa julgada, tanto no processo individual quanto no processo coletivo, em relação às partes e à esfera de direito subjetivo de terceiros (nexo de prejudicialidade-dependência), vide Tucci (2006, passim).

[181] DINAMARCO (2005b, p. 272).

PEDIDO E CAUSA DE PEDIR

pio da instrumentalidade de formas, porém, a jurisprudência tem determinado a anulação apenas do excedente no caso de sentenças *ultra petita*, muito embora haja ainda anulação total das sentenças *citra petita*,[182] tendo em vista a incompletude do julgado, e das sentenças *extra petita*, por tratarem de objeto diferente daquele debatido nos autos.

É importante, entretanto, tentar compatibilizar o conceito liberal-individualista em que se pauta a regra da correlação com a atual fase publicista em que o processo civil se encontra.[183]

Ao tratar da forma assumida pela adjudicação, à luz do modelo adversarial, Fuller manifesta-se sobre a regra da congruência da sentença ao pedido, considerando que, na prática, é difícil observá-la de forma absoluta, pois mesmo quando a decisão leva em conta todas as alegações das partes, a ênfase do juiz sobre algumas delas pode ser diferente. Mais do que uma perfeita congruência, deve-se buscar uma aproximação factível entre o que foi pedido e o que foi decidido, levando-se em consideração as provas produzidas sobre os fatos alegados pelas partes (*factual issues*), a fim de que a participação das mesmas na decisão proferida não perca o seu significado.[184]

Segundo o autor, uma boa alternativa para enfrentar essa questão seria pedir às partes uma explicitação de seus argumentos, quando não estiverem claros os contornos do objeto da demanda, e a oralidade é sempre positiva, desde que o juiz tenha estudado o processo e se prepare para o momento no qual se dá a definição da pretensão das partes (*crucial issue*). Mas, obviamente, isso não resolve todos os problemas. O papel do advogado também é de salutar importância, demonstrando a exata pretensão de seu cliente na definição do objeto da controvérsia.[185]

A regra da correlação/adstrição da sentença ao pedido justifica-se em função das garantias constitucionais do contraditório e da ampla defesa, que, uma vez resguardadas, podem admitir ponderações a esta regra, na ausência de prejuízos às partes. O objetivo é evitar que as partes sejam

---

[182] Vide REsp 149762/MG.

[183] Considerando que a regra da correlação da sentença ao pedido está em crise, e deve ser desconsiderada quando for observado o contraditório, para a proteção do direito substancial, uma vez que o processo não é uma livre competição individual entre as partes, vide Quijano (1996, p. 462).

[184] FULLER (1978/1979, p. 388).

[185] FULLER (1978/1979, p. 389-390).

surpreendidas com a alusão a fundamentos fáticos ou pretensões não submetidas ao prévio debate. Assim, acredita-se que os limites objetivos da demanda possam ser ampliados, sob a iniciativa das partes e gerenciamento do juiz, uma vez concedida à parte contrária oportunidade suficiente para se manifestar e produzir provas a respeito de eventual acréscimo, e o momento e *locus* ideal para que isso ocorra é a audiência de saneamento, tal como será demonstrado no item 2.1.3.

Portanto, à luz do princípio da instrumentalidade de formas, a transgressão da regra de correlação deve ser considerada como nulidade sanável se, observado o princípio do contraditório, nenhum prejuízo concreto for detectado, restando preservado o escopo almejado por referida regra processual.[186]

As provas produzidas no curso do processo também podem ampliar os limites objetivos da demanda, para que o juiz considere fatos não expressamente alegados, mas definitivamente provados nos autos e submetidos ao contraditório. O antigo Código Estadual da Bahia, em dispositivo legal que reconhecia a relevância das provas na formação do convencimento do juiz, tratou do julgamento do objeto da demanda de forma não restritiva. O seu art. 306 estabelecia que "o juiz julgará, dentro dos limites traçados pelo objecto da demanda, de accordo com a sua convicção, formada pelo exame criterioso das provas do processo e do conjuncto de todos os actos praticados, apreciando ainda os factos e as circumstancias que não hajam sido allegados pelas partes, mas constantes dos autos".[187]

Ressalte-se que a regra da correlação da sentença ao pedido apresenta exceções previstas pelo próprio legislador processual. É o que se dá, por exemplo, em relação à imposição de multa diária ao réu, e outras medidas necessárias à efetivação da tutela específica, independentemente de pedido (CPC/2015, art. 536, § 1º); na determinação de providências que assegurem o resultado prático equivalente (CPC/2015, art. 497, *caput*); na condenação em verbas sucumbenciais, em juros legais e correção monetária, que não precisam constar expressamente do pedido (pedidos implícitos previstos no art. 322, § 1º do CPC/2015); na consideração de fatos novos e direitos supervenientes (CPC/2015, arts. 342, I); em relação à fungibilidade entre as ações possessórias e tipos de tutelas de urgência (CPC/2015, arts. 305,

---

[186] BEDAQUE (2002, p. 34-37).
[187] BRASIL (1916, p. 573).

p. único, e 554, que permitem seja concedida uma das medidas, no lugar de outra), na tutela condenatória *ex officio,* sobre pensão alimentícia, admitida em ação com pedido meramente declaratório de reconhecimento de paternidade (Lei n. 8.560/1992, art. 7º), entre outros casos previstos em lei.

Barbosa Moreira, por sua vez, considera que o direito não exercitado, ainda que indisponível, não deve ser contemplado na sentença, ressaltando a importância de as garantias do contraditório e da ampla defesa propiciarem ao réu um mínimo de previsibilidade, para que ele saiba, desde quando convocado a juízo, quais são as suas chances, avaliando desde logo a pior coisa que lhe poderia acontecer na hipótese de derrota (limite máximo do prejuízo). Nesse sentido, sustenta que o juiz deve ter a virtude de silenciar sobre aquilo que não lhe compete dizer naquele momento (virtude de autocontenção), devendo julgar todo o pedido e só o pedido, e não dizer absolutamente nada sobre o que não esteja contido nesse círculo.[188]

No que tange aos interesses e direitos coletivos, todavia, acredito que a regra da correlação da sentença ao pedido deva ser aplicada de forma diferenciada, diante do bem jurídico coletivo e do interesse social que estão subjacentes ao pedido, não se subsumindo à interpretação estrita que obste a sua efetiva e adequada proteção.

Nesse sentido, concorda Mancuso que não se pode aplicar rigidamente referida regra, como uma resposta parametrizada pelos lindes do pedido, em prejuízo da justa e efetiva composição do conflito metaindividual, mesmo porque os autores ideológicos não sustentam pretensões jurídicas próprias, mas atuam como paladinos de interesses de largo espectro social. Esta regra vem sendo objeto de uma releitura, sob o influxo da proposta de uma jurisdição integral, que possibilite o aproveitamento máximo do processo instaurado, resolvendo tanto a lide – estabilizada ao final da fase postulatória – como também eventuais focos diferentes do conflito, que venham ampliar o objeto do processo, seja pela intervenção de terceiros, seja em virtude de possíveis acordos judiciais (CPC/2015, art. 515, II).[189]

A semelhante conclusão chegam Renato Franco de Almeida e Aline Coelho, ao buscarem um novo contorno valorativo ao princípio da demanda, que redunda em concepções antes não cogitadas em termos de direito ali-

---

[188] BARBOSA MOREIRA (1996, p. 208-211).
[189] MANCUSO (2006, p. 213-214, 422).

cerçado na ideologia liberal. Consideram que, em se tratando de demandas *coletivas lato sensu* (relativas a interesses difusos, coletivos e individuais homogêneos), o juiz não poderá ficar limitado a partes do conflito, notadamente àquelas trazidas a juízo, sendo necessário um redimensionamento dos limites impostos às atividades de conhecimento judicial em virtude da natureza do direito material subjacente, não mais disponível, nas ações de massa. Assim, a importância social do objeto litigioso trazido a juízo deverá suplantar o poder das partes de discutir apenas o que lhes interessa, podendo o juiz prolatar decisão cujo alcance fique além do controvertido pelas partes, pois a *res in iudicium deducta* extrapola os limites de propriedade dos contendores, espraiando-se por toda a sociedade e impondo o privilégio ao interesse social em detrimento dos interesses egoísticos dos sujeitos da relação jurídica processual.[190]

A pesquisa empírica tratada no Capítulo 3 tem por objetivo averiguar se a jurisprudência do Superior Tribunal de Justiça está sensível a uma aplicação diferenciada da regra da correlação da sentença ao pedido em face da natureza do conflito.

2.1.2. Regime procedimental rigidamente preclusivo

O Código de Processo Civil de 1973, embora represente uma evolução em termos de aprimoramento técnico no trato dos institutos processuais, surgiu em conjuntura sistemática semelhante à do código anterior (CPC/1939),[191] o que favoreceu o predomínio da tutela dos direitos individuais, de caráter privatístico e patrimonial, e do formalismo processual, sob a influência do liberalismo econômico então vigente. A mesma lógica se aplica ao CPC/2015, ainda que, como pode ser observado nos primeiros artigos da nova legislação, tenha existido um esforço do legislador para reforçar princípios e garantias processuais relacionados à tutela efetiva.[192]

Neste capítulo será analisada a influência que as regras da preclusão e da eventualidade exercem como vetores formais na definição dos limites do objeto litigioso do processo, ou seja, na configuração do conflito

---

[190] ALMEIDA e COELHO (2004, p. 118, 130-131).

[191] DINAMARCO (2005a, p. 297-299).

[192] "De acordo com Paulo Eduardo Alves da Silva, diferentemente dos códigos anteriores, o novo Código de Processo Civil opta por sistematizar, logo de início, e de forma concentrada, os princípios considerados fundantes do modelo de justiça e de processo civil brasileiro, embora haja outros princípios de direito processual por todo o texto da lei" (SILVA, 2015, p. 295-323).

de interesses tal como submetido à demanda processual, bem como sua influência na audiência de saneamento.[193]

Há uma íntima correspondência entre a regra da preclusão e o formalismo,[194] pois a adoção mais ou menos rígida da preclusão conduz a maior ou menor elasticidade procedimental, a maior ou menor liberdade das partes, influenciando também a atividade do órgão judicial na condução e desenvolvimento do processo.[195]

Enquanto o ônus de demandar e afirmar são atribuídos ao autor, que toma a iniciativa de instaurar o processo, apresentando sua pretensão insatisfeita ao órgão jurisdicional e afirmando a ocorrência de fatos que, segundo as normas de direito substancial, conduzem ao resultado jurídico permitido (definição dos elementos objetivos da demanda – pedido e causa de pedir), o réu tem o ônus de defender-se, a partir desses elementos apresentados pelo autor (ônus de afirmação negativa ou afirmação de fatos novos), sob pena de revelia, e deve observar a regra da eventualidade, que consiste no ônus de apresentar, na resposta, toda a matéria relevante para a defesa, processual e de mérito, sob pena de preclusão.[196]

Observe-se, ainda, que o ônus de afirmação do autor não se confunde com a disponibilidade exercida por ele no recorte do conflito para sua veiculação judicial, momento prévio em que algumas escolhas são feitas antes da propositura da demanda (triagens referidas no item 1.1), e decorrentes da disponibilidade do conflito. Ao delimitar os elementos objetivos da demanda, os ônus de afirmar e demandar precisam ser observados adequadamente pelo autor, sob pena de indeferimento da petição inicial por inépcia, conforme previsto no art. 330, I, § 1º, do Código de Processo Civil.

A preclusão incide em todas as fases do procedimento, diferentemente da regra da eventualidade, que tem sua abrangência limitada à fase postulatória, estendendo-se até à estabilização da demanda.[197]

O fenômeno da preclusão, estudado e sistematizado por Giuseppe Chiovenda,[198] assume função muito relevante no processo civil, sendo classificado a partir dos aspectos temporal, lógico e consumativo. Impõe

---

[193] GABBAY e LUCON (2006, p. 13-22).
[194] Sobre a evolução histórica do formalismo processual e seus reflexos no sistema processual brasileiro, vide Oliveira (2003, passim) e Lopes (2001, p. 424-429).
[195] OLIVEIRA (2003, p. 170).
[196] DINAMARCO (2005c, p. 251-257).
[197] TEIXEIRA (2005, p. 45-46).
[198] CHIOVENDA (2000, p. 183-193).

DINÂMICA PROCEDIMENTAL EM QUE SE INSERE O CONFLITO

a irreversibilidade e a autorresponsabilidade no processo, e consiste na impossibilidade de praticar atos processuais fora do momento e da forma adequados, contrariamente à lógica, ou quando já tenham sido praticados outros atos, válida ou invalidamente.[199]

A preclusão, dessa forma, garante ordem, coerência e direcionamento aos atos processuais, impedindo avanços e recuos que tumultuem a sequência das fases procedimentais. É o impulso que movimenta o encadeamento dos atos processuais e assegura celeridade na resolução dos conflitos. Incide tanto em relação às faculdades e ônus processuais das partes como em relação às questões decididas pelo juiz (CPC/2015, art. 505), sendo conhecida, neste último caso, como preclusão *pro iudicato*.[200]

Quanto à regra da eventualidade, buscando não enveredar nem para uma definição restritiva (que considere referida regra aplicável apenas ao réu, tendo em vista a interpretação literal do art. 336 do CPC/2015) nem para uma definição ampliativa (que além de entender que a eventualidade é aplicável ao autor e ao réu considere que a mesma implica no ônus de apresentar, de forma concentrada, os meios de prova pertinentes), Guilherme Freire de Barros Teixeira conceitua a eventualidade como "o princípio que impõe ao autor a alegação, na petição inicial, dos fatos essenciais, dos fundamentos jurídicos e dos pedidos deles decorrentes, sob pena de não mais poder deduzi-los ou formulá-los posteriormente, e, ao réu, a apresentação concentrada e simultânea de todas as alegações e exceções em sua resposta, ainda que de natureza diversa ou incompatíveis entre si, para a eventualidade de não ser acolhido algum dos argumentos utilizados, sob pena de preclusão".[201]

Algumas válvulas de escape ao formalismo procedimental estão previstas na própria legislação processual, como o princípio da instrumentalidade das formas (CPC/2015, arts. 188 e 277),[202] a atuação *ex officio* do juiz na apreciação das provas (livre convencimento – CPC/2015, art. 371), a possibilidade de as partes inovarem no objeto da ação em caso de fatos novos e direitos supervenientes (CPC/2015, arts. 342 e 435), o reconhe-

---

[199] Barbosa (1994, p. 52).

[200] Theodoro Junior (2001, p. 13; 19-21). Analisando as repercussões da preclusão *pro iudicato* no Brasil, ver Neves (2004, passim).

[201] Teixeira (2005, p. 50).

[202] Dispositivos que constituem um sobre direito processual, com aplicabilidade aos atos processuais em geral (Bedaque, 2006b, p. 60-61).

cimento em qualquer tempo e grau de jurisdição de matérias de ordem pública (que podem ser consideradas inclusive de ofício pelo juiz) e a possibilidade de o juiz interpretar e atribuir aos fatos qualificação jurídica diversa da alegada pelas partes (adágio *iura novit curia*).[203] Em todos esses casos, para evitar surpresa a qualquer das partes, é preciso submeter previamente as matérias *sub judice* ao contraditório.

O que ora se propõe não é um abandono da preclusão, das regras e princípios em exame, mesmo porque a importância da forma é inquestionável no combate a arbitrariedades, além de relevante para evitar desordem, morosidade, insegurança e ineficiência procedimentais, inclusive sob o ponto de vista gerencial.[204] Tanto a preclusão quanto o princípio da eventualidade, que depende da primeira para se desenvolver, são relevantes na organização, celeridade,[205] segurança e previsibilidade da tutela

---

[203] À parte, cabe a iniciativa quanto à matéria de fato, e, ao magistrado, a definição do direito aplicável (*da mihi factum, dabo tibi ius*). Ocorre que tanto os fatos como os fundamentos jurídicos devem ser afirmados, mas apenas os primeiros demandam prova. Pode haver a modificação da definição/qualificação jurídica alegada pela parte demandante, desde que tal alteração não modifique os limites fáticos e as consequências pretendidas originariamente, e demonstradas no pedido (irrelevância na citação dos dispositivos legais aplicáveis – fundamentação jurídica não se confunde com fundamentação legal).

Assim, o adágio *iura novit curia* determina que o enquadramento normativo realizado pelo magistrado não se restringe às regras jurídicas formalmente invocadas pelas partes, embora nesse caso também deva preferencialmente ser observada a garantia do contraditório, para que as partes não sejam surpreendidas com consequência prática diversa daquela esperada, em conformidade com as normas aduzidas expressamente na fase postulatória. O exemplo clássico apresentado pela doutrina é aquele em que o autor ajuíza demanda indenizatória por responsabilidade contratual, e o juiz entende que é caso de responsabilidade extracontratual. Sobre outros pontos relevantes da dicção *iura novit curia*, vide Baur (1976, p. 169-177).

[204] Nesse sentido, Cappelletti e Garth advertem quanto ao risco de que procedimentos modernos e eficientes deixem de lado algumas garantias fundamentais do processo civil, pois, por mais importante que seja a inovação, não podemos esquecer o fato de que, apesar de tudo, procedimentos altamente técnicos foram moldados após muitos séculos de esforços para prevenir arbitrariedades e injustiças. Ocorre que esse belo sistema é frequentemente um luxo, que tende a proporcionar alta qualidade de justiça apenas quando, por uma ou outra razão, as partes podem ultrapassar as barreiras substanciais que ele ergue à maior parte das pessoas e a muitos tipos de causa, barreiras essas que precisam ser enfrentadas, sem esquecer, no entanto, do perigo que procedimentos rápidos e de pessoal com menor remuneração podem resultar em um produto barato e de má qualidade (CAPPELLETTI, 1988, p. 163-165).

[205] A emenda constitucional 45/2004 instituiu a celeridade como garantia fundamental (art. 5º, LXXVIII) – "a todos, no âmbito judicial e administrativo, são assegurados a razoável duração do processo e os meios que garantam a celeridade de sua tramitação".

jurisdicional, evitando idas e vindas que tumultuem a sequência das fases procedimentais, mas é preciso que não sejam rigidamente considerados, nem funcionem como verdadeiras armadilhas aos litigantes, para que haja uma real adaptação da forma ao caso concreto, com a racionalização dos instrumentos utilizados em prol da tutela jurisdicional efetiva.

A técnica processual institui procedimentos diferenciados, mais ou menos formais, de acordo com os grupos de lides e a natureza dos conflitos a que se dirige.[206]

O princípio do devido processo legal, cujo aspecto essencial é o de assegurar o contraditório e a ampla defesa, constitui a expressão constitucional do formalismo processual, sendo o informalismo excessivo (em que as partes perigam soçobrar ao arbítrio e poder do Estado) e o excesso de formalismo (em que o direito material e a justiça correm o risco de periclitar por razões de forma) os dois extremos que estabelecem os limites e graus indesejados da forma.[207]

No Processo Civil Austríaco, cuja codificação se erigiu na época do Império Austro-Húngaro, destacou-se a posição doutrinária assumida por Franz Klein, que influenciou outros ordenamentos processuais ao defender a racionalidade e a informalidade na interpretação do procedimento processual austríaco, o qual expressamente admitia a possibilidade mudança do pedido depois da citação, independentemente do consentimento do demandado, atribuindo-se ao juiz a valoração discricionária de sua admissibilidade com amparo em considerações de economia processual.[208]

A preocupação de Klein era criar um processo civil no qual a parte menos hábil, menos culta e com menor condição financeira para pagar um

---

[206] Nesse sentido, Ada Pellegrini ressalta que o processo do trabalho veio romper com os esquemas tradicionais do processo civil, rigorosamente dispositivo, abrindo caminho para a socialização do processo, por força da atribuição de poderes de direção e controle mais amplos ao juiz, da adoção de uma concreta igualdade das partes (desde o acesso à justiça até a paridade de armas dos litigantes, implementada pelo juiz) e do esforço em busca da conciliação, em um exemplo marcante de transformação do processo rumo a um grau mais elevado de deformalização, democratização e publicização. Os esquemas procedimentais tradicionais, voltados a interesses individuais, também se revelam inadequados para a solução dos conflitos emergentes em uma sociedade de massa (interesses metaindividuais) e dos interesses economicamente menores, mas que se multiplicam em uma estrutura de intensa interação social (as denominadas pequenas causas) (GRINOVER, 1987, p. 62-64, 78).

[207] OLIVEIRA (2005, p. 86).

[208] OLIVEIRA (2005, p. 51).

PEDIDO E CAUSA DE PEDIR

defensor eficiente, viesse a se encontrar em igualdade material e não apenas formal em relação ao seu adversário. Daí o fortalecimento dos poderes do órgão judicial, a ponto de lhe impor não apenas a faculdade, mas o dever de advertir os litigantes das irregularidades e incompletudes de seus pedidos e alegações, no exercício de uma verdadeira função supletiva e auxiliar, ultrapassando a posição de mero fiscalizador das regras do jogo para alcançar *status* de ativo participante. Resguardava-se, assim, o exercício da cidadania dentro do processo, por meio da colaboração das partes com o juiz, na investigação da verdade e da justiça, tendo a audiência preliminar um espaço muito importante.[209]

Esse modelo procedimental, utilizado pela 20ª Seção do Tribunal de Stuttgart, ficou conhecido como *Stuttgarter Modell*, e foi introduzido no Processo Civil Alemão.[210]

Não se nega que, em determinado momento, é imprescindível que a demanda seja estabilizada, para que o juiz e as partes tenham precisa noção do objeto em relação ao qual irão incidir as provas e a decisão,[211] mas é preciso que essa fase preparatória da causa não seja limitada e restrita às

---

[209] OLIVEIRA (2005, p. 137,140-141).

[210] Cf. alguns dispositivos da legislação processual alemã (§ 263, § 264, § 282 do ZPO), em sua redação atual, que determinam os limites objetivos da demanda e a possibilidade de sua modificação. *§ 263 [modificación de la demanda]* – Después del inicio de la litispendencia, es admisibile una modificación de la demanda si el demandado lo aprueba o el tribunal lo considera pertinente. *§ 264 [no modificación de la demanda]* – No se considera modificación de la demanda el hecho de que, sin modificación de la causa de la demanda: 1. se completen o rectifiquem las alegaciones de hecho o de derecho; 2. se amplie el limite la petición de la demanda respecto de la reclamación principal o en relación con las reclamaciones accesorias; 3. en lugar del objeto requerido al principio, debido a un cambio surgido con posteridad, se requiera otro distinto o el interés. *§ 282 [oportunidad de las exposiciones]* – *I*. Las partes deben presentar sus medios de ataque y defensa, especialmente alegaciones, impugnaciones, oposiciones, excepciones, medios probatorios e impugnaciones de prueba, tan oportunamente como conviene, según el estado del proceso, a una instrucción procesal esmerada y pensada para el impulso del proceso; *II*. Peticiones y medios de ataque y defensa, para los que el contrario previsiblemente no puede presentar declaración sin información anterior, se comunicarán antes de la vista oral por medio de escrito preparatorio con el tiempo suficiente para que el contrario aún pueda recoger las informaciones necesarias. *III*. El demandado deberá exponer las protestas que afectan a la admisibilidad de la demanda de forma simultánea y antes de su oposición a la demanda. Si antes de la vista oral se le ha señalado un plazo para la contestación de la demanda, deberá hacer valer las protestas ya la dentro del plazo (ENCINAS e MÍGUEZ, 2001, p. 79, 83-84).

[211] PINTO JUNIOR (2002, p. 52).

alegações suscitadas de forma concentrada na petição inicial e na contestação, havendo um mínimo de diálogo entre as partes (em consonância com os princípios da oralidade e imediação do juiz), para que o objeto do processo seja definido. Assim, é importante buscar um ponto de equilíbrio entre a liberdade das partes[212] e os poderes do juiz, entre a rigidez e a flexibilidade, permitindo-se válvulas de escape para as retificações e complementações que forem necessárias à definição do *thema probandum* e *thema decidendum*, desde que não tumultuem o andamento e o desenvolvimento procedimentais.

Humberto Theodoro Junior[213] deixa bem clara a distinção entre a reiteração do ato consumado (o que é vedado pela preclusão consumativa) e a simples correção dos vícios desse mesmo ato, havendo deficiências em sua forma ou conteúdo. A preclusão impede apenas a repetição da prática do mesmo ato, mas não a retificação de erros e o suprimento de falhas, o que é previsto na legislação processual diante da emenda da petição inicial, no processo de conhecimento e de execução (CPC/2015, arts. 321 e 801), e do suprimento das nulidades sanáveis (CPC/2015, art. 351), aplicando-se o princípio da instrumentalidade de formas (CPC/2015, arts. 188 e 277), que determina que não há nulidade sem prejuízo (*pas de nullité san grief*).

O princípio da conservação dos atos indica a conveniência de se preservar a sua existência, validade e eficácia, procurando salvar o que for possível, no caso de vícios processuais que conduziriam a um resultado estéril, desde que alcançada a finalidade primordial do ato processual, ainda que por meio de medidas sanatórias.[214] Embora a tipicidade seja da essência do ato processual, a ordem jurídica valida o comportamento atípico, tendo em vista a sua adequada instrumentalidade prática para lograr o fim perseguido, sendo tal entendimento fruto de uma elaboração doutrinária que desloca a reflexão do jurista do plano lógico-formal para o existencial, libertando o Direito de seu pseudopurismo para fazê-lo uma técnica de construção de convivência humana comprometida com a justiça.[215]

---

[212] As partes precisam expor de forma clara e precisa as suas alegações, para que cada um dos litigantes conheça previamente os argumentos do adversário, evitando ocultações, surpresas e retrocessos no procedimento.

[213] THEODORO JUNIOR (2001, p. 16).

[214] KOMATSU (1991, p. 252).

[215] PASSOS (1989, p. 8, 12, 18). Ainda sobre a Teoria das Nulidades, vide Grinover, Fernandes e Gomes Filho (2001, p. 19-26) e Azevedo (2002, p. 23-71).

PEDIDO E CAUSA DE PEDIR

Analisando os riscos de uma rigidez procedimental excessiva,[216] Guilherme Teixeira propõe a releitura da regra da eventualidade, por meio do princípio do contraditório, para a delimitação do objeto da demanda e garantia do mínimo de previsibilidade, submetendo as questões processuais a debates, com oportunidade para a produção de provas, em um processo menos formalista no qual a participação ativa do juiz é essencial. A mitigação do rigor da regra de eventualidade perpassa pelo melhor aproveitamento da audiência preliminar, a fim de que as partes dialoguem entre si e perante o juiz para delimitar os termos da controvérsia, de forma semelhante ao que ocorre na *trattazione della causa* do direito processual italiano, esclarecendo os fatos alegados, indicando as questões conhecíveis de ofício, modificando (o que não significa substituir completamente) e complementando os pedidos, as exceções e conclusões, tudo em prol da precisão do objeto da demanda e da otimização da prestação jurisdicional.[217]

O princípio do contraditório, a que se submetem as partes e o juiz, deve permitir a construção dialogal do objeto do processo, sendo considerado uma baliza minimizadora dos efeitos distorcivos da aplicação rígida dos princípios da preclusão, disposição e eventualidade, no que tange à definição do *thema probandum* e *thema decidendum*. E o *locus* ideal para que isso ocorra, conforme exposto, é a audiência preliminar, na qual as atividades saneadora e gerencial do juiz sobressaem, havendo oralidade e imediatidade no contato do magistrado com as partes, tal como é preconizado em algumas legislações estrangeiras que aproveitam mais as potencialidades dessa audiência.

No Brasil, essas finalidades não são cumpridas a contento na audiência de saneamento prevista no art. 357, § 3º, do CPC/2015, que poderá nem mesmo ocorrer se o juiz entender que a causa não apresenta complexidade em matéria de fato ou de direito, sem promover maiores debates entre elas para a fixação do objeto litigioso.

---

[216] Sobre os riscos de uma formulação rigorosa do princípio da eventualidade, elenca o autor: a) a possibilidade de as partes "incharem" o objeto litigioso com argumentos e fundamentos desnecessários, para não correrem o risco de verem suas alegações preclusas (falsa representação da realidade jurídica extraprocessual); b) a possibilidade de serem excluídos pedidos e exceções, sem culpa dos litigantes, por não estar a situação fática claramente delimitada logo no início da demanda, antes da fase probatória; c) o risco de ocorrer a resolução apenas parcial do conflito de interesses existente entre as partes, deixando aberta a porta para novas demandas (TEIXEIRA, 2005, p. 54-55, 293-294).

[217] TEIXEIRA (2005, p. 298-299, 317-322).

O Anteprojeto do Código Brasileiro de Processos Coletivos, que não prevê um momento determinado para a estabilização da demanda, permite, a requerimento da parte interessada, e até a prolação da sentença, a alteração do pedido ou da causa de pedir (interpretados extensivamente pelo juiz), desde que seja realizada de boa-fé, não represente prejuízo injustificado para a parte contrária e o contraditório seja preservado, mediante possibilidade de nova manifestação de quem figure no polo passivo da demanda, no prazo de 10 (dez) dias, inclusive para a produção de prova complementar.

No processo coletivo, muitas vezes maiores esclarecimentos no tocante ao objeto do processo são necessários após a fase instrutória, que pode revelar um novo dano que, por exemplo, extrapole os limites fáticos da demanda originariamente apresentada. O mesmo Anteprojeto estabelece que o juiz, conduzindo gerencialmente a fase instrutória, à luz do contraditório, e diante de modificação de fato ou de direito relevante para o julgamento da causa, poderia rever, em decisão motivada, a distribuição do ônus da prova,[218] concedendo à parte a quem for atribuída a incumbência prazo razoável para sua produção, ouvida a parte contrária (art. 11, § 3º, do Anteprojeto).

Percebe-se uma racionalidade diferenciada na definição do *thema probandum* e *decidendum*, pela cooperação entre as partes e o juiz, diante da flexibilidade estipulada por moldura procedimental menos rígida. Embora não se conheçam os efeitos práticos dessas mudanças, pois são simples propostas de alteração legislativa sujeitas ainda ao teste da práxis jurídica, pode-se afirmar que a relação dialogal entre as partes tende a ser valorizada (natureza dialética do procedimento na delimitação do objeto do processo) na formação do convencimento do juiz, menos aprisionado às amarras formais.

---

[218] Quanto à inversão *ope iudicis* do ônus da prova, em demandas de direito do consumidor (CDC, art. 6º, VIII), há controvérsias sobre o momento de sua realização, se no saneador ou no julgamento final da demanda. Kazuo Watanabe considera que a inversão do ônus da prova constitui regra de julgamento, e orienta o juiz quando há um *non liquet* em matéria de fato, o que poderá ser constatado apenas após a instrução do feito, sob pena de prejulgamento da causa. Sobre os posicionamentos doutrinários e jurisprudenciais divergentes acerca da matéria, vide Grinover e Watanabe (2004, p. 796-797).

2.1.3. Definição do *thema decidendum*: momento, forma e *locus* ideal para a sua construção dialogal pelas partes, à luz do contraditório e da atividade gerencial do juiz

Considerar-se-ão, neste capítulo, as potencialidades da audiência de saneamento e organização do processo para, além de propiciar o saneamento dentro do escopo previsto no art. 357 do CPC/2015, ser o *locus* adequado para a definição dialogal do *thema decidendum*, com a fixação dos pontos controvertidos, à luz do contraditório estabelecido entre as partes e da atividade gerencial do juiz.

Sem desconsiderar os entraves decorrentes do regime procedimental rigidamente preclusivo vigente, será relatada um pouco da experiência estrangeira sobre essa matéria, em especial a partir dos sistemas processuais italiano e português,[219] e também consideradas as características da audiência de saneamento prevista no CPC/2015.

A) *Audiência de saneamento nos sistemas processuais italiano e português*

Recentes reformas legislativas deram nova configuração à audiência de saneamento nos sistemas processuais da Itália e de Portugal.

O *Codici di Procedura Civile* italiano, que entrou em vigor em 1942,[220] introduziu um rígido sistema de preclusões, que, todavia, durou pouco tempo, pois a Lei n. 581, de 1950, amenizou bastante esse sistema no processo de conhecimento, permitindo aos litigantes a modificação dos limites objetivos da demanda fixados na inicial e na contestação, sem observância do princípio da eventualidade.[221]

As consequências negativas dessa flexibilidade procedimental excessiva logo se fizeram presentes, e, posteriormente, visando contornar a morosidade processual decorrente desse sistema processual, reformas legislativas (Lei n. 353, de 26.11.1990, Lei n. 534, de 20.12.1995, Lei n. 263, de

---

[219] Uma das bases do Código de Processo Civil tipo para a América Latina está também na consagração de uma audiência preliminar na qual, além de se tentar a conciliação e promover o saneamento do processo, são precisados os fatos controvertidos, ou seja, o *thema decidendum* que será objeto de prova. Sobre esta delimitação do objeto litigioso, vide Sosa (1996, p. 334).

[220] Substituindo o antigo Código de 1865. Sobre as reformas legislativas na Itália, à luz das origens históricas dos sistemas processuais europeu-continental (*civil law*) e anglo-saxão (*common law*), vide Cappelletti (2005, p. 409-442).

[221] Vide, sobre a influência das reformas processuais italianas na adoção da teoria da substanciação e individualização, em face dos elementos objetivos da demanda, Tucci (2001, p. 114-117).

28.12.2005, Decreto-lei n. 35/2005) retomaram a aplicação do princípio da eventualidade, com a adoção de fases preclusivas claras em torno da primeira audiência, na busca de um ponto de equilíbrio que permitisse a racionalização e a aceleração do procedimento, com o objetivo de balancear a liberdade das partes e o gerenciamento do processo pelo magistrado.

No ano de 2009, vale mencionar, houve ainda outra reforma legislativa significativa no sistema processual italiano, por meio da Lei n. 69, de 18.06.2009, que trouxe mudanças no procedimento voltadas à simplificação e à celeridade do procedimento ao tratar sobre mediação civil, aplicação de sanções processuais à parte que, com seu comportamento, gera atrasos no trâmite processual, entre outros temas.[222]

Embora tanto o autor quanto o réu tenham o ônus de apresentar suas alegações na petição inicial e contestação (*citazione e comparsa di risposta*), definindo o objeto do processo, bem como as provas a serem utilizadas, eles podem modificar e complementar o *thema decidendum*, durante a elástica e oral fase preparatória, em audiência perante o juiz instrutor, denominada *trattazione della causa*.[223]

---

[222] O CPC italiano pode ser acessado em https://www.normattiva.it/uri-res/ N2Ls?urn:nir:stato:regio.decreto:1940-10-28;1443. Acesso em: 28 fev. 2020.

[223] *Art. 183 (Prima comparizione delle parti e trattazione della causa)* – artigo modificado pelo Decreto-lei n. 35/2005, pela Lei n. 263/2005, cuja redação entrou em vigor em 01.03.2006, e pela Lei n. 183, de 12.11.2011.

All'udienza fissata per la prima comparizione delle parti e la trattazione il giudice istruttore verifica d'ufficio la regolarità del contraddittorio e, quando occorre, pronuncia i provvedimenti previsti dall'articolo 102, secondo comma, dall'articolo 164, secondo, terzo e quinto comma, dall'articolo 167, secondo e terzo comma, dall'articolo 182 e dall'articolo 291, primo comma.

Quando pronunzia i provvedimenti di cui al primo comma, il giudice fissa una nuova udienza di trattazione.

Il giudice istruttore fissa altresì una nuova udienza se deve procedersi a norma dell'articolo 185.

Nell'udienza di trattazione ovvero in quella eventualmente fissata ai sensi del terzo comma, il giudice richiede alle parti, sulla base dei fatti allegati, i chiarimenti necessari e indica le questioni rilevabili d'ufficio delle quali ritiene opportuna la trattazione.

Nella stessa udienza l'attore può proporre le domande e le eccezioni che sono conseguenza della domanda riconvenzionale o delle eccezioni proposte dal convenuto. Può altresì chiedere di essere autorizzato a chiamare un terzo ai sensi degli articoli 106 e 269, terzo comma, se l'esigenza è sorta dalle difese del convenuto. Le parti possono precisare e modificare le domande, le eccezioni e le conclusioni già formulate.

Se richiesto, il giudice concede alle parti i seguenti termini perentori:

1) un termine di ulteriori trenta giorni per il deposito di memorie limitate alle sole precisazioni o modificazioni delle domande, delle eccezioni e delle conclusioni già proposte;

PEDIDO E CAUSA DE PEDIR

Nessa audiência, o juiz pode requerer às partes, a partir da base fática alegada na demanda, esclarecimentos que se façam necessários, podendo as partes precisar e modificar a demanda, exceções e conclusões já formuladas. Para tanto, o juiz deferirá prazo peremptório não superior a 30 dias para que qualquer das partes apresente memorial contendo esclarecimentos ou mesmo a delimitação do objeto litigioso, que será submetido à manifestação da parte adversa, à luz do princípio do contraditório, com possível indicação de provas para embasar as novas alegações, a serem analisadas em *udienza di assunzione dei mezzi di prova* (art. 184).

Assim, desde que essa alteração não seja substancial a ponto de modificar e substituir completamente os elementos objetivos da demanda originários, incentiva-se o diálogo cooperativo entre as partes e o juiz para a definição do objeto da causa.

Ao analisar o art. 183 do CPC italiano, Ovídio Baptista diferencia a possibilidade de o autor *precisar* a demanda, tornando-a mais concreta e individualizada, com a clara caracterização da relação jurídica que a fundamenta e a compreensão da consequência jurídica desejada, da impossibilidade de *modificar* a demanda, transformando-a em outra:

> Enquanto precisamos nossa demanda, adicionando-lhe novos fatos, porventura não descritos na inicial, mas que, ainda assim, a não modifiquem para transformá-la em outra, nossa operação visa a revelar, tão somente, o que já estava implícito na inicial desde o começo, pois que a demanda permanece a mesma e, pois, as tais novas questões, ou novas exceções, ou as chamadas novas demandas que se dizem incluídas ou ajuntadas à demanda original,

2) *un termine di ulteriori trenta giorni per replicare alle domande ed eccezioni nuove, o modificate dall'altra parte, per proporre le eccezioni che sono conseguenza delle domande e delle eccezioni medesime e per l'indicazione dei mezzi di prova e produzioni documentali;*
3) *un termine di ulteriori venti giorni per le sole indicazioni di prova contraria.*
Salva l'applicazione dell'articolo 187, il giudice provvede sulle richieste istruttorie fissando l'udienza di cui all'articolo 184 per l'assunzione dei mezzi di prova ritenuti ammissibili e rilevanti. Se provvede mediante ordinanza emanata fuori udienza, questa deve essere pronunciata entro trenta giorni.
Nel caso in cui vengano disposti d'ufficio mezzi di prova con l'ordinanza di cui al settimo comma, ciascuna parte può dedurre, entro un termine perentorio assegnato dal giudice con la medesima ordinanza, i mezzi di prova che si rendono necessari in relazione ai primi nonché depositare memoria di replica nell'ulteriore termine perentorio parimenti assegnato dal giudice, che si riserva di provvedere ai sensi del settimo comma. Con l'ordinanza che ammette le prove il giudice può in ogni caso disporre, qualora lo ritenga utile, il libero interrogatorio delle parti; all'interrogatorio disposto dal giudice istruttore si applicano le disposizioni di cui al terzo comma.

DINÂMICA PROCEDIMENTAL EM QUE SE INSERE O CONFLITO

em verdade, são simplesmente explicitações de conteúdo imanente à causa, como diz Frederico Marques.[224]

Apenas após a fase de *trattazione della causa* é que há a fixação e estabilização da ação, ressalvando-se ainda a possibilidade de o juiz, durante a instrução, admitir que a parte retorne à fase preliminar para retomar e concluir ato que estaria precluso, desde que demonstre que a nulidade que gerou a omissão não lhe é culposamente imputável.[225]

Quanto ao processo civil português, a partir de 1º de janeiro de 1997 entrou em vigor nova versão do Código de Processo Civil, implementada pelos Decretos n. 329-A, de 12.12.1995, e n. 180, de 25.9.1996.[226] Essa versão, por sua vez, foi atualizada em 1º de setembro de 2013, implementada pela Lei n. 41/2013, de 26.06.2013.[227]

Não obstante os princípios do dispositivo e da correlação da sentença ao pedido estejam presentes neste Código, cabendo às partes alegar os fatos que integram a causa de pedir e aqueles em que se baseiam as exceções (art. 5º), e estando o juiz adstrito a essas alegações (art. 609, 1 c/c art. 615, 1, *e*), é possível ao mesmo considerar, de ofício, os fatos instrumentais que resultem da instrução e discussão da causa e os essenciais que sejam complemento ou concretização de outros fatos que as partes tenham oportunamente alegado, desde que a parte interessada manifeste vontade de

---

[224] Silva (1995, p. 151).

[225] *Art. 294 (Rimessione in termini)* Il contumace che si costituisce può chiedere al giudice istruttore di essere ammesso a compiere attività che gli sarebbero precluse, se dimostra che la nullità della citazione o della sua notificazione gli ha impedito di avere conoscenza del processo o che la costituzione è stata impedita da causa a lui non imputabile. Il giudice, se ritiene verosimili i fatti allegati, ammette, quando occorre, la prova dell'impedimento, e quindi provvede sulla rimessione in termini delle parti. I provvedimenti previsti nel comma precedente sono pronunciati con ordinanza. Le disposizioni dei commi precedenti si applicano anche se il contumace che si costituisce intende svolgere, senza il consenso delle altre parti, attività difensive che producono ritardo nella rimessione al collegio della causa che sia già matura per la decisione rispetto alle parti già costituite.

[226] Vide Souza (1997, p. 174-184), Teixeira (2005, p. 124-138) e Tucci (2002, p. 265-278). Posteriormente, outras leis e decretos-lei alteraram a redação do CPC português, como, por exemplo, o Decreto-lei n. 38/2003, o Decreto-lei n. 199/2003, o Decreto-lei n. 324/2003, o Decreto-lei n. 53/2004, a Lei n. 6/2006, a Lei n. 14/2006 e, finalmente, o Decreto-lei n. 76-A/2006.

[227] O CPC português pode ser acessado em https://dre.pt/web/guest/legislacao-consolidada/-/lc/34580575/view. Acesso em: 28 fev. 2020.

deles se aproveitar e à parte contrária tenha sido facultado o exercício do *contraditório*.

O art. 547 contempla o princípio da adequação formal, e revela em seu conteúdo a orientação procedimental flexível que segue a legislação portuguesa, ao determinar que "O juiz deve adotar a tramitação processual adequada às especificidades da causa e adaptar o conteúdo e a forma dos atos processuais ao fim que visam atingir, assegurando um processo equitativo".

Para que este princípio norteie uma rápida e eficaz resolução do conflito, revela-se importante a cooperação entre as partes e o juiz. Nesse sentido, pode o magistrado, em qualquer momento do processo, ouvir as partes, seus representantes ou mandatários judiciais, convidando-os a fornecer os esclarecimentos sobre a matéria de fato ou de direito que se afigurem pertinentes, e dando conhecimento à outra parte dos resultados da diligência (art. 7º, 2).

Ao atenuar a rigidez do sistema preclusivo vigente, esta legislação admite a alteração consensual do pedido e da causa de pedir, em qualquer tempo e grau de jurisdição, salvo se a alteração ou ampliação perturbar inconvenientemente a instrução, discussão e julgamento do pleito, o que estimula um diálogo constante das partes entre si e perante o órgão judicial, pois estas podem decidir consensualmente sobre a alteração dos elementos objetivos da demanda, tratando-se de direitos disponíveis (art. 264).[228] O formalismo excessivo na estabilização da demanda[229] cede espaço à efetividade e à dialética processual, incitando-se a relação dialogal e cooperativa entre as partes, em fase postulatória mais flexível, sob a fiscalização do magistrado, a fim de que os princípios e garantias processuais sejam observados tendo em vista a funcionalidade e os objetivos a que se destinam.

Quanto ao pedido, o CPC português permite que o autor reduza o pedido ou o amplie, até o encerramento da discussão em primeiro grau de jurisdição, se a ampliação consistir em desenvolvimento ou consequência do pedido primitivo. É admitida a modificação simultânea do pedido

---

[228] *"Art. 264* (Alteração do pedido e da causa de pedir por acordo) Havendo acordo das partes, o pedido e a causa de pedir podem ser alterados ou ampliados em qualquer altura, em 1ª ou 2ª instância, salvo se a alteração ou ampliação perturbar inconvenientemente a instrução, discussão e julgamento do pleito."

[229] A estabilização da demanda está prevista no art. 260 do CPC português.

DINÂMICA PROCEDIMENTAL EM QUE SE INSERE O CONFLITO

e da causa de pedir, desde que tal medida não implique convolação para relação jurídica diversa da controvertida.[230]

No processo ordinário, a gestão inicial do processo após a fase postulatória pode ter um despacho pré-saneador destinado a providenciar o aperfeiçoamento dos elementos objetivos da demanda.[231] Nesse sentido, o juiz "convida as partes ao suprimento das insuficiências ou imprecisões na exposição ou concretização da matéria de facto alegada, fixando prazo para a apresentação de articulado em que se complete ou corrija o inicialmente produzido", de forma que "factos objeto de esclarecimento, aditamento ou correção ficam sujeitos às regras gerais sobre contraditoriedade e prova" (CPC, art. 590, 4 e 5). Assim, "discute-se as posições das partes, com vista à delimitação dos termos do litígio, para suprir as insuficiências ou imprecisões na exposição da matéria de facto que ainda subsistam ou se tornem patentes na sequência do debate, e o juiz, após o debate, profere despacho destinado a identificar o objeto do litígio e a enunciar os temas da prova e decide as reclamações deduzidas pelas partes" (CPC, art. 591, 1, c, f, c/c art. 596, 1).

Segundo Antônio Geraldes, houve um nítido avanço trazido pela reforma processual portuguesa em comparação ao regime demasiadamente rígido que resultava do sistema anterior. Colocaram-se ambas as partes em um plano de igualdade de oportunidades que o regime anterior não assegurava, na medida em que a intervenção liminar do juiz apenas aproveitava ao autor, não dando ao réu a correspondente oportunidade de corrigir, ampliar ou esclarecer os fundamentos da defesa. Após a reforma, entretanto, quando se permite a correção de qualquer dos articulados, sem grandes inconvenientes para o andamento do processo, tal como já fora experimentado no processo laboral, potencializa-se um melhor julgamento da causa, devido ao fato de praticamente se esgotarem as possibilidades de as partes trazerem ao processo os fatos relacionados ao litígio e que permitam alcançar a almejada "justa composição".[232]

O princípio da preclusão entrou em crise ao se perceber que o processo civil deve permitir, tanto quanto possível, a aproximação da decisão judicial à realidade factual subjacente ao processo. Nesse sentido, a audiência prévia passa a constituir um ambiente favorável à circunscrição do objeto

---

[230] Nesse sentido, vide *Art. 265* (Alteração do pedido e da causa de pedir na falta de acordo).
[231] Vide Arts. 590 (Gestão Inicial do Processo) e 591 (Audiência prévia) do CPC.
[232] GERALDES (2006, v. I, p. 60-61).

da controvérsia aos fatos que realmente importam, acelerando a proposição dos meios de prova e abreviando o início da audiência final.[233]

Ainda nesse *ethos* de menos formalidades, o Decreto-lei n. 211, de 14.01.1991, previu a possibilidade de propositura de petição conjunta pelas partes quando, em processo civil, a ação não tenha por objeto direitos indisponíveis, podendo as partes (autor e réu) iniciar a instância com a apresentação de petição única, subscrita pelos respectivos mandatários judiciais, submetendo à apreciação judicial as respectivas pretensões e indicando desde já os fatos que admitem por acordo e os fatos controvertidos, além de requerer as provas e tomar posição sobre as questões de direito relevantes. O objeto litigioso, dessa forma, é apresentado pelas partes em conjunto, permitindo que se ultrapasse a fase dos articulados (postulatória) e do saneamento, para a instrução e julgamento direto da demanda, com relevante incremento da celeridade processual.

Indo ao encontro da tendência das legislações estrangeiras referidas, que conferem grande relevância à audiência de saneamento na fixação do objeto litigioso do processo,[234] o art. 331, § 3º, do CPC/1973, por meio da Lei n.10.444/2002, tornou facultativa a audiência preliminar, havendo dois critérios para a sua ocorrência: um objetivo (disponibilidade do direito) e outro subjetivo (avaliação das circunstâncias pelo juiz para aferir as chances de transação e conveniência da audiência preliminar).[235]

Dessa maneira, após a fase postulatória, findo o prazo para a resposta do réu, os autos eram conclusos ao juiz para a adoção das providências preliminares (oportunidade de réplica, especificação de provas) ou, não havendo necessidade delas, pode passar desde logo ao julgamento conforme o estado do processo (extinguindo o processo, resolvendo o mérito ou julgando antecipadamente a lide, nas hipóteses legais).

Se não ocorresse qualquer dessas hipóteses, e versasse a causa sobre direitos que admitiam transação, o juiz designava audiência preliminar, a realizar-se no prazo de 30 (trinta) dias, para a qual as partes eram intimadas a comparecer, podendo fazer-se representar por procurador ou preposto, com poderes para transigir. Se o direito em litígio não admitisse

---

[233] GERALDES (2006, v. I, p. 83, 90).

[234] Fazendo uma breve relação entre a audiência preliminar alemã e a austríaca, o instituto do *summons of directions* do Direito inglês, o *pre-trial* americano, o despacho saneador português e a audiência preliminar brasileira, vide Tucci (1996, p. 348-355).

[235] TUCCI (2002, p. 66).

transação, ou se as circunstâncias da causa evidenciassem ser improvável sua obtenção, o juiz poderia, desde logo, sanear o processo e ordenar a produção da prova, fixar os pontos controvertidos, decidir as questões processuais pendentes e determinar as provas a serem produzidas, designando audiência de instrução e julgamento, se necessário.[236]

No CPC/2015, por sua vez, a audiência de saneamento e organização do processo sofreu mais algumas mudanças, assumindo como mote principal o saneamento e deixando a possibilidade de conciliação entre as partes para a audiência prevista no início do procedimento perante conciliadores e mediadores (CPC, art. 334).

Conforme ressalta Dinamarco, no CPC/1973 "o legislador tratou a audiência preliminar como se fora mera audiência de conciliação, esquecendo-se o utilíssimo conteúdo dado a ela por ele próprio, na primeira das Reformas – conteúdo que envolve a fixação dos pontos de fato a provar, a determinação dos meios de prova a produzir e, sobretudo, o diálogo entre juiz e partes, com o envolvimento daquele na causa, em preparação do julgamento final a proferir. Venceram os que não compreenderam o significado da Reforma, incluindo-se entre eles alguns juízes que jamais se dispuseram a cumprir o disposto no novo art. 331 do CPC/1973".[237]

No CPC/2015, o escopo da audiência de saneamento foi ampliado no art. 357, pois, além de o juiz fixar os pontos controvertidos, decidir as questões processuais pendentes e determinar as provas a serem produzidas, designando, quando necessário, audiência de instrução e julgamento (o que já estava previsto pelo CPC/1973), ficou expresso no novo CPC que, no saneamento, o juiz deverá definir a distribuição do ônus da prova, observado o art. 373 do CPC, e delimitar as questões de direito relevantes para a decisão do mérito.

Além disso, previu o § 2º do art. 357 do CPC/2015 que as partes podem apresentar ao juiz, para homologação, delimitação consensual das questões de fato e de direito, a qual, se homologada, vincula as partes e o juiz.

---

[236] De acordo com a Súmula n. 424 do STF, transita em julgado o despacho saneador de que não houve recurso, excluídas as questões deixadas, explícita ou implicitamente, para a sentença. Entretanto, no acórdão do RE 104469 (*RTJ* 113/1377), da Primeira Turma, verifica-se que a Súmula n. 424 não é aplicável às hipóteses previstas no art. 267, § 3º, do Código de Processo Civil de 1973 (correspondente ao art. 485, § 3º, do CPC/2015).

[237] DINAMARCO (2003, p. 20).

Trata-se de convenção de saneamento, que é considerada um negócio jurídico processual típico.[238]

Realizado o saneamento, as partes têm o direito de pedir esclarecimentos ou solicitar ajustes, no prazo comum de 5 (cinco) dias, findo o qual a decisão se torna estável, conforme dispõe o § 1º do art. 357. Os parágrafos 1º e 2º do art. 337 do CPC/2015 revelam não apenas a coadunância com o princípio da cooperação previsto no art. 6º desse código, como também uma possibilidade de melhor se definir o *thema decidendum* pelas partes, em prol da efetividade do processo.

A não obrigatoriedade dessa audiência se manteve no CPC/2015, ainda que tenha mudado o parâmetro para a sua realização (que passou a ser a complexidade da causa e não a probabilidade de transação), e isso tende a reduzir bastante a sua incidência, prejudicando, consequentemente, o diálogo entre as partes e o juiz (princípios da imediatidade, oralidade e cooperação) para a fixação dos pontos controvertidos e do objeto litigioso, estabilizando-se o objeto em geral a partir das alegações escritas das partes, em petição inicial e contestação, sem qualquer interação e gerenciamento judicial. O saneamento tende a ser feito por escrito, no gabinete do juiz, sem audiência das partes e sem a tentativa de conciliar.

À luz da economia processual e racionalização procedimental, é possível abreviar o *iter* processual por meio de um melhor aproveitamento da audiência de saneamento, na qual pode haver a precisa delimitação dos termos do litígio, do objeto da prova e dos meios probatórios a serem empregados, com a progressiva atenuação de certas tendências de política jurídica, em geral agrupadas sob o rótulo do princípio dispositivo. Seria atribuído ao juiz um papel mais ativo na direção formal e material do processo, sendo possível ao mesmo requerer esclarecimentos, informações e até fazer sugestões às partes, no que concerne aos termos objetivos da demanda, à luz da diretriz da oralidade, imediação e cooperação entre juiz e litigantes, que com razão se costuma incluir entre os postulados básicos do processo social.[239]

Contrapondo a técnica oral e a técnica escrita, Barbosa Moreira adverte que, para que logre êxito a audiência preliminar, é preciso que a atividade processual se realize sob circunstâncias particularmente favoráveis.

---

[238] GAJARDONI (2015, p. 625-626).
[239] BARBOSA MOREIRA (1985b, p. 122).

A sobrecarga de trabalho, em especial dos juízes, é funesta à técnica oral. Se a audiência só pode ser marcada para data longínqua, por escassez de dias e horas livres nas pautas, de tal maneira que o procedimento escrito passa à frente em rapidez, cessam boa parte dos motivos que justificariam a preferência pela audiência oral; e se o juiz, mesmo zeloso, não tem possibilidade prática, em razão do acúmulo de serviço, de preparar-se conforme cumpre para o ato, então aqueles motivos desaparecem por completo. O método concentrado, para vingar, reclama certa mudança de mentalidade: a falta de atmosfera favorável pode asfixiá-lo, por mais requintada que seja a respectiva disciplina e técnica presentes nos textos legais.[240]

Quanto aos interesses e direitos coletivos, por sua vez, alguns avanços previstos nas legislações estrangeiras analisadas não poderiam ser-lhes aplicados, como, por exemplo, aqueles que pressupõem a disponibilidade do direito e a liberdade das partes para a modificação dos elementos objetivos da demanda, em qualquer grau de jurisdição (legislação portuguesa), tendo em vista a natureza do bem coletivo.

Entretanto, a audiência de saneamento, na esfera coletiva, pode ser aproveitada em muitas potencialidades, como na definição dialogal do objeto litigioso, certificação da demanda como coletiva, sugestão de formas extrajudiciais e adequadas de solução do conflito (como a mediação, a arbitragem e a avaliação neutra de terceiro – "sistema multiportas"), separação dos pedidos formulados em ações coletivas distintas, voltadas à tutela, respectivamente, dos interesses ou direitos difusos e coletivos, de um lado, e dos individuais homogêneos, do outro, quando esta separação represente economia processual ou facilite a condução do processo, fixação dos pontos controvertidos e decisão de questões processuais pendentes, analisando se há relação com outras demandas, eventual suspensão dos processos relacionados, averiguação da representatividade adequada dos indivíduos legitimados e da presença do interesse social, além de esclarecimento das partes sobre a distribuição do ônus da prova, designando audiências, se necessário, entre outras atividades saneadoras e gerenciais

---

[240] Assim, por exemplo, há o perigo de pressões excessivas por parte do juiz para induzir os litigantes a um acordo, ou de ligeireza ou açodamento na discussão e solução de questões, sacrifício de garantias processuais pela ânsia de fazer terminar rapidamente o processo a todo custo, e, *last but not least*, o risco do florescimento de uma insidiosa "oratória forense", em que há ainda quem suponha consistir a quintessência da oralidade (BARBOSA MOREIRA, 1985b, p. 124-125, 129).

relevantes ao deslinde da causa. São algumas das mudanças previstas pelo Anteprojeto do Código de Processo Coletivo.

No entanto, não está nesta inovação normativa acerca da audiência de saneamento o maior avanço do Anteprojeto, mas na sua análise sistemática feita em conjunto ao art. 5º, que prevê a possibilidade de interpretação judicial extensiva do pedido e da causa de pedir, em conformidade com o bem jurídico a ser protegido, e nas disposições que atribuem maiores poderes gerenciais ao juiz. Em conjunto, tais dispositivos permitiriam que o contraditório legitimasse a alteração dos elementos objetivos da demanda, instigando a colaboração entre as partes e o juiz na fixação do *thema probandum* e *decidendum* e na tentativa de resolução rápida e eficaz dos conflitos.

B) Atividade gerencial do juiz

Quanto à postura do magistrado diante do pedido formulado pela parte, vale a pena considerar as três figuras metaforicamente referidas por François Ost,[241] ao analisar a atuação do juiz diante dos contextos social, político, ideológico e econômico que lhe estão subjacentes.

O primeiro modelo judicial denomina-se jupiterino. Faz alusão à majestade de Júpiter, que evoca o sagrado e o transcendente, adotando o positivismo jurídico como paradigma, de vez que o direito codificado constitui o foco central e unidirecional do magistrado para as suas decisões. Este modelo teve o seu auge durante o Estado Liberal do século XIX, sendo Kelsen um de seus maiores expoentes, e é representado pela forma normativa-hierárquica piramidal, na qual no ápice se encontra a norma fundamental, que assegura unidade e validade a todo o sistema jurídico.

O segundo modelo judicial refere-se à figura de Hércules, que, diferentemente de Júpiter, volta-se para a terra e para o homem, vigendo durante o Estado social e assistencialista do século XX. Denotando expressiva responsabilidade social, nesse modelo a especificidade das d cisões judiciais se sobrepõe à generalidade e abstração das leis, em prol de um pragmatismo que atua preventiva e repressivamente, diante dos conflitos sociais. O ativismo judicial relativiza o mito da supremacia do legislador, considerando a efetividade da decisão judicial como elemento suficiente para a sua validade. A dinâmica dos interesses em conflito, todavia, flexibilizando a norma concebida, gera uma consequente proliferação de decisões particulares (atomização).

---

[241] OST (1993, p. 169-194).

Essas duas figuras, que representam racionalidades jurídicas opostas, revelam-se insuficientes. Se Júpiter deveria se humanizar, descendo do pedestal transcendental em que se encontrava, Hércules, por sua vez, poderia eliminar parcialmente a sua condição humana para elevar-se a uma racionalidade superior, não tão marcada pelo pragmatismo e decisionismo dispersivos.

Segundo Ost, esses dois modelos de atuação judicial podem ser combinados (não superpostos nem aditados, mas inter-relacionados) para atender à sociedade e ao direito pós-modernos, configurando um novo modelo judicial: o modelo "Hermes", mensageiro dos deuses, que prioriza a comunicação e o intercâmbio de informações, sendo um mediador universal, e adotando a estrutura de uma rede ou banco de dados que se traduzem em infinitas informações disponíveis instantaneamente, e sujeitas à atividade hermenêutica de uma multiplicidade de subsistemas e racionalidades, inter-relacionados funcionalmente. A função jurisdicional se difunde entre os poderes públicos e privados, daí a emergência dos meios alternativos de solução de controvérsias, havendo uma estratificação dos diversos níveis de poderes e incentivando-se também os mecanismos de autorregulação. O Direito torna-se mais fluido e intersticial, além de dialético, utilitarista e estratégico, legitimado pelo procedimento.

É também importante retomar o que foi exposto no item 1.3.4 deste livro, em relação à contraposição entre o modelo de adjudicação estrutural e o modelo tradicional de resolução de controvérsias, de estrutura processual tripartite (conflito entre autor da ação e réu, decidido pelo juiz) e altamente individualista, tendo em vista o ativismo judicial norte-americano emergente nos anos 1950.

Segundo Owen Fiss, a função primordial do juiz consiste em conferir significado concreto e aplicabilidade aos valores públicos previstos na Constituição (representante da moralidade pública da sociedade), por meio da interpretação.

Para tanto, o juiz norte-americano pode utilizar as *injunctions*, ordens judiciais contendo obrigações de fazer e não fazer, de natureza preventiva, que se assemelham à tutela mandamental brasileira.[242] As medidas

---

[242] Além da tutela específica, o caráter volátil e a dinamicidade dos conflitos sociais normalmente demandam tutelas provisórias, emergenciais e plenamente modificáveis, pois soluções procedimentais mais rígidas são incompatíveis com a racionalidade dos novos conflitos, que não são estáveis, e muitas vezes modificam seus termos de embate ao longo do processo

PEDIDO E CAUSA DE PEDIR

retrospectivas e indenizatórias revelam-se geralmente insuficientes para o alcance da finalidade da reforma estrutural. O formalismo é também atenuado, bem como o regime preclusivo em que este valor se insere, pois "no curso do processo de reconstrução, o juiz deve penetrar profundamente na fachada institucional, abrir a chamada 'caixa preta', com o propósito de localizar dentro da instituição os operadores em posições-chave para os quais as diretivas de reconstrução devem ser emitidas. Essas diretivas parecem ter indivíduos como destinatários, mas na verdade são dirigidas aos departamentos burocráticos, não às pessoas que os ocupam em um determinado período [...] para a eliminação de ameaça imposta pela instituição como um todo aos valores constitucionais".[243]

Fiss reconhece, entretanto, que a importante tarefa social exercida pelo juiz de reconstruir instituições sociais, responsabilizando-se pela eficácia da decisão, ao gerenciar as medidas judiciais como mero instrumento para a obtenção de determinadas finalidades de reestruturação, pode fazer com que este abandone a sua posição de independência, pois a implementação da reforma estrutural cria uma rede de relações e perspectivas que podem reduzir o distanciamento do juiz da organização social em via de reconstrução, tendo em vista a intenção de tornar a medida judicial eficaz. Criando estratégias de implementação, muitas vezes o juiz percebe que o sucesso prático de suas decisões depende vitalmente das preferências do corpo político, e a percepção desta dependência pode retrair a atuação de alguns juízes, que buscarão não proferir decisões que estejam além de seus poderes, tendentes à ineficácia.[244]

Botelho de Mesquita, por sua vez, sustenta um posicionamento restritivo acerca das funções e poderes do juiz, ao afirmar que "a queda do muro de Berlim repetiu perante o mundo a queda do III Reich, desfazendo outra vez a mística do totalitarismo e, com ela, a do juiz político, dedicado, antes que à realização do direito, à execução dos fins sociais e políticos do Estado, à educação do povo e à promoção da paz social".[245]

(VERÍSSIMO, 2006, p. 138 e 159). Esse entendimento vai ao encontro da realidade atual, na qual poucas ações coletivas chegam rapidamente à fase decisória (sentença), sendo comum o deferimento de liminares ser seguido por um trâmite muito lento da ação, em face da provisória tutela do interesse, que muitas vezes já adentra no mérito da causa.

[243] FISS (2004, p. 57-58).
[244] FISS (2004, p. 89, 99, 101).
[245] MESQUITA (2002, p. 54).

DINÂMICA PROCEDIMENTAL EM QUE SE INSERE O CONFLITO

Para Mesquita, "a redução da litigiosidade contida, a pacificação social e a promoção do bem comum, por exemplo, não se conseguem alcançar com reformas legislativas e menos ainda as processuais. Constituem objeto de outro setor da atividade do Estado – a assistência social – que não é da competência dos juízes. A única contribuição efetiva que os juízes têm para oferecer à sociedade está em proporcionar a certeza de que os litígios serão resolvidos segundo a lei e no tempo mais curto possível; o que só se consegue com estudo e muito trabalho em quantidade compatível com o número dos feitos".[246]

Esse mesmo autor, todavia, ressalva a importância da atividade interpretativa, pois, quando fala em lei, fala em lei interpretada, cabendo ao juiz, interpretando a lei, revelar a justiça que há no seu comando.[247]

Quanto à atividade interpretativa exercida pelo juiz, é importante considerar, à luz dos ensinamentos de Cappelletti, que, com ou sem consciência do intérprete, há certo grau de discricionariedade e de criatividade presente em toda a interpretação, que não se confunde com arbitrariedade, tendo em vista a existência de limites processuais e substanciais que incidem (sem vincular de forma absoluta) sobre o grau, modo, limite e legitimidade desta criatividade judicial. A criatividade interpretativa opõe-se ao formalismo, que tende a acentuar o elemento da lógica pura e mecânica no processo jurisdicional, ignorando ou encobrindo o elemento voluntarístico, da escolha, que significa valoração e balanceamento de valores pelo juiz, que deve assumir responsabilidade pela sua decisão, sem que se confundam os processos jurisdicional e legislativo.[248]

No sistema judicial brasileiro, os princípios da imediatidade, oralidade e identidade física do juiz, com enfoque ainda maior durante a fase instrutória, tornam necessária a assunção de responsabilidade direta e pessoal do juiz pela decisão proferida, diante de seu engajamento na relação dialogal entre as partes, para melhor conhecer e decidir o conflito. A norma de ninguém não pode triunfar, nem a dispersão de responsabilidades, por meio da burocratização do procedimento e do anonimato das decisões.

Assim, é preciso desmistificar a auréola problematizante criada em torno do ativismo judicial, que estigmatiza e rotula os juízes que assumem

[246] MESQUITA (2002, p. 66).
[247] MESQUITA (2002, p. 70).
[248] CAPPELLETTI (1993, p. 21, 24-26, 32-33, 74).

PEDIDO E CAUSA DE PEDIR

postura proativa. Conforme ressalta Cappelletti, "o conservadorismo judiciário, e não apenas o ativismo, pode em certas situações e circunstâncias constituir uma forma de compromisso partidário e de parcialidade".[249]

O que ora se propõe não é a atribuição ao juiz, mediante atividade hermenêutica, do poder de dizer até onde vai o pedido sem correlação com o que foi postulado pelas partes. Busca-se, no entanto, a adstrição da sentença ao pedido mediato, ou seja, ao bem da vida subjacente ao pedido, que eventualmente pode não estar circunscrito aos seus limites formais, mas deve balizar a interpretação do juiz para que integre o objeto litigioso do processo, em especial quando está em jogo bem jurídico coletivo, de natureza indivisível e indisponível.

O gerenciamento do processo é também uma importante atividade do juiz e consiste na adoção de regras de planejamento, organização e coordenação dos atos procedimentais, normalmente em audiência preliminar, que demandam cooperação entre as partes, junto ao juiz, para a melhor condução do processo.

O *case management* está previsto nas *Federal Rules of Civil Procedure* norte-americanas (rule 16) e nas *Civil Procedure Rules* inglesas (rules 3 e 26).[250] Genericamente, em ambos os diplomas legais, esse momento é destinado a uma *planning conference*, na qual o juiz pode sugerir a emenda dos pedidos, a fim de melhor refletir as questões relevantes e o conflito existente entre as partes, além de analisar a viabilidade das provas requeridas e determinar a sequência dos atos posteriores, prazos, próximas audiências, podendo sugerir a qualquer tempo o encaminhamento das partes à mediação, conciliação, arbitragem ou outra forma alternativa de solução de conflitos.

A partir de uma análise do funcionamento do *case management* desenvolvido pelas cortes dos países de tradição de *common law*, especialmente Estados Unidos e Inglaterra, Paulo Eduardo Alves da Silva analisa o potencial de desenvolvimento desta racionalidade gerencial nos ordenamentos de tradição romano-germânica, especialmente no sistema processual civil brasileiro.[251]

---

[249] CAPPELLETTI (1993, p. 92).

[250] Segundo Kazuo Watanabe, ideia semelhante à do *case management* estava prevista no art. 331 do CPC/1973, embora poucos magistrados efetivamente a aplicassem corretamente. Conforme esse autor, os que o faziam alcançavam com isso índices expressivos de soluções amigáveis ou conduziam mais adequadamente a instrução probatória (WATANABE, 2005a, p. 689).

[251] SILVA (2006, p. 55-77 e 106-152).

O autor considera que, não obstante o modelo procedimental brasileiro seja rígido, indisponível e minucioso, a legislação processual oferece suporte para o desenvolvimento da condução planejada do processo. Previa que o saneamento do feito e a audiência preliminar (CPC/1973, art. 331), além dos poderes de direção do juiz, seriam seus principais instrumentos, muito embora a previsão legislativa não assegurasse o sucesso da condução do processo, para o qual se deveria fazer uso de outras ferramentas, como o planejamento das etapas do procedimento e a inclusão dos cartórios judiciais nestas práticas de gerenciamento, pois a sucessão de atos procedimentais depende de um fluxo de rotinas complexo e extenso que ocorre nos juízos.[252]

2.2. Processo civil coletivo

Não se subsumindo à dicotomia tradicional direito público *versus* direito privado, os direitos e interesses coletivos compõem um terceiro gênero,[253] e o processo civil coletivo emerge na tentativa de formar um novo modelo de litigância apto a atender a essas demandas,[254] com especificidade no tratamento procedimental, prevendo a Constituição Federal de 88 a necessária proteção jurisdicional aos direitos coletivos e difusos (CF, art. 5º, LXX e LXXIII, e art. 129, III, § 1º), regulamentados pela Lei da Ação Popular (Lei n. 4.717/1965)[255] e Lei da Ação Civil Pública (Lei n. 7.347/1985), e, poste-

---

[252] SILVA (2006, p. 106-107, 120-122, 161-164).

[253] Segundo Cappelletti, a *summa diviso* "público-privado" aparece irreparavelmente superada diante da realidade social de nossa época, que é infinitamente mais complexa, mais articulada, e mais sofisticada do que aquela simplista dicotomia tradicional. Assim, nossa época traz preponderantemente ao palco novos interesses difusos, novos direitos e deveres que, sem serem públicos no senso tradicional da palavra, são, no entanto, coletivos: pertencem, ao mesmo tempo, a todos e a ninguém (a quem pertence o ar que eu respiro?) (CAPPELLETTI, 1977, p. 135).

[254] Concordando que a sociedade contemporânea vem destruindo as fronteiras entre o público e o privado, Marcos Paulo sustenta que a noção de interesse público está perdendo sua força persuasiva diante da constatação de que, em uma sociedade plural, a regra é a divergência quanto aos fins comuns, bem como quanto à alocação de recursos escassos e à utilização de bens indivisíveis. Em uma sociedade assim, lutam, por exemplo, os interesses de uma comunidade em ter uma fábrica gerando empregos e outra interessada em fechar esta mesma fábrica, por ser altamente poluidora, e ambos os interesses conseguem apresentar-se como discursos jurídicos, com amparo em uma Constituição que consagra, a um só tempo, o valor social do trabalho e a proteção do meio ambiente VERÍSSIMO (2006, p. 127).

[255] A lei da ação popular foi precursora na defesa dos interesses difusos e coletivos, trazendo inovações procedimentais importantes, como em relação à representação e substituição

PEDIDO E CAUSA DE PEDIR

riormente, pelo Código de Defesa do Consumidor (Lei n. 8.078/1990 – arts. 81-104), além de outras legislações extravagantes, aparato legislativo que forma um microssistema processual coletivo,[256] tido hoje como referência aos demais países de tradição romano-germânica (*civil law*).

Entretanto, o surgimento de diversas leis sobre a matéria (de natureza material e processual),[257] algumas vezes colidentes, e as várias tentativas do Executivo no sentido de burlar, por meio de Medidas Provisórias, os efeitos dessas legislações que pudessem se opor aos interesses políticos e fazendários, fez com que este arsenal legislativo ficasse confuso e entrecortado, ensejando inúmeras dúvidas e dificuldades práticas na sua aplicação,[258] o que motivou a intensa participação de processualistas brasileiros[259] nos debates que culminaram na elaboração de um Código Modelo de Processos Coletivos para Ibero-América,[260] aprovado nas Jornadas do Instituto Ibero-americano de Direito Processual, na Venezuela, em outubro de 2004.

---

processual, limites da coisa julgada e sua ocorrência *secundum eventum litis*, ciência dos atos processuais e contraditório, funções do Ministério Público e dos órgãos públicos, poderes do juiz, entre outras (GRINOVER, 1979, p. 25-44; BARBOSA MOREIRA, 1985a, p. 55-74).

[256] Sobre o microssistema processual coletivo, vide meus comentários ao art. 19 da Lei de Ação Civil Pública, que faz análise intrassistêmica do conjunto de normas que regulam a tutela coletiva, do princípio da especialidade, da perspectiva bivalente do microssistema (material e processual) e da aplicação subsidiária da legislação processual civil individual aos interesses coletivos (GABBAY, 2006a, p. 566-568).

[257] Pode-se citar, como exemplos, a Lei n. 7.853/1989 (institui a tutela jurisdicional de interesses coletivos e difusos das pessoas portadoras de deficiência, e sua integração social), a Lei n. 7.913/1989 (dispõe sobre a ação civil pública de responsabilidade por danos aos investidores no mercado de valores mobiliários), a Lei n. 8.069/1990 (dispõe sobre o Estatuto da Criança e do Adolescente), a Lei n. 8.429/1992 (Lei de Improbidade Administrativa), a Lei n. 8.884/1994 (ordem econômica e livre concorrência), a Lei n. 10.741/2003 (Estatuto do Idoso), a Lei n. 10.671/2003 (Estatuto de Defesa do Torcedor), entre outras.

[258] Não se dispondo, até agora, de uma normação sistemática que se aplique unitariamente a todas as ações coletivas, considera Mancuso que a experiência brasileira nesse campo vai sendo construída *no varejo*, ou seja, na lida diária dos casos concretos, à luz dos diversos textos legais, enfrentando o risco de esta fragmentação normativa contribuir para certas imprecisões terminológicas e conceituais, além de dissensões na jurisprudência, acarretando dificuldades aos operadores do direito, cuja formação acadêmica foi voltada para o ambiente da jurisdição singular (MANCUSO, 2006, p. 64).

[259] Ada Pellegrini Grinover, Aluísio G. de Castro Mendes, Antônio Gidi e Kazuo Watanabe.

[260] O Instituto Ibero-Americano de Direito Processual, fundado em 1957, em Montevidéu, quando da realização das primeiras Jornadas Latino-Americanas de Direito Processual em homenagem à memória do processualista uruguaio Eduardo Couture, contou com a participação de países como Brasil, Argentina, Peru, Bolívia, Colômbia, Costa Rica, México, Espanha

O Código Modelo foi bastante analisado e debatido no Brasil, para verificar como e onde suas normas poderiam ser incorporadas, com vantagem, pela legislação brasileira.[261] E daí surgiu a ideia da elaboração de um *Código Brasileiro de Processos Coletivos*, capitaneada em São Paulo por Ada Pellegrini Grinover, Kazuo Watanabe e Antônio Gidi, para que se aperfeiçoasse o sistema, sem desfigurá-lo. Ada Pellegrini, Carlos Alberto de Salles e Kazuo Watanabe coordenaram os trabalhos acadêmicos na pós-graduação *stricto sensu* da Faculdade de Direito da USP (FDUSP), colhendo também propostas de diversas instituições, como o Ministério Público, o Judiciário, entidades sociais, órgãos do governo federal, bem como de membros do Instituto Brasileiro de Direito Processual (IBDP), Instituto Brasileiro de Defesa do Consumidor (IDEC), entre outros, o que deu origem a um Anteprojeto de Código Brasileiro de Processos Coletivos (anexo A deste livro).[262]

Posteriormente, grande parte dos dispositivos desse anteprojeto foi incorporada ao projeto de lei que disciplinava a ação civil pública para a tutela de interesses difusos, coletivos e individuais homogêneos (PL 5.139/2009), o qual acabou sendo arquivado no Congresso. Muito embora esses projetos e anteprojetos de lei não estejam hoje em andamento, eles são mencionados neste livro para fins de estudo das peculiaridades do processo coletivo, muito bem sistematizadas nessas iniciativas de alteração normativa.

A evolução doutrinária, por sua vez, também autorizou o surgimento de um verdadeiro Direito Processual Coletivo, como ramo do direito processual (com respaldo em disposições constitucionais), com seus próprios princípios e regras, levando-se em consideração que diversos institutos e normas processuais recebem tratamento diferenciado/reformulado quando relacionados à tutela coletiva, dada a relevância social, política e jurídica do bem coletivo.[263]

---

e Portugal. Antes do Código Modelo de Processos Coletivos, no espaço ibero-americano, já haviam sido elaborados os Códigos Modelo de Processo Civil e de Processo Penal.

[261] GIDI e MAC-GREGOR (2003, passim).

[262] No Rio de Janeiro, nos programas de mestrado da Universidade do Estado do Rio de Janeiro (UERJ) e da Universidade Estácio de Sá (Unesa), também se desenvolveram debates e reflexões em torno de um Anteprojeto de Código Brasileiro de Processos Coletivos, sob a coordenação de Aluisio Gonçalves de Castro Mendes. Vide o texto integral deste Anteprojeto em Mendes (2007, p. 433-447).

[263] ASSAGRA (2003, p. 15-45). Sobre a feição própria que assumem muitos princípios e institutos processuais quando aplicados aos interesses coletivos, autorizando a existência de

O direito processual individual se aplica apenas subsidiariamente ao direito processual coletivo, naquilo em que não contrarie as suas disposições específicas. Matérias referentes à legitimidade *ad causam,* aos elementos objetivos da demanda, às regras de competência, ônus da prova, aos efeitos da sentença, limites objetivos e subjetivos da coisa julgada, execução, entre outras, são revisitadas, sendo ampliados os poderes do juiz em benefício da proteção do bem jurídico coletivo, dotado de natureza social e indisponível.[264]

2.2.1. Interpretação dos elementos objetivos da demanda

Entre as inúmeras inovações procedimentais implementadas pelo Anteprojeto do Código Brasileiro de Processos Coletivos, na tentativa de um tratamento diferenciado à processualização dos conflitos coletivos, está a interpretação extensiva do pedido e da causa de pedir pelo juiz, nos limites do bem jurídico, sendo possível alterar a demanda até a sentença, desde que esta alteração seja avalizada pelo contraditório entre as partes, sob a coordenação do juiz, com um papel mais ativo no processo civil coletivo. Caso surja, durante a fase instrutória, modificação de fato ou de direito relevante para o julgamento da causa, o juiz poderá rever, em decisão motivada, a distribuição do ônus da prova, concedendo à parte a quem for atribuído o ônus da prova um prazo razoável para sua produção, observado o contraditório em relação à parte contrária (art. 11, § 3º, do Anteprojeto).[265]

A interpretação extensiva de um preceito normativo é aquela que busca compreender e extrair o seu significado e alcance, de acordo com o conteúdo finalístico e valorativo do Direito, e considera a lei aplicável a casos que não estão abrangidos pelo seu teor literal, sendo, assim, extensiva do significado textual da norma jurídica, no que difere da analogia, extensiva da intenção do legislador. Conferindo-se à norma um amplo raio de ação,

um novo ramo do direito processual, qual seja, o direito processual coletivo, vide Grinover (2007, p. 11-15).

[264] CINTRA, GRINOVER e WATANABE (2005, p. 133-134).

[265] No PL 5.139/2009 não se previu a interpretação extensiva do pedido e causa de pedir, mas se tratou com a mesma flexibilidade procedimental dos elementos objetivos da demanda: "Art. 16. Nas ações coletivas, a requerimento do autor, até o momento da prolação da sentença, o juiz poderá permitir a alteração do pedido ou da causa de pedir, desde que realizada de boa-fé e que não importe em prejuízo para a parte contrária, devendo ser preservado o contraditório, mediante possibilidade de manifestação do réu no prazo mínimo de quinze dias, facultada prova complementar".

a interpretação extensiva coloca em contato direto as regras de direito e a vida social, levando em consideração as finalidades do processo.[266]

Tércio Ferraz Júnior ressalta as diferenças entre a dogmática jurídica de estilo hermenêutico e aquela de estilo analítico; enquanto esta última acentua a visão interna em relação ao mundo circundante, não se incomodando preponderantemente com suas consequências para o meio ambiente, a primeira volta-se para as expectativas sociais em conflito, buscando nas consequências os critérios de distinção entre o jurídico e o antijurídico, o que exige um aparelho conceitual mais maleável. As consequências revelam-se tão ou mais importantes do que as premissas das decisões (análise teleológica, que pode implicar a participação do intérprete na criação do direito – função integrativa), e o grande problema da dogmática de estilo hermenêutico está na possibilidade de reduzir o controle dos conflitos, ampliando as incertezas, mas sem deixar de as manipular e manter sob controle, sob o discurso jurídico, não perdendo sua função neutralizadora dos fatores extrapositivos. Dessa maneira, a presença de lacunas, a interpretação extensiva, os conceitos valorativos (como o bem comum, sentido social da lei) e as normas abertas conferem ao jurista a possibilidade de se valer desses fatores extrapositivos como se fossem positivos, ou, ao menos, positiváveis.[267]

O autor de uma demanda, ao expor sua causa de pedir, bem como ao formular o seu pedido, pode ter deixado de fora, consciente ou inconscientemente, uma parcela considerável do conflito, ou seja, pode ter deixado de exercer, naquele momento, a tutela integral dos direitos que lhe são assegurados. Essa escolha, que pode ou não refletir um imperativo de seu interesse,[268] constitui, na maior parte das situações, um ato claro de disposição.[269]

Se o bem jurídico coletivo é marcado, como ressaltado, pela indisponibilidade, que é, por sua vez, controlada pelo juiz, não faz qualquer sentido restringir a interpretação que este pode fazer do pedido, pois seria o mesmo que dizer que o juiz deve anuir com a disposição indevida feita

---

[266] Vide, a propósito, Cintra Grinover e Watanabe (2005, p. 103-106).

[267] FERRAZ JR. (1980, p. 144-149, 156).

[268] Neste caso, deve-se considerar a possibilidade de o autor não conhecer toda a realidade que emerge dos fatos, os elevados custos de informação para a formulação da demanda, além de possível atecnia na redação do pedido.

[269] ALVES, ANDRADE, GABBAY e LUCON (2005, p. 187-190).

PEDIDO E CAUSA DE PEDIR

pelo autor. Equivaleria, em última instância, a restringir a própria proteção do bem jurídico coletivo a ser tutelado.

Portanto, em se tratando de processo coletivo, se o autor formula o pedido de modo restritivo, restará aberta ao juiz a via interpretativa para garantir o direito que é assegurado à coletividade, diante de fatos muitas vezes complexos e contingenciais subjacentes, desde que observadas as garantias constitucionais do contraditório e da ampla defesa. Somente desta maneira restará preservada a indisponibilidade deste direito, que não pertence a um único indivíduo, tampouco àquele que postula em juízo em virtude de legitimação conferida pela lei.

Sem a correta narração dos fatos não é possível precisar o bem jurídico a ser protegido, assim como sem a devida indicação dos fundamentos jurídicos não há como justificar o provimento jurisdicional pleiteado. Daí a íntima relação existente entre pedido e causa de pedir, que demanda que ambos sejam interpretados extensivamente, sob pena de se criar situações incongruentes e até mesmo contraditórias do ponto de vista lógico: conclusões não contidas nas premissas.

Assim, pode-se dizer que, sendo notórias as dificuldades no recorte da realidade contingente para a transposição do conflito de interesses do plano extraprocessual ao processual, conformando-o aos termos formais e jurídicos do pedido e da causa de pedir, a interpretação extensiva é uma forma de adequar a pretensão deduzida em juízo ao bem jurídico subjacente, que corresponde à mais importante baliza da atividade hermenêutica exercida pelo juiz.

Entretanto, não se pode deixar de indagar e investigar em que consiste exatamente esse bem jurídico, conceito indeterminado, assim como o bem comum. É o bem da vida? É o pedido mediato, na classificação criada pela doutrina processual? O bem jurídico coincide exatamente com as dimensões do conflito?

Jaime Guasp Delgado considera que o bem da vida corresponde a um *quid* material subjacente a toda pretensão processual. Assim, sob o duplo enfoque (jurídico *versus* sociológico), entende que o objeto da pretensão é o bem da vida, apto a satisfazer as necessidades ou conveniências objetivamente determinadas pelas partes.[270]

Além de alguns fatores extraprocessuais, que influem na definição desse objeto, há também uma dose de relativismo que condicionará a aceitação

[270] DELGADO (1981, p. 71-72).

124

desta ou daquela definição do bem da vida, objeto da interpretação judicial. Qualquer conceito que for utilizado refletirá a perspectiva daquele que observa o fato social, passando por escolhas e recortes parciais do conflito e dos efeitos eleitos como relevantes. Mas não se pode deixar de reconhecer que a noção de bem jurídico é uma válvula de escape importante diante da atual e mais restrita consideração dos elementos objetivos da demanda, estando mais próxima do conflito. Ademais, não apenas o autor traz ao processo a sua definição, pois o juiz também deve interpretá-lo, à luz das manifestações do réu e de possíveis *amici curiae* que auxiliem na elucidação do caso, em benefício da sociedade que titulariza os interesses e direitos em questão.

Tais mudanças, ainda que de *lege ferenda*, fazem um contraponto às regras do processo civil individual que tratam do princípio dispositivo, da interpretação restritiva do pedido e da correlação da sentença ao pedido (regra da congruência).[271] Além do contraponto, há uma revisitação de tais regras, que passam a ser vistas sob a perspectiva dinâmica do contraditório, e não da simples e taxativa inércia da jurisdição.

2.2.2. Audiência de saneamento: construção dialogal do objeto e certificação da demanda coletiva

Ainda sobre os elementos objetivos da demanda, o anteprojeto determina que, encerrada a fase postulatória, em audiência preliminar designada pelo juiz, após ouvir as partes sobre os motivos e fundamentos da demanda e tentar a conciliação (sem prejuízo de sugerir outras formas adequadas de solução do conflito – como a mediação, a arbitragem e a avaliação neutra de terceiro), preservada a indisponibilidade do bem jurídico coletivo, o juiz decidirá se a ação tem condições de prosseguir na forma coletiva, certificando-a como tal. Poderá ainda separar os pedidos em ações coletivas distintas, voltadas à tutela, respectivamente, dos interesses ou direitos difusos e coletivos de um lado, e dos individuais homogêneos do outro, desde que a separação represente economia processual ou facilite a condução do processo.[272]

Poder-se-ia ter avançado mais no aproveitamento das potencialidades da audiência de saneamento, que constitui um *locus* importante tanto no

---

[271] CPC/2015, arts. 2º, 141, 322, 490 e 492.
[272] Essas mesmas regras estão presentes no PL 5.139/2009 da ação civil pública – arts. 19 e 20.

processo civil individual como no coletivo, para propiciar o diálogo entre as partes e o juiz na definição do objeto litigioso, após o saneamento e a fixação dos pontos controvertidos, muito embora se permita, pelo texto do Anteprojeto, a alteração subsequente dos elementos objetivos da demanda, respeitado o contraditório e os demais requisitos (boa-fé e ausência de prejuízo injustificado).

A referida audiência deu relevante abertura ao sistema multiportas de solução de conflitos, dando ensejo à opção pela mediação, arbitragem ou solução por terceiro neutro, mas ficou a desejar no que tange ao incentivo da relação dialogal entre as partes, na definição do objeto do processo, tal como o fazem algumas legislações estrangeiras, ainda que muitas dessas mudanças dependam mais da postura assumida pelo juiz e da mentalidade das partes do que de mera alteração legislativa.

O momento da certificação da demanda coletiva, de acordo com a legislação norte-americana, é central no procedimento a que se submetem os conflitos coletivos. Segundo as *federal rules of civil procedure* [23(c)(1)(A)(B)], para que haja a certificação da ação como coletiva, além de observar os pré-requisitos gerais de *numerosity, commonality, tipicality* e *adequacy of representation*, e indicar a subsunção do caso a uma das categorias de ação coletiva previstas na regra 23(b) – requisitos e tipos que serão analisados no item 2.3.3 –, é preciso que a decisão defina o pedido, o litígio subjacente e a defesa da classe, bem como verifique a escolha do advogado, de acordo com requisitos estabelecidos em lei [23(g)], decisão esta (*certification order*) que poderá ser alterada ou emendada até o julgamento final.

Ao decidir sobre a certificação da ação coletiva, o juiz não está limitado às alegações das partes constantes do pedido, podendo transcendê-las para analisar outras questões que comprovem a adequação da representatividade da classe pelo *ideological plaintiff*, e a aptidão dos requerimentos e alegações para a defesa dos interesses coletivos subjacentes.[273]

Enquanto no direito processual brasileiro vigente, ou se propõe uma ação coletiva, ou se propõe uma ação individual, sendo estas duas esferas incomunicáveis,[274] no Direito norte-americano a ação não é proposta direta

---

[273] "In deciding whether to certify a class, the court is not limited to the allegations of the pleading. It can request evidence bearing on the propriety of class treatment, and in same cases it may be an abuse of discretion not to do so" (HAZARD JR., 2005, p. 740).

[274] Segundo Antônio Gidi: "não é dado ao juiz nem às partes transformar a ação coletiva em individual, mesmo porque o legitimado a promover uma ação coletiva geralmente não possui

e necessariamente na forma coletiva, podendo-se distinguir duas fases distintas: a da propositura da ação e a de sua certificação como coletiva.

Uma das partes (tanto o autor quanto o réu, ou mesmo o próprio juiz, de ofício, em alguns casos) deve requerer que seja recebida a demanda na forma coletiva (*motion for certification*), sendo a certificação uma espécie de decisão saneadora em que o juiz estuda cuidadosamente o processo e verifica se ele deve ser transformado ou deve prosseguir no formato coletivo. Caso o juiz indefira o requerimento de certificação da ação coletiva, ela não será extinta, mas prosseguirá como uma ação individual entre o autor (já não mais representante de uma coletividade) e o réu.[275]

Entretanto, Antônio Gidi ressalta que a decisão judicial acerca da certificação normalmente determina o destino da pretensão do grupo (como acontece, por exemplo, nos casos em que as pretensões individuais são muito reduzidas a ponto de não justificarem a propositura de ações individuais), transformando a disputa entre as partes sobre a certificação da ação coletiva em uma das mais áridas batalhas no contexto da *class actions*.[276]

Em geral, os acordos são obtidos depois da certificação da ação, momento em que o contexto e o equilíbrio do litígio se alteram, conforme relata este mesmo processualista:

> Como se pode perceber, a certificação é uma decisão crucial no processo, que altera o (des)equilíbrio entre as partes: antes da certificação, a posição do grupo é muito precária; com a certificação, o seu poder de barganha aumenta consideravelmente. O réu passa a estar mais disponível para as negociações de acordo e procura usar a ação coletiva em seu favor, para obter um acordo que vincule todos os membros do grupo e encerre a questão definitivamente.[277]

Por fim, se o juiz considerar necessário, havendo questão de fato ou de direito controvertida, ou sendo as provas constantes dos autos insuficientes, pode convocar uma audiência preliminar (*preliminary hearing* ou *class certification hearing*) para que as partes possam apresentar seus argumen-

---

qualquer pretensão própria contra o réu e, muitas vezes, não tem legitimidade para representar o membro do grupo em ação individual. O inverso também é verdadeiro: no Brasil, uma ação individual não pode ser 'promovida' a ação coletiva por ordem do juiz, ainda que ela seja em tese cabível" (GIDI, 2007, p. 192).

[275] GIDI (2007, p. 193).

[276] GIDI (2007, p. 198-199).

[277] GIDI (2007, p. 199).

tos ou produzir as provas relevantes para a certificação, que pode ser parcial, ou seja, restrita a apenas uma parcela do pedido, da causa de pedir, enfim, a uma questão da controvérsia – referida audiência está limitada à análise das questões processuais pertinentes à certificação e não se confunde com a audiência preliminar de mérito.[278]

Embora a certificação da demanda coletiva seja normalmente comparada à fase de saneamento do processo, na legislação processual brasileira percebe-se que esse saneamento, em audiência, poderia ir muito além do que está previsto em lei, abrindo uma oportunidade de as partes definirem, de forma dialogal e à luz do contraditório, o objeto do processo coletivo, tal como exposto no item 2.1.3.

2.3. Processo civil norte-americano: *Federal Rules of Civil Procedure*
2.3.1. Premissas metodológicas para a comparação com o processo civil brasileiro

Importante considerar as funções que os elementos objetivos da demanda, notadamente o pedido, exercem no sistema processual norte-americano, diante de questões e problemas semelhantes àqueles enfrentados pelo direito processual brasileiro, a fim de que se possa buscar algumas contribuições e respostas relevantes ao aprimoramento dos institutos pesquisados.

Em qualquer análise comparativa, o estudo de institutos jurídicos precisa observar algumas cautelas na busca de compatibilidade entre "o enxerto pretendido e a compleição do organismo que o vai acolher".[279] Não se objetiva aqui a mera transposição da experiência norte-americana ao arcabouço processual brasileiro, mas sim a obtenção de parâmetros comparativos e avaliativos, a partir das premissas de cada sistema processual,[280] identificando e contrapondo as diferentes racionalidades que guiam o

[278] GIDI (2007, p. 200, 204).

[279] BARBOSA MOREIRA (1998, p. 88-90).

[280] Tais premissas muito se aproximam do modelo processual constitucional adotado em cada país, pois derivam dos valores, direitos e garantias fundamentais consagrados em determinada sociedade. Tanto o sistema processual norte-americano quanto o brasileiro encontram a sua legitimação nos postulados constitucionais, que revelam as opções políticas e valorativas da sociedade, além de fornecerem as premissas basilares dos institutos processuais, mediante normas escritas e principiológicas representativas das vigas-mestras que sustentam o ordenamento jurídico em geral, não obstante a constituição brasileira seja muito mais extensa e garantística do que a norte-americana.

DINÂMICA PROCEDIMENTAL EM QUE SE INSERE O CONFLITO

processo civil brasileiro e o norte-americano, o primeiro mais formalista do que o segundo.

Há uma crescente tendência em se relativizar a distinção entre *civil law* e *common law*, pois algumas diretrizes desses sistemas demonstram-se convergentes, de modo que se pode falar hoje em uma verdadeira aproximação entre eles, inspirada em princípios gerais comuns.[281]

O princípio dispositivo, por exemplo, de grande relevância neste trabalho, e relacionado à livre disponibilidade exercida pelo indivíduo diante do direito que titulariza, consiste em denominador comum que se manifesta tanto nos países com sistema de *civil law* quanto nos países de *common law*, por diversas regras processuais.[282]

Nesse contexto de harmonização entre tais sistemas jurídicos, foram elaborados, em 1997, os *Principles and rules of transnational civil procedure*, um projeto do American Law Institute idealizado especialmente por Geoffrey Hazard e Michele Taruffo, em parceria com o International Institute for the Unification of Private Law (Unidroit).[283]

O objetivo imediato é que tais regras sejam aplicadas a disputas e transações no comércio internacional, mas as perspectivas transcendem esse escopo, pois estas regras demonstram a real possibilidade de aproximação dos sistemas de *civil* e *common law* – modelo inquisitorial e modelo adversarial, servindo de paradigma (*guidelines*) para reformas na legislação nacional de diversos países que queiram adotar regras comuns e uniformes, reduzindo as incertezas jurisdicionais em suas relações no mundo globalizado.

Esse movimento de harmonização acompanha os progressos de uniformização do direito material, deixando de considerar a natureza das normas processuais (ordem pública – processo civil constitucional) e o caráter institucional da administração e organização da justiça como obstáculos intransponíveis.

Os principais aspectos dos elementos objetivos da demanda no ordenamento norte-americano, seus efeitos e aptidões para permitir a fruição do bem da vida à parte que demanda tutela jurisdicional célere e efetiva, superando obstáculos tecnicistas em busca da satisfação do direito material pleiteado, podem ser considerados e aproveitados pelo processo civil

---

[281] Conclusão sustentada por Cappelleti, pelo menos nos países do denominado "mundo ocidental" (CAPPELLETI, 2001, p. 11, 15).
[282] CAPPELLETI (2001, p. 21-25, 33).
[283] AMERICAN LAW INSTITUTE/UNIDROIT (2005).

PEDIDO E CAUSA DE PEDIR

brasileiro, uma vez que o instrumental de que ambos os sistemas dispõem para o alcance desses objetivos é plenamente comparável, mesmo que originados de famílias jurídicas diversas, que pressupõem construções internas próprias, mas ideais valorativos comuns a qualquer sistema processual que almeje efetividade e justiça na adequação do Direito às necessidades fáticas subjacentes.

Constata-se, portanto, que, não obstante haja diferenças substanciais entre os regimes jurídicos de *civil law* e *common law*, inúmeras experiências podem ser trocadas e contribuições reciprocamente acolhidas para o aprimoramento de diversos institutos, cujas semelhanças produzem resultados comparativos relevantes, sem desconsiderar as diferenças jurídico-sistemáticas, sociológicas, políticas, econômicas e histórico-culturais de cada regime, naquilo que foram diversamente edificados.

Por que a escolha do direito processual norte-americano? Primeiramente, para restringir a pesquisa à legislação de apenas um país representante do regime de *common law*, a fim de melhor aprofundar a análise dos institutos estudados. Em segundo lugar, pela uniformização das *Federal Rules of Civil Procedure*,[284] que são adotadas pela maioria dos Estados norte-americanos, e pela inovação implementada por estas em relação ao tema estudado (flexibilização das regras sobre o pedido – *notice pleading*).

O sistema legal norte-americano está ligado à sua estrutura governamental, fundada em dois princípios constitucionais básicos: separação de poderes e federalismo. Assim, cada Estado possui legislação e normas procedimentais próprias, que não se confundem com as normas federais, de natureza geral. O sistema judiciário, por sua vez, está dividido em Cortes Estaduais (*Trial Courts of General Jurisdiction, Intermediate Appellate Court, State Supreme Courts*) e Cortes Federais (*District Courts* e *Courts of Appeal*), organizadas de acordo com os limites territoriais dos Estados,[285] estando acima de todas estas a Suprema Corte dos EUA.[286]

---

[284] Afirmam Hazard e Taruffo que "when reference is made today to American civil procedure, whether in comparative law or in law school instruction, it is the Federal Rules that usually are in contemplation" (HAZARD JR., 1993a, p. 28).

[285] Na esfera federal, cada Estado contém pelo menos um distrito territorial, sendo que os Estados maiores podem conter um número superior de distritos, como New York, que contém 4. As Cortes de Apelação, por sua vez, são organizadas geograficamente em circuitos, que totalizam o número de 20 nos EUA. Assim, a Corte de Apelação do Terceiro Circuito, por exemplo, abrange os Estados de New Jersey, Pennsylvania, Delaware e o território de

As normas federais de processo civil aplicam-se às controvérsias públicas e privadas, a interesses individuais e coletivos, inexistindo contencioso administrativo, como em alguns países europeus.

2.3.2. Os elementos objetivos da demanda no sistema jurídico norte--americano: *notice pleading*

No sistema processual norte-americano são muito relevantes as contribuições acerca da natureza e flexibilidade do pedido para a obtenção dos remédios judiciais almejados, que devem amoldar-se à situação de fato exposta (*cause of action*, equivalente à causa de pedir brasileira), não havendo um sistema rígido de preclusões.

Na fase prévia ao julgamento (*pretrial stage*), que vai da postulação das partes (pedido, contestação, reconvenção), passando pela apresentação de *motions* (incidentes sobre a competência da Corte, esclarecimentos sobre o âmbito do litígio e sobre o mérito da causa – pedido de extinção do processo sem julgamento do mérito, julgamento antecipado da lide) até o final da fase probatória (*discovery*), o objeto do processo assume seus contornos, podendo sofrer adaptações (aumento ou redução), principalmente diante das provas produzidas, para que ingresse na fase de julgamento (*trial*) com limites corretamente definidos pelo *pretrial order*, decisão que substitui de certa forma os pedidos originários.[287]

Virgin Islands. Na esfera estadual, por sua vez, que observa a Constituição adotada por cada Estado, as "*trial courts of general jurisdictions*" têm competência ampla para decidir matérias penais e civis (assumem denominação variada nos Estados: *superior court, district court, county court*), e sua base territorial observa os limites do Estado em que se encontra. As Cortes de Apelação, por sua vez, constituem a segunda instância, e os julgamentos se dão em painéis compostos por três juízes. Cada Estado possui, ainda, uma Suprema Corte, autoridade final na interpretação da lei estatal (HAZARD JR., 1993, p. 43-49).

[286] HAZARD JR. (1993, p. 41-50). Em conformidade com a Constituição norte-americana, a competência das Cortes Federais recai sobre casos que envolvam interesses do governo federal, interesses de litigantes que sejam cidadãos provenientes de diferentes Estados, casos envolvendo a Marinha, entre outros que demandem a aplicação de lei federal, entre pessoas físicas ou pessoas jurídicas. Entre as demandas coletivas mais frequentes nas Cortes Federais norte-americanas, Ricardo Leonel cita as demandas antitruste, securitárias, ambientais, e as relativas à discriminação sexual e racial (LEONEL, 2002, p. 64).

[287] "Il pretrial order sostituisce i pleadings e regola lo svolgimento del dibattimento. Questioni e prove diverse da quelle specificate nel provvedimento non saranno prese in considerazione nel dibattimento, salvo che in situazzione del tutto eccezionali" (HAZARD JR. e TARUFFO, 1993b, p. 143).

PEDIDO E CAUSA DE PEDIR

Assim, no momento de propositura da demanda, é preciso que o autor faça uma breve e clara indicação da base fática sobre a qual a jurisdição da Corte recairá, além do remédio jurídico pretendido, incidindo a contestação sobre essas afirmações, de fato e de direito, no sentido de admiti-las (ainda que parcialmente) ou negá-las (impugnação específica), criando a controvérsia. Tais diretrizes, entre outras, estão previstas na *Rule* 8 das *Federal Rules of Civil Procedure*, que deixou bem clara a necessidade de as afirmações constantes do pedido serem simples, concisas e diretas, sem tecnicismos formais (*Rule* 8(d)(1)), tendo em vista a importância de os pedidos serem construídos para fazer justiça substancial (*Rule* 8(e)).[288]

Se o pedido estiver vago ou ambíguo, impedindo a formulação de defesa, poderá ser apresentado um requerimento para esclarecimento dos seus termos (*motion for more definite statement*), sendo aberto pela Corte um prazo para manifestação da parte acerca do pleito (*Rule* 12(e)), com respeito ao contraditório da parte adversa. Ademais, as *Federal Rules* preveem a possibilidade de emendas aos pedidos, em vários casos (*Rule* 15), inclusive para que o objeto fique em conformidade com as provas produzidas na fase probatória (*Rule* 15(b)).

Entretanto, essa flexibilidade na formulação do pedido nem sempre existiu. Apenas após a reforma processual, que teve início na segunda metade do século XIX,[289] emergiu no processo civil dos EUA novo e moderno conceito de pedido, abolindo-se o *writ system* e as dualidades conceituais antes existentes entre *cases at law* e *suits in equity*, para que os remédios típicos de ambos pudessem ser requeridos em uma única ação, além de se definir genericamente o pedido como a simples e breve condensação dos fatos ocorridos, suficiente para informar a Corte e a parte adversária acerca da pretensão processual almejada. Esse movimento de simplificação procedimental ficou conhecido como *Code Pleading*.[290]

---

[288] Esse objetivo integra os propósitos gerais do sistema processual norte-americano, refletidos na *Federal Rule 1*, quando estabelece que o mais importante é "to secure the just, speedy and inexpensive determination of every action and proceeding".

[289] Referida reforma derivou fundamentalmente do surgimento dos Códigos Processuais, que foram adotados gradativamente pelos Estados norte-americanos (sendo o Código de Nova York – 1848 – e o da Califórnia – 1850 – os pioneiros da reforma), culminando com o advento das *Federal Rules of Civil Procedure*, editadas em 1938 pela Suprema Corte, que representaram o grande marco dessa evolução processual.

[290] "The term code refers to the fact that the reform was accomplished by comprehensive statutory change, not by gradual modification through judicial decision. The term pleading

DINÂMICA PROCEDIMENTAL EM QUE SE INSERE O CONFLITO

Essa reforma processual livrou as demandas de suas intrincadas complicações formais, permitindo que procedimento diverso valorizasse o direito substancial subjacente ao pedido. Assim, as demandas modernas, dotando o pedido de função precisa, objetivam reunir as discussões fáticas e jurídicas centrais e nortear a Corte, tão bem quanto as partes, durante a pendência do caso. Simplificando o pedido, espera-se que os casos judiciais devam estar ligados mais ao mérito substancial do que às técnicas e habilidades táticas do advogado, conforme antes ocorria sob o sistema da *common law*.[291]

Os avanços desta fase se consolidaram ainda mais com o advento das *Federal Rules of Civil Procedure*.[292] Sua elaboração foi autorizada pelo Congresso (baseado no *Enabling Act of 1934*) e a responsabilidade de sua formulação foi atribuída à Suprema Corte, que a delegou a um Comitê Consultivo formado por acadêmicos, juízes e advogados.

Para a moderna demanda informativa[293] (*notice pleading*) passaram a ser suficientes a apresentação simples e breve dos fatos, a identificação das partes (autor e réu) e a descrição da situação jurídica, por meio do pedido de remédio, mesmo que não estejam presentes os fundamentos legais da demanda, tal como determinam as *Federal Rules of Civil Procedure*. Quando for competente a Corte Federal, deve ainda o autor alegar o elemento em que se funda esta competência, como o fundamento da demanda em lei federal, ou o fato de serem as partes cidadãos de Estados diversos.

---

refers to the fact that the new rules centered on the statement of claims, which were to be set forth in documents referred to as pleadings" (HAZARD JR. e TARUFFO, 1993a, p. 24).

[291] FRIEDENTHAL, KANE e MILLER (1985, p. 237).

[292] Aplicadas pelas Cortes Federais e grande parte das Cortes Estaduais – nem todos os Estados seguiram estas regras, embora a extensa maioria o tenha feito. Alguns poucos Estados continuaram adotando o *Code Pleading*, em vez das *Federal Rules*, como, por exemplo, New York e Califórnia, não obstante as diferenças entre o *fact pleading* e o *notice pleading* não sejam substanciais diante de casos mais simples. Em ambos os estatutos legais gasta-se pouca energia com a formulação dos pedidos, pois o centro de gravidade do processo é a fase probatória (*discovery*), conduzida pelas partes, à luz do contraditório (HAZARD JR., 2005, p. 546-547). Assim, o "discovery can be used not only to prepare for trial but to obtain evidence that precludes a trial. Discovery and motion procedure can similarly be used to narrow the claims and defenses by eliminating their legally untenable components. Discovery also provides the parties a basis for more accurately assessing their chances of success at trial. In this respect, discovery is a settlement procedure" (HAZARD JR., 1993, p. 114).

[293] FARNSWORTH (1963, p. 127).

Sobre os avanços gerados pelo advento dessas regras federais em relação à definição do pedido (*modern pleading*), considera Jack H. Friendenthal:

> Não havia, até que fossem promulgadas as Regras Federais de Processo Civil, em 1938, um sistema uniforme de pedido estabelecido para todos os processos nas cortes federais. A reforma federal, tardia de certa forma, provou ser de vital importância, por representar um novo acesso para o pedido, exigindo apenas a adequada e justa notificação de uma pretensão ou defesa, que então dá ênfase à simplicidade maior do que aquela conquistada pela reforma das cortes estatais.
>
> Existem hoje, nos Estados Unidos, essencialmente, dois tipos de pedidos, conhecidos genericamente como pedidos "áticos" (*fact pleading*) e pedidos "informativos" (*notice pleading*). Pedidos fáticos foram desenvolvidos como uma parte integrante da Reforma, que teve início com a adoção do Código de Processo de Nova York, em 1848. Pedidos "informativos" foram introduzidos com as Regras Federais de Processo Civil.[294]

Nesse mesmo sentido, Richard H. Field considera que o grande impulso à reforma processual em tela foi a necessidade de se combater a precisão técnica desmedida do pedido, para o alcance efetivo da justiça.[295] A partir de então, a flexibilidade tornou-se atributo inerente a esse elemento objetivo da demanda, que abandonou a rigidez e o exacerbado formalismo que o definiam no sistema anterior, assumindo as funções de guiar adequadamente as partes na condução do processo e de manter a Corte informada acerca das pretensões que irá decidir e julgar.

Quando a Suprema Corte promulgou, em 1938, um conjunto de regras processuais uniformes para todos os casos federais, a peça-chave dessa reforma foi a adoção da Regra Federal de Processo Civil 8, que seguiu de perto as regras simples de equidade do pedido. A regra federal 8 não somente revolucionou a prática nos casos que tramitavam nas Cortes Federais, mas também provou ser um importante catalisador da reforma em várias Cortes Estaduais, incluindo um número de jurisdições que muito antes tinham adotado o sistema tradicional do pedido. A disposição-chave está na Regra Federal 8 (a)(2), requerendo da parte que realize curta e clara declaração da pretensão, demonstrando que o Requerente é autori-

---

[294] FRIEDENTHAL (1985, p. 238).
[295] FIELD, KAPLAN e CLERMONT (1997, p. 502, 524-525).

zado a obter o provimento. Sob esta regra federal, os últimos vestígios de tecnicismos do pedido foram extirpados e o conceito de demanda "informativa" foi firmemente estabelecido.[296]

Diferentemente do que ocorrera antes da reforma, quando a parte tinha de selecionar previamente o *writ* pretendido e adequar os fatos subjacentes aos escopos legais desta medida, o novo e moderno pedido (*notice pleading*) não precisou ter esses contornos legais e técnicos rigidamente definidos, bastando uma exposição concisa dos fatos ocorridos, sem prejudicar o legítimo titular de um direito pleiteado em juízo com equívocos formais ou o seu adversário, que precisa estar a par do pedido para defender-se no julgamento.

Antes, o requerente, ao selecionar o remédio ou mandado pretendido (*writ*), automaticamente selecionava a teoria legal sob a qual o caso deveria se processar. Se a parte selecionasse o mandado incorreto, ela não deveria ter outra chance a não ser a de encerrar a ação e recomeçar.

A eliminação desses mandados e a sua substituição pelo pedido fático apareceram para alterar drasticamente essa situação. Se o pedido fático apropriado expressar uma causa válida da ação sob qualquer teoria legal (ou equitativa), o pedido está com respaldo legal suficiente. O caso deve processar-se.[297]

Na seleção dos fatos mais relevantes, a função do advogado é de fundamental importância, e o seu treinamento e experiência o preparam para selecionar, da história do cliente, os fatos relevantes para seu propósito e formulá-los em termos nem tão específicos, nem tão genéricos, mas essencialmente estratégicos.[298]

É importante destacar que, em situações excepcionais, o pedido precisa estar revestido de determinadas particularidades, desviando-se da *"general philosophy of modern pleading"*. A *Federal Rule 9* requer pedidos detalhados em alguns casos específicos, como, por exemplo, nas hipóteses de fraude e erro, em que deverão ser afirmadas as circunstâncias em que ocorreram, e a intenção da parte, bem como nos casos de advento de danos especiais.[299]

---

[296] FRIEDENTHAL, KANE e MILLER (1985, p. 240-243-252).
[297] FRIEDENTHAL, KANE e MILLER (1985, p. 246).
[298] FIELD, KAPLAN e CLERMONT (1997, p. 526).
[299] FRIEDENTHAL, KANE e MILLER (1985, p. 256).

PEDIDO E CAUSA DE PEDIR

No sistema norte-americano, a petição inicial (*complaint*) é o repositório dos fatos e fundamentos (*allegations*) que justificam a concessão do remédio jurídico pretendido, sendo seguida pela contestação (*answer*), reconvenção (*counterclaim*) e outras manifestações (como a *crossclaim*, que ocorre quando o réu apresenta pretensão contra um outro réu, e a *third-party complaint*, espécie de intervenção de terceiro, provocada por requerimento do réu). Assim é delineada a lide que será objeto de julgamento (*issue for trial*), de fundamental importância na fixação dos efeitos da decisão, em momento procedimental ulterior.[300]

O redimensionamento do pedido também se aplicou às *injunctions* – ordens judiciais (de obrigação de fazer ou não fazer) expedidas, via de regra, para proteger direitos submetidos a riscos de lesões irreparáveis, que demandam julgamento célere e expedito, sob pena de inefetividade do resultado final produzido. Nesses casos, a flexibilidade do pedido torna-se ainda mais evidente, podendo-se prescindir da oitiva prévia da parte contrária nos casos de manifesta periclitância do direito *sub judice,* para obter uma *temporary restraining order.*[301]

As *injunctions* tornaram-se também remédios mais atuantes e efetivos diante de sua moderna reformulação, não mais decorrendo, por exemplo, de aplicação excepcional e subsidiária condicionada à prova de inexistência de remédio adequado nas regras da *common law.*

Historicamente, o remédio da *injunction* era considerado excepcional e requeria justificativa especial. O autor que buscasse *injunction* tradicionalmente era instado a demonstrar que o remédio legal disponível não suprimia adequadamente o erro. Essa exigência, conhecida como "teste de adequação", ainda é citada em algumas decisões judiciais, mas tem ficado quase obsoleta. Em litígios modernos, a *injunction* pode ser concedida quando o autor mostra que a violação de seus interesses legais ameaça continuar, ou que os danos não serão compensados tão efetivamente caso se apresente perante o réu uma demanda meramente compensatória.[302]

Quanto ao procedimento seguido, nota-se ainda que as *injunctions* prescindem da atuação do júri, pois o magistrado resolve em conjunto as questões de fato e de direito, sendo-lhe atribuída discricionariedade suficiente à condução do processo de forma célere e efetiva, inclusive no plano de

[300] FIELD, KAPLAN e CLERMONT (1997, p. 524).
[301] FRIEDENTHAL, KANE e MILLER (1985, p. 702-703).
[302] HAZARD JR. e TARUFFO (1993a, p. 157).

concretização fática das ordens judiciais proferidas (*contempt of court*), em direção ao resultado mais justo para os litigantes.[303]

Dessa maneira, as *injunctions*, determinações judiciais direcionadas à pessoa do demandado, de natureza mandamental – podendo constituir inclusive provimento de mérito –, são pautadas pela flexibilidade e adaptabilidade às necessidades do caso concreto (muitas vezes contingenciais e mutáveis com o tempo), características fundamentais à obtenção dos resultados pretendidos, projetando-se para o futuro e, normalmente, não se esgotando em um único ato.[304]

Conforme já exposto no item 2.1.3-B, a atividade gerencial exercida pelo juiz para a concessão de *injunctions* e tutelas específicas (*specific performance*), bem como para a aplicação de sanções pelo desrespeito a ordens judiciais (*contempt of court*), que rompeu com a passividade do juiz no *adversary system*,[305] têm também íntima conexão com a *structural injunction*, definida por Owen Fiss[306] como medida reformadora das instituições, organizações sociais de grande porte e da própria burocracia estatal ou não estatal. Somente uma definição instrumental da função judicial seria capaz de alterar o *status quo*, conferindo significado concreto aos valores constitucionais (*injunctive class action*), com base em atuação independente e dialogal do juiz diante das partes, permeada pela sua responsabilidade diante das respostas proferidas, todas devidamente motivadas.

A elasticidade presente no sistema norte-americano, portanto, permite a plena adequação da medida prática à situação de fato visada, de forma que pode haver mais de um tipo de remédio para atender à mesma demanda, cabendo a escolha muitas vezes ao magistrado.[307]

Assim, o sistema procedimental norte-americano revela-se mais flexível e dialógico na definição do objeto da demanda do que o sistema procedimental brasileiro, tratado nos capítulos anteriores, não obstante seja importante registrar que, na prática judiciária norte-americana, muitos

---

[303] HAZARD JR. e TARUFFO (1993a, p. 157-159).

[304] SALLES (1998, p. 194).

[305] JOLOWICZ (1994, p. 64-75).

[306] FISS (2004, Capítulo 1).

[307] Não obstante a escolha da medida cabível seja etapa considerada importante para as partes mesmo antes de o caso ser levado a juízo, tendo em vista a sua relevância na preparação da estratégia adotada pelo autor, além da elaboração da fundamentação do pedido, pré-constituição de provas e, ainda, a definição das condições de negociação com a parte contrária (SALLES, 1998, p. 204-205).

autores ainda apresentam sua inicial com um nível de detalhamento alto, preocupados em sustentar claramente suas versões sobre o mérito da disputa ao juiz,[308] e com alguns cuidados que se fazem necessários para controlar a remessa de demandas temerárias ao Judiciário.[309]

Nem todas as alterações previstas pelas *Federal Rules of Civil Procedure* foram incorporadas pelos princípios e regras do Processo Civil Transnacional supracitado, onde se optou por uma declaração detalhada e específica, tanto fática como jurídica, no pedido, propiciando a definição dos contornos do objeto litigioso no início do processo, após a contestação (que pode agregar novos fatos), com a indicação das provas necessárias à comprovação dos fatos controvertidos (predomínio das características do *civil law*), não obstante haja certa flexibilidade para a propositura de emendas, em especial quando há respaldo probatório para uma ampliação objetiva e subjetiva da causa, a fim de que a demanda reflita da melhor forma o conflito.

Todavia, as emendas não podem causar muitos atrasos, e devem ser submetidas ao contraditório, mediante comunicação à parte contrária. A emenda pode ser utilizada por ambas as partes, e ser requerida por uma delas para melhor entender a pretensão da outra.

Sobre a regra da correlação da sentença ao pedido, o Processo Civil Transnacional determina que a mesma deve ser observada com mais rigor apenas no caso de revelia, ou seja, quando o réu, sem responder à demanda, dá causa ao *default judgement*. Nesse caso, somente o que foi pedido na inicial pode ser deferido, pela ausência de contraditório.

2.3.3. Elementos objetivos da demanda e *class actions*

No sistema norte-americano, não há um tratamento diferenciado dos elementos objetivos da demanda em face dos conflitos coletivos, muito embora a *Rule 23* das *Federal Rules of Civil Procedure* tenha previsto um procedimento próprio, diferenciado, para esse tipo de litígio.

Na transposição do conflito do plano extraprocessual ao processual, para que a causa seja conhecida em juízo, é necessário que ela preencha certos requisitos de *justiciability*, filtro formado por um conjunto de posicionamentos – *cases and controversies doctrine* – e que pode ser equiparado

---

[308] HAZARD JR. (2005, p. xlviii).

[309] "For the past twenty years, efforts have been made to require more specific pleadings for claims judged to be less socially desirable or more likely to be without merit, and to sanction attorneys whose pleadings prove to have frivolous" (HAZARD JR., 2005, p. 547).

DINÂMICA PROCEDIMENTAL EM QUE SE INSERE O CONFLITO

àquele exercido pelas condições da ação, na legislação processual brasileira, entre os quais encontra-se o *standing*, requisito equivalente, guardadas as devidas proporções, à legitimidade do autor. Tais requisitos impedem que o Judiciário declare o direito como matéria inteiramente abstrata, descolada de um caso concreto, das relações jurídicas das partes.[310]

Tratando-se de interesses coletivos, além desses requisitos gerais de *justiciability*, necessários a qualquer outra ação judicial, há pré-requisitos específicos a serem considerados, relacionados à certificação das ações coletivas (juízo de admissibilidade das *class actions*).

São quatro os pré-requisitos da certificação: 1. *numerosity* (a classe deve ser tão numerosa que seja impraticável a reunião de todos os membros em uma única ação);[311] 2. *commonality* (devem existir questões de fato e de direito comuns à classe); 3. *tipicality* (os pedidos e defesas devem ser típicos de classe);[312] 4. *representativeness* (deve haver representantes adequados da classe, representando os interesses dos membros, ainda que ausentes do processo).

Satisfeitos esses requisitos de certificação, a ação coletiva deverá, ainda, se identificar com uma das quatro categorias previstas na subdivisão B da *Regra 23*: (b)(1)(A); (b)(1)(B); (b)(2); (b)(3).

O primeiro subtipo [(b)(1)(A)] corresponde a interesses cuja separação em várias demandas individuais criaria o risco de decisões inconsistentes e

---

[310] SALLES (2006b, p. 8).

[311] Esse requisito não se restringe ao aspecto quantitativo, devendo ser sopesado em consonância com outros fatores que também influenciam a viabilidade da reunião dos interessados, entre os quais aponta Aluisio Mendes: "a dispersão geográfica dos membros da classe, pois se estiverem espalhados por diversas regiões, será mais difícil, onerosa e inconveniente a reunião; o diminuto valor patrimonial da indenização ou do valor pretendido, individualmente considerado, tendo em vista que é da natureza humana confrontar os custos e benefícios para que decisões sejam tomadas, o que tornará mais improvável o ajuizamento de ações separadas, quando as pretensões representarem quantias pequenas ou irrisórias; a natureza e a complexidade das causas, pois determinadas lides estão relacionadas com intrincadas questões técnicas, científicas ou jurídicas, desestimulando e encarecendo o ajuizamento de ações individuais, na medida em que profissionais qualificados e estudos prévios serão necessários; ou a própria mutabilidade dos integrantes do grupo" (MENDES, 2002, p. 76).

[312] "A norma pressupõe que o membro da classe, por possuir um interesse pessoal e direto na lide, estará, aparentemente, apto a empreender os melhores esforços para perseguir os objetivos do grupo. [...] A falta de tipicidade pode ensejar a inadmissibilidade ou a subdivisão da ação de classe" (MENDES, 2002, p. 77).

PEDIDO E CAUSA DE PEDIR

contraditórias, estabelecendo obrigações incompatíveis ao demandado.[313] O segundo subtipo [(b)(1)(B)] se verifica quando o julgamento em benefício de alguns membros da classe, em demandas individuais, prejudica ou impede a defesa dos interesses dos demais integrantes da classe que não sejam partes do processo.[314] O terceiro subtipo [(b)(2)] se dá quando a parte contrária à classe tenha agido ou se recusado a agir em campo aplicável genericamente à classe, sendo necessárias medidas de caráter mandamental (*injunctive relief*) ou declaratório (*declaratory relief*).[315] O quarto subtipo [(b)(3)], por fim, se dá quando a Corte verifica que as questões de fato e de direito comuns aos membros da classe predominam diante das questões individuais e a ação coletiva revela-se superior, em termos de equidade e eficiência, aos outros métodos de solução da controvérsia.

Como se viu, esta classificação não coincide exatamente com a adotada pela legislação brasileira (tripartição dos interesses coletivos em difusos, coletivos e individuais homogêneos), embora haja alguns elementos convergentes, como a consideração da indivisibilidade do objeto como parâmetro para determinar o tipo de vinculação dos membros da classe à decisão e permitir ou vedar a possibilidade de sua exclusão dos efeitos da coisa julgada.

Os três primeiros tipos de ações são considerados *mandatory classes*, e não admitem a possibilidade de desvinculação individual aos efeitos da ação (*opt out*) que atingem os membros da classe, quer para beneficiá-los, quer para prejudicá-los, devendo a decisão indicar aqueles que foram certificados como integrantes da coletividade, o que é diferente em relação à quarta categoria [23(b)(3)] que, por tratar de direitos divisíveis e exigir notificação individual mais detalhada[316] das partes identificadas e afeta-

---

[313] Tais demandas são conhecidas como "incompatible standards class action", e estão relacionadas a providências de natureza mandamental e constitutiva, guardando certa semelhança com a ação coletiva para a defesa de interesses difusos ou coletivos do Direito brasileiro, no que diz respeito à indivisibilidade, material ou jurídica, do direito tutelado (MENDES, 2002, p. 85-86).

[314] É o caso de subtração de indenizações, por exemplo, de um fundo comum limitado; daí porque estas demandas são conhecidas como *limited fund class action*.

[315] As demandas coletivas são certificadas neste subtipo, na maioria das vezes, quando estão em jogo *civil rights cases*.

[316] Há uma fecunda discussão nos EUA sobre a escolha da forma da notificação (individual, coletiva, por amostragem) e a assunção dos custos desta notificação. No caso Eisen *vs.* Carlisle & Jacquelin, decidido na metade dos anos 1970, que envolvia um esquema de fixação de

das – *fair notice* [23(c)(b)], permite que as mesmas exerçam o seu direito de exclusão da ação coletiva, devendo o julgamento especificar aqueles que assim o fizeram.[317]

Sabe-se que as regras sobre *class action* influenciaram de certa forma a legislação brasileira sobre processo coletivo, mas o modelo norte-americano ainda se destaca e diferencia pelo seu viés predominantemente pragmático e privatista, baseado na iniciativa individual do interessado,[318] que

preços entre os corretores da Bolsa de Valores que negociavam o que se costuma chamar, na indústria, de lotes incompletos, os custos da notificação individual, por serviço do correio da primeira classe, para cerca de 2.250.000 pessoas que compraram menos de dez ações dos corretores em determinado período de tempo, implicava o valor de US$ 225.000,00, enquanto o custo da notificação coletiva foi estimado em pouco mais de US$ 20.000,00, consistindo em anúncios nos principais jornais e na notificação, via correio de primeira classe, dos grandes e médios investidores do mercado e de 5.000 pequenos investidores do grupo de 2.250.000, escolhidos aleatoriamente. Discutiu-se também, nesta ação, quem deveria arcar com esses custos (autor ou réu) e quando o pagamento era devido (no início ou no final da ação). Neste caso, a Corte responsável pela instrução em julgamento atribuiu os custos da notificação ao réu, mas a Suprema Corte modificou a decisão, considerando que o autor deve arcar com os custos de sua ação judicial, devendo a notificação ser individualizada para todos os membros que possam ser identificados por meio de um esforço razoável (*Rule 23* (b)(3) c/c *Rule 23* (c) (2) das *Federal Rules of Civil Procedure*). Fiss considera este caso como uma vitória das forças conservadoras, pois notificações individualizadas intensificam custos e tornam a *class action* menos atrativa por razões puramente financeiras, o que diminui o entusiasmo do legitimado individual (*private attorney general*) (Fiss, 2004, p. 242-249).

[317] Segundo legislação brasileira atualmente vigente, entretanto, tratando-se de direitos individuais homogêneos, não se faz necessária a notificação individual dos interessados na ação coletiva, pois estes não precisam apresentar qualquer manifestação para serem beneficiados pelo resultado desta demanda. Entretanto, caso já tenha ocorrido a propositura de uma demanda individual sobre a mesma questão, é preciso que o indivíduo promova a sua suspensão, no prazo de 30 dias, a contar da ciência do ajuizamento da ação coletiva, sob pena de o mesmo não se beneficiar do seu resultado (CDC, art. 104).

[318] Chegou-se a debater a necessidade de atribuir, no Anteprojeto do Código Brasileiro de Processo Coletivo, legitimidade à pessoa física (para defesa de interesses ou direitos difusos) e ao membro do grupo, categoria ou classe (para a defesa de interesses ou direitos coletivos e individuais homogêneos), desde que o juiz reconhecesse a sua representatividade adequada, fundada nos seguintes critérios: 1. a credibilidade, capacidade e experiência do legitimado; 2. seu histórico na proteção judicial e extrajudicial dos interesses ou direitos difusos e coletivos; 3. sua conduta em eventuais processos coletivos em que tenha atuado. Tratava-se de atribuir legitimidade àquele que tem um nível de interesse maior no conflito coletivo, para que se engaje na sua defesa (influência norte-americana, que adota predominantemente este modelo). Mas o Projeto de Lei n. 5.139/2009, que disciplina a ação civil pública para a tutela de interesses difusos, coletivos e individuais homogêneos, não incorporou esta possibilidade de legitimidade individual para a tutela coletiva.

propõe a ação em nome próprio, devendo demonstrar que sofreu um prejuízo pessoal e imediato.

A *class action for damages* [23(b)(3)], que incide sobre interesses divisíveis, é geralmente vista com mais receio do que os demais tipos de ações coletivas – *mandatory class action*.[319] São os *mass tort cases*, semelhantes aos casos que envolvem pedidos de indenização relativos a interesses individuais homogêneos, à luz da legislação processual brasileira, com posterior liquidação dos danos considerados em sentença genérica (predomínio de questões comuns sobre as individuais). Nos EUA, esses cuidados e desconfianças ocorrem principalmente no campo de reparação dos danos aos consumidores gerados por vício de produtos, o que se reflete nas raras obtenções de *certification* ou, quando isso ocorre, no alto índice de acordos, anteriores ao julgamento final da lide.[320]

Ada Pellegrini relata alguns casos emblemáticos desta situação, entre eles o caso Castano (*Dianne Castano et alii v. The American Tobacco Company et alii*, 84 F. 3d 734 – 5th. Cir. 1996 – n. 95-30725, julgado em 23.05.1996), versando sobre a reparação dos danos provocados pela dependência da nicotina, com base em alegada falta de informação a respeito da dependência e manipulação para aumentar o nível desta. A ação foi desqualificada como ação de classe em grau de apelação, não havendo a prevalência e superioridade das questões comuns sobre as individuais, pelas seguintes razões:

---

[319] Desde meados dos anos 1970, a jurisprudência da Suprema Corte norte-americana passou a ser restritivamente seletiva em relação às *class actions*, tendo em vista inúmeros problemas, como, por exemplo, a propositura de ações temerárias (por vezes acusadas e qualificadas de mera chantagem judicial), o valor excessivo de honorários advocatícios, litigâncias de má-fé, entre outros óbices. Ressalta Carlos Alberto Salles que o apogeu da *class action* ocorreu nos EUA a partir de meados da década de 1950, com o advento do caso *Brown vs. Board of Education*, pelo qual a Suprema Corte determinou a dessegregação de escolas separadas racialmente. A esse caso seguiu-se um momento de grande ativismo judicial, na seara coletiva (direitos civis, meio ambiente, consumidor), emblematicamente representado pela chamada *Warren Court*. Segundo o autor, este tipo de iniciativa nos EUA não está morto, mas o momento atual é de evidente moderação judicial, capitaneada pela composição conservadora da Suprema Corte, formada por várias indicações realizadas por governos republicanos. Assim, é importante reconhecer a existência de diferentes momentos no Brasil e EUA, pois em nosso país houve uma expansão das ações coletivas após o advento da Lei n. 7.347/85, pela qual foi definitivamente introduzida no país a tutela judicial dos interesses coletivos (SALLES, 2006b, p. 5-7).

[320] GRINOVER (2001, p. 16-17).

Especificamente com relação à prevalência, o tribunal assentou que, após o processo coletivo, a causalidade ainda deveria ser demonstrada em processos individuais. A questão comum era apenas uma parte menor do julgamento.

Quanto à superioridade, observa o tribunal que a certificação da ação de classe levaria a pressões insuperáveis, qualificadas como "chantagem judicial", sendo certo que o tratamento coletivo poderia incidir sobre o destino de um inteiro setor produtivo. A decisão reporta-se ao precedente do Juiz Posner sobre a análise da superioridade. Por outro lado, salienta o tribunal que cada reclamante poderia receber uma indenização milionária, não sendo um desperdício levar à justiça essas pretensões individualmente. Observa-se, ainda, que a litigância demoraria anos, porque a causalidade predominava sobre as questões comuns.[321]

Em reportagem da revista *The Economist* sobre a expansão das demandas coletivas pela Europa, fica claro como este *american style collective lawsuit* é temido pelo empresariado de países europeus, preocupados que tais demandas assumam em continente europeu o idêntico destino das *class actions* americanas.[322]

Não obstante as vantagens trazidas pela molecularização dessas demandas sejam evidentes, em termos de economia processual, mesmo na área empresarial, os riscos que os setores produtivos empresariais temem pela combinação destas demandas com as indenizações vultuosas requeridas a título de *punitive damages* superam as perspectivas de um bom funcionamento do instituto.[323]

Nos EUA, após o desvirtuamento desse instituto, utilizado muitas vezes de forma temerária, ou visando a obtenção de indenizações com valores astronômicos e o pagamento de honorários advocatícios elevados,[324] visto

---

[321] GRINOVER (2001, p. 17).

[322] SIMONDS (2007).

[323] "The main problem in American's tort system is not class action, but rather punitive damages and the rest of it. And there is also a more pragmatic reason for European firms to embrace class action grudgingly: stopping cases moving to America. Injured European shareholders are beginning to sue European firms in American courts. That would be much harder for American courts to permit, if the shareholders could do the same in Europe. Until proven otherwise, class actions deserve a caution welcome" (SIMONDS, 2007, p. 2).

[324] O pagamento dos honorários e despesas advocatícias é subtraído das indenizações recebidas ao final do processo, pois não há sucumbência nos EUA. Muitos escritórios de advocatícia se especializaram nesse tipo de demanda, procurando casos e clientes em potencial

como ferramenta de barganha para a obtenção de acordos entre as partes, cujos custos são repassados na cadeia produtiva aos demais consumidores, algumas mudanças foram implementadas nas *Federal Rules of Civil Procedure*, quanto à obtenção de acordos, escolha do advogado e fixação dos honorários (rule 23(g) e 23(h)).

Segundo Marcos Paulo Veríssimo, o caráter privado e individualista do sistema norte-americano de gestão de interesses coletivos contrasta com o sistema semipúblico vigente no Brasil, no qual a legitimidade para agir em defesa desses interesses é atribuída ao Ministério Público, a certos entes despersonalizados, a órgãos e entes públicos e associações.

Ressalta o citado autor que a principal vantagem do sistema brasileiro é viabilizar com maior facilidade a tutela de interesses altamente dispersos (como aqueles ligados ao meio ambiente, patrimônio cultural, artístico, histórico, etc.), pois em muitos casos não seria possível encontrar pessoas diretamente afetadas que se dispusessem a defendê-los em juízo, com a assunção dos custos envolvidos, sendo predominante a atuação do Ministério Público, diante da sub-representação desses interesses, e o advento de efeito carona. Entretanto, uma das grandes desvantagens desse sistema é ignorar que o caráter difuso dos interesses incidentes sobre bens indivisíveis corresponde também a um profundo dissenso quanto aos usos que devem ser dados a eles, pois no sistema brasileiro tais interesses são tratados abstrata e fictamente como um conjunto coerente e unificado (em categorias como a de interesses difusos, coletivos e individuais homogêneos), com desconsideração de seus efeitos policêntricos.[325]

Quanto aos elementos objetivos da demanda, por fim, as vantagens que se vê incorporadas nas *Federal Rules of Civil Procedure* giram em torno do procedimento de certificação da ação como coletiva [23(c)(1)(b)] que, além de observar os pré-requisitos gerais supracitados (*numerosity, commonality,*

---

e abrindo mão dos honorários no caso de perda da ação, mas em contrapartida pedindo um valor substancial a título de honorários,
no caso de haver ganho de causa.

[325] VERÍSSIMO (2006, p. 170-176). Lembra esse autor que, na experiência europeia, normalmente o tema relativo a interesses é tratado pelas justiças administrativas (como na Itália e Portugal, por exemplo), vigorando a dualidade de jurisdição. Assim, jurisdicionalizam-se na justiça civil unicamente os direitos subjetivos, ficando a tutela de interesses legítimos frente à administração pública, a cargo das Cortes Administrativas, cujos estatutos processuais são em geral distintos. Nos EUA e no Brasil, por sua vez, países cujas legislações processuais estão sendo aqui comparadas, não há contencioso administrativo.

tipicality e *adequacy of representation*) e indicar a subsunção do caso a uma das categorias de ação coletiva previstas na *Regra 23*(b), demanda decisão que defina o pedido, o litígio subjacente e a defesa da classe e verifique a escolha do advogado, de acordo com requisitos estabelecidos em lei [23(g)], decisão esta *(certification order)* que poderá ser alterada ou emendada até o julgamento final.

O momento de certificação da ação como coletiva não encontra paralelo exato no Brasil, não obstante o Anteprojeto do Código de Processos Coletivos, de *lege ferenda,* previsse uma possibilidade semelhante em audiência preliminar (art. 23, § 5º, I), com análise do juiz se a ação coletiva tem condições de prosseguir na forma coletiva, o que se considera interessante pela concepção de um momento destinado à análise e valoração judicial dos elementos objetivos da demanda. Esta hipótese também está prevista no PL 5.139/2009 (art. 20, I), que disciplina a ação civil pública para a tutela de interesses difusos, coletivos ou individuais homogêneos.

Não indo tão longe quanto a legislação processual norte-americana, que admite que pedidos formulados em bases individuais sejam estendidos para os demais integrantes da classe, por meio da certificação da ação como coletiva, o art. 8º do mesmo Anteprojeto aproxima-se de seu escopo ao determinar que o juiz, tendo conhecimento da existência de diversos processos individuais correndo contra o mesmo demandado, com identidade de fundamento jurídico, notificará o Ministério Público e, na medida do possível, outros legitimados, a fim de que proponham, querendo, demanda coletiva.

3
Um diagnóstico empírico

3.1. Pesquisa jurisprudencial realizada no Superior Tribunal de Justiça (STJ)

3.1.1. Escolhas metodológicas, definição de amostragem e justificativas

Este capítulo trata de pesquisa empírico-jurisprudencial para avaliar como o STJ aplicou a regra da correlação da sentença ao pedido (CPC/1973, arts. 128 e 460; correspondentes aos arts. 141 e 492 do CPC/2015). É importante esclarecer que a pesquisa foi realizada em data anterior à promulgação do CPC/2015, tendo por abrangência temporal os anos de 1989 a 2006, embora as suas principais conclusões se mantenham nas decisões mais recentes do STJ sobre pedido e causa de pedir.

A escolha pelo STJ deveu-se, primeiramente, ao fato de a regra da correlação da sentença ao pedido estar positivada na legislação processual civil, o que possibilita que a sua violação seja analisada pelo Superior Tribunal de Justiça.[326] Em segundo lugar, influenciou essa escolha o papel uniformizador da jurisprudência exercido por este Tribunal,[327] além da

---

[326] O rol de competências do STJ está previsto no art. 105 da Constituição Federal. Entre elas, prevista em rol taxativo, está a competência de julgar, em recurso especial, as causas decididas, em única ou última instância, pelos Tribunais Regionais Federais ou pelos tribunais dos Estados, do Distrito Federal e Territórios, quando a decisão recorrida: a) contrariar tratado ou lei federal, ou negar-lhes vigência; b) julgar válido ato de governo local contestado diante de lei federal; c) der a lei federal interpretação divergente da que lhe haja atribuído outro tribunal.

[327] Considerou-se a tendência paradigmática que as decisões do STJ assumem no cenário jurisprudencial, mesmo quando não se trata de súmula ou acórdão de julgamento de recursos repetitivos, pelo caráter persuasivo das decisões dos Tribunais Superiores em relação ao convencimento dos juízes. Por fim, em 19.12.2006, foi sancionada a Lei n. 11.417/2006, que regulamenta o art. 103-A da CF/1988, disciplinando a edição, a revisão e o cancelamento de enunciado de súmula vinculante pelo Supremo Tribunal Federal.

PEDIDO E CAUSA DE PEDIR

possibilidade de se analisar processos após o trâmite pelas 1ª e 2ª instâncias de diversos Estados brasileiros,[328] para se diagnosticar, então, a *ratio decidendi* dos acórdãos do STJ sobre esta regra legal e a percepção desse Tribunal Superior para interpretar diferentemente a regra diante da natureza específica do conflito, se individual ou coletivo, patrimonial ou não patrimonial, disponível ou indisponível.

Sabe-se que há impedimentos constitucional e sumular para que o STJ examine matéria fática que demande análise probatória (art. 105, III, da CF/88 e Súmula n. 7 do STJ), em Recurso Especial, mas esse mesmo Tribunal tem entendido, via de regra, que o exame da violação aos arts. 128 e 460 do CPC/1973 (correspondentes aos arts. 141 e 492 do CPC/2015) não depende da reapreciação dos aspectos fáticos da demanda, porque a questão controvertida consiste em matéria de direito, cuja solução exige apenas o cotejo da causa de pedir e do pedido com a sentença proferida, juízo que independe da análise do contexto fático-probatório.[329]

O Superior Tribunal de Justiça é organizado pelo critério da especialização, havendo três Seções de julgamento, cada uma delas composta por duas Turmas, que analisam e julgam recursos de acordo com a natureza da causa submetida à apreciação. Acima delas está a Corte Especial, órgão máximo do Tribunal. Foram analisados nesta pesquisa acórdãos proferidos tanto por Turmas quanto por Seções e pela Corte Especial, tabulando-se os dados no Anexo B de acordo com a organização desse Tribunal.

---

[328] As ações originárias e os recursos que tramitaram nos tribunais foram identificados a partir dos relatórios dos acórdãos. Nem todos os processos que tratam desta matéria, obviamente, chegaram ao STJ, podendo muitos deles ter sido resolvidos em 1ª e 2ª instâncias, sem recurso das decisões proferidas, mas a possibilidade legal e constitucional de serem levados ao Tribunal Superior, por violação de regra infraconstitucional, justificou a pesquisa.

[329] Vide REsp 606165/DF, Primeira Turma, Rel. Min. Denise Arruda, j. 14.11.2005, assim ementado: "1. O julgamento da pretensão recursal, para exame da apontada ofensa ao art. 460 do CPC [correspondente ao art. 492, do CPC/2015], não depende da reapreciação dos aspectos fáticos da lide, porque a questão controvertida consiste em saber se houve ou não julgamento *extra petita*, ou seja, se a sentença acolheu ou não fundamento diverso da causa de pedir e do pedido, articulados na petição inicial. 2. Essa controvérsia não caracteriza questão de fato, mas sim questão de direito, cuja solução exige, apenas, o cotejo da causa de pedir e do pedido com a r. sentença de procedência da pretensão reintegratória, no objetivo de se verificar a observância ou não do princípio da congruência (CPC/1973, arts. 128 e 460; CPC/2015, arts. 141 e 492), juízo que independe da análise do contexto fático-probatório" [Inclusões de correspondência ao CPC/2015 feitas pela autora].

A Primeira e a Segunda Turmas compõem a Primeira Seção, especializada em matérias de direito público, com destaque para as questões administrativas e tributárias, entre outras; a Terceira e a Quarta Turmas compõem a Segunda Seção, especializada em direito privado, examinando questões de direito civil e comercial; e a Quinta e a Sexta Turmas compõem a Terceira Seção, que julga causas que envolvem matérias de direito penal em geral, salvo os de competência originária da Corte Especial e os de *habeas corpus* de competência das Turmas que compõem a Primeira e a Segunda Seções.

As matérias de competência das seções especializadas estão previstas no art. 12 do Regimento Interno do STJ. Entre elas, são julgados via embargos de divergência os processos que buscam uniformizar a interpretação do direito entre as Turmas de uma mesma Seção, quando estas divergirem. Nos casos em que há divergência de interpretação entre Turmas de diferentes Seções, o exame da questão é remetido à Corte Especial.

Adotou-se na pesquisa a classificação dos processos por assunto, em conformidade com a ficha de acompanhamento processual do Superior Tribunal de Justiça, disponível no *site* pesquisado, o que permitiu a seguinte divisão temática, no campo das ações, conforme especificação entre parênteses: *1*. ações individuais (indenização e responsabilidade civil),[330] *2*. ações individuais (contratos – compra e venda e arrendamento mercantil);[331] *3*. ações individuais (locação);[332] *4*. ações individuais (demais contratos e

---

[330] Neste item, considera-se tanto a responsabilidade contratual quanto a extracontratual relacionadas às demandas indenizatórias. Há um julgado em cuja classificação não consta o assunto indenização, mas "civil-contrato" (REsp 2586-CE), não obstante trate de demanda indenizatória referente à aquisição de computador com defeitos e inoperância da assistência técnica, guardando pertinência temática com os demais acórdãos do item. O mesmo ocorre em relação a outro julgado (REsp 62320-SP), cujo assunto foi classificado pelo STJ como civil-responsabilidade, mas refere-se à demanda indenizatória, por responsabilidade subjetiva.

[331] Foi destinado um item a esses dois tipos de contratos diante da incidência mais expressiva de julgados em relação aos mesmos.

[332] Há dois julgados, neste item, cujos assuntos não foram classificados pelo STJ como referentes à locação. Um deles refere-se ao direito das coisas, propriedade e condomínio (REsp 54306-SP): trata-se de uma ação ajuizada por ex-companheira do recorrente, com quem viveu por vários anos, para cobrança de aluguéis pelo uso exclusivo de bem imóvel residencial adquirido por ambos na constância da vida em comum. O outro (REsp 9338-SP) tem o assunto catalogado como civil-contrato, mas refere-se à ação renovatória de locação, com arbitramento do aluguel. Não obstante a classificação dos assuntos seja diversa, esses acórdãos (proferidos respectivamente pela Quarta e Terceira Turmas) guardaram pertinência temática com os demais arrolados no mesmo item.

PEDIDO E CAUSA DE PEDIR

responsabilidade civil);[333] 5. mandados de segurança e ações individuais (administrativo);[334] 6. ações individuais (previdenciário);[335] 7. ações individuais (tributário);[336] 8. ações individuais (direito de família);[337] 9. ações coletivas (ações civis públicas, populares e de improbidade administrativa).

Tal como já referido, a intenção dessa pesquisa foi aferir o posicionamento do STJ sobre a aplicação e interpretação da regra da correlação da sentença ao pedido, o que se revelou importante para testar, a partir de um viés prático e empírico, a parte teórico-conceitual deste capítulo. O problema central que a pesquisa visou investigar é expresso no seguinte questionamento: há diferenciação na aplicação da regra da correlação da sentença ao pedido diante da natureza do conflito processualizado, ou esta regra se aplica indistintamente em todos os casos?

Quanto à natureza do conflito, considerou-se em especial a polarização entre conflitos disponíveis e indisponíveis. A ideia inicial era analisar a diferença de aplicação da regra entre conflitos individuais e coletivos, mas em função da variedade de conflitos individuais objeto dos processos pesquisados, suscitando diferentes aplicações da regra em questão, e

---

[333] Esse item é residual, destinado aos demais contratos (contratos de seguro, consórcio, financiamento bancário, prestação de serviços, honorários, abertura de crédito, entre outros) e casos de responsabilidade.

[334] Há dois julgados (REsp 218738-RS e REsp 38520-PR) que se referem a contratos de obras públicas, daí a sua inclusão em direito administrativo. Este item é o que mais contém julgados, pois inclui todo tipo de pedido, desde que seja formulado contra ente público, da Administração direta e indireta.

[335] Há oito julgados (REsp 155170-CE, REsp 140725-PE, REsp 328539-RN, REsp 328247-RS, AgRg no Ag 615731-DF, REsp 440901, REsp 156242-DF, REsp 577014-CE) cujos assuntos foram catalogados pelo STJ em administrativo por referirem-se a servidores públicos, civis e militares, muito embora o assunto fosse relativo à pensão e reforma dos mesmos, razão pela qual foram inseridos neste item, e não em administrativo.

[336] Há um julgado neste item (REsp 705631-MS), cuja classificação do assunto pelo STJ seguiu viés processual ("execução fiscal – embargos – devedor"), mas refere-se substancialmente à matéria tributária, daí sua inclusão neste item.

[337] Há um julgado (REsp 476557-PR) neste item, cujo assunto foi catalogado no STJ como "civil – ato jurídico – simulação", mas refere-se à declaração de invalidade da compra e venda de determinado imóvel entre ascendente a descendente, sem o consentimento dos demais herdeiros, com pedido de condenação em perdas e danos. Outro julgado que também não segue a classificação estrita de direito de família (REsp 488512-MG) foi catalogado pelo STJ como "ação rescisória – violação a dispositivo de lei", mas diz respeito, substancialmente, à investigação de paternidade. Ambos foram incluídos neste item, em face da pertinência temática apresentada.

150

de o número da amostra não ser tão amplo em relação às ações coletivas, a análise incidiu principalmente na disponibilidade *versus* indisponibilidade do conflito, tanto em ações individuais quanto coletivas, seguindo a divisão temática acima exposta.

Para realizar a pesquisa, foram pré-selecionadas 505 ementas de acórdãos proferidos pelo STJ (amostragem) com a utilização das seguintes palavras-chave, no banco de jurisprudência *on-line* do STJ:[338] *i.* "Congruência E sentença E pedido"; *ii.* "Correlação E sentença E pedido"; *iii.* "Adstrição E sentença E pedido"; *iv.* "Pedido E sentença E *ultra* E *petita* E processo E civil"; *v.* "Pedido E sentença E *extra* E *petita* E processo E civil NÃO ultra"; *vi.* "ação E civil E pública E *ultra petita*", *vii.* "ação E civil E pública E *extra petita*". Dessa amostragem foi feita uma outra triagem, a partir do texto dos acórdãos, excluindo-se aqueles que tratavam da aplicação da regra da correlação na área penal, geralmente em sede de *habeas corpus*, e na área recursal, via de regra diante do efeito devolutivo da apelação, tendo sido também acrescidos outros acórdãos identificados no inteiro teor dos votos analisados, que não foram identificados com as palavras-chave, mas se adequavam ao objeto de pesquisa deste capítulo.

No total, foram analisados 312 julgados e tabulados 271 (tabela anexa), entre os quais há 257 acórdãos das diversas Turmas do STJ decididos por unanimidade, 6 acórdãos proferidos por Seções deste Tribunal – dos quais 5 se deram em embargos de divergência e 1 em mandado de segurança, 2 acórdãos proferidos pela Corte Especial, 1 decisão monocrática e 6 acórdãos proferidos em decisões não unânimes, um deles proferido por Seção, e o restante por Turmas do STJ. Tais julgados foram distribuídos em tabela detalhada que consta no Anexo B deste livro.

Quanto à delimitação temporal da pesquisa, o acórdão mais antigo sobre o tema foi proferido em 02.08.1989 (REsp 54-RJ) pela Segunda Turma, tendo como relator o ministro Luiz Vicente Cernicchiaro, e está presente no item da tabela relativo a mandados de segurança e ações individuais em direito administrativo; e o acórdão mais recente foi proferido em 19.09.2006 (REsp 813428-CE), também pela Segunda Turma, mas tendo como relator o ministro Castro Meira, e incluído no item das ações relativas à matéria tributária.

A pesquisa considerou as seguintes variáveis, tabuladas no documento anexo: i. classe processual; ii. órgão julgador; iii. data do julgamento; iv.

---

[338] As ementas foram acessadas em 21 out. 2006, no *site* https://scon.stj.jus.br/SCON.

votação; v. natureza do conflito; vi. ações; vii. matéria objeto do processo; viii. entendimento dos julgados em relação à regra da correlação (aplicação estrita ou não estrita desta regra), campo no qual foram agrupados acórdãos semelhantes (não idênticos) e convergentes sobre o tema. Assim, foi possível averiguar se há alguma relação entre a natureza do conflito e a aplicação da regra da correlação da sentença ao pedido.

Ressalte-se que nesta pesquisa não houve apenas a leitura das ementas, mas do inteiro teor dos julgados pesquisados (votos, relatórios e dispositivo), para aferir a tendência jurisprudencial do STJ sobre a temática pesquisada.

A alocação dos dados pesquisados na tabela merece algumas ressalvas:

i.   a transcrição da matéria objeto do processo obedeceu à descrição feita nos acórdãos (ementa, relatório e/ou votos), ora se referindo ao pedido imediato, ora ao pedido mediato, estando presente em alguns casos a causa de pedir, elementos estes relacionados à ação principal, que tramitou em primeira instância, embora nem todos os acórdãos possuam a mesma sistematicidade e coerência em relação à descrição de tais elementos;

ii. quanto ao entendimento do julgado em relação à regra da correlação, houve a distribuição dos julgados em dois campos, um destinado à aplicação estrita da regra e outro à sua aplicação não estrita, separação que não pode escapar de um reducionismo necessário aos fins didáticos da pesquisa, e que não se aplica a outras questões julgadas no acórdão (muitas vezes decorrentes do pleito principal), mas tão somente à aplicação da regra da correlação, cuja violação foi alegada pelas partes nos processos analisados;

iii. ainda sobre o campo destinado à aplicação da regra da correlação, é importante ressaltar que a alocação dos julgados passou pelo crivo da interpretação da autora, pois nem todos os casos de aplicação estrita e não estrita da regra são idênticos entre si, mas sim convergentes, sendo expostos na análise dos resultados da pesquisa para conferir um significado concreto e exemplificativo de como a regra pode ser aplicada.[339]

---

[339] Houve também casos (minoritários) em que o julgado não apresentou juízo de valor sobre a regra, mas apenas transcreveu o texto de dispositivo legal, ou afirmou a sua violação ou não violação. À luz de uma análise sistemática dos argumentos desses acórdãos sobre a regra, os mesmos foram distribuídos na tabela.

Ficaram de fora da pesquisa os acórdãos:[340] a) que não conheceram os recursos interpostos,[341] e, por isso, não exerceram juízo de valor sobre a regra da correlação da sentença ao pedido; b) que consideraram a sentença *citra petita*, e propugnaram pela sua anulação total; c) que trataram apenas do efeito devolutivo dos recursos e suas consequências – regra da correlação aplicada em 2ª instância, opção de exclusão que foi feita preliminarmente, na definição da amostra.[342]

O recorte temático se realizou de forma especializada e intencional, diante das constatações teóricas feitas em relação às hipóteses desta pesquisa,[343] havendo um critério valorativo em sua predefinição. A investigação, por sua vez, permeou-se por critérios qualitativos e quantitativos, pois não se pode prescindir de um aporte teórico para a coleta e análise dos dados quantitativos, e a recíproca é verdadeira, uma vez que alguns cruzamentos estatísticos revelam a existência de problemas e questões que não foram visualizados *a priori*, sendo muito útil a inter-relação entre estas esferas de análise.[344]

Quanto à base de dados pesquisada, diferentemente da realidade de muitos tribunais no Brasil, o STJ disponibiliza de maneira muito organizada as suas decisões no banco de dados *on-line* e realiza indexação das mesmas, o que garante um nível maior de padronização, sendo a busca

---

[340] Foram analisados, mas não tabulados, um total de 41 acórdãos.

[341] Hipóteses de não conhecimento por falta de prequestionamento da violação à regra de correlação (maioria dos casos que não foram utilizados), não enquadramento nas hipóteses previstas no art. 105, III, *a, b, c* da Constituição Federal de 1988 e não observância dos arts. 26 a 29 da Lei n. 8.038/1990, que instituem normas procedimentais para os processos perante o Superior Tribunal de Justiça e o Supremo Tribunal Federal.

[342] Além dessas exclusões, alguns acórdãos (no total de 41) não foram utilizados em face das dificuldades de identificação do objeto do processo (pedido e causa de pedir não transcritos nos relatórios e votos) e de tabulação de acordo com os itens e variáveis considerados na pesquisa.

[343] Considerou-se neste recorte temático o crescente reconhecimento das especificidades do processo civil coletivo, no âmbito doutrinário e jurisprudencial, que culminou com as discussões sobre um Anteprojeto de Código Brasileiro de Processo Coletivo, o que justificou o interesse pelo diagnóstico de como vem ocorrendo a aplicação da regra da correlação, inerente ao procedimento rigidamente formal e preclusivo do processo civil individual, permeado pelo princípio dispositivo, aos conflitos de natureza coletiva, bem como àqueles que se referem a bens da vida indisponíveis.

[344] Deixou-se de lado o enorme volume e variedade de decisões dos Tribunais Estaduais, para analisar com mais profundidade as decisões do STJ.

PEDIDO E CAUSA DE PEDIR

por palavras-chave realizada a partir das ementas, com a possibilidade de pesquisar pela frase exata, com o uso de aspas.

Acredita-se que a amostra adotada (acórdãos selecionados sobre o tema no STJ) tenha sido significativa, tendo atingido a quase totalidade do universo de decisões acerca da matéria. Entretanto, não é possível verificar com precisão absoluta o número total de decisões do STJ sobre a regra da correlação da sentença ao pedido, daí a importância do estudo estatístico, para, a partir de análises inferenciais, observar-se o comportamento e a frequência dos dados coletados.

Foi desenvolvido um projeto junto ao Centro de Estatística Aplicada (CEA),[345] que resultou no trabalho de conclusão de curso dos alunos Diego Gomes Martins do Carmo e Gustavo Miranda da Silva, sob a orientação do professor Carlos Alberto Bragança Pereira, em relação à análise estatística dos dados coletados a partir desta pesquisa jurisprudencial.[346] Utilizou--se um índice de confiabilidade de 95% (Bayesiano), e os resultados estão expostos no item 3.1.3.

A importância desta pesquisa empírica, centrada em problema enfrentado pela dissertação de mestrado que originou este livro, reflete a preocupação em analisar o comportamento de órgão do Poder Judiciário em relação à dogmática processual, ao interpretar e aplicar a lei ao caso concreto, subsunção que não é tão imediata e lógica quanto parece.

Ao tratar da comparação entre sistemas jurídicos, entendendo a comparação como forma de conhecimento do Direito interno, Rodolfo Sacco identifica três tradicionais elementos formantes de um dado sistema: lei, doutrina (manuais) e jurisprudência (prática judiciária), ressaltando a importância na análise conjunta dos elementos teóricos e operacionais, e manuseio de seus pesos e contrapesos. Nesse inventário dos sistemas, a

---

[345] O CEA é um Centro de Consultoria por meio do qual professores do Departamento de Estatística do Instituto de Matemática e Estatística da Universidade de São Paulo prestam serviços de consultoria e assessoria em Estatística Aplicada para os demais órgãos da Universidade, para outras instituições públicas e privadas ou pessoas físicas. Atualmente o CEA conta com dois tipos de atividades básicas: consultas e realização de projetos de assessoria estatística de pequeno porte. As consultas têm como finalidade a apresentação de sugestões para análise de dados ou para planejamento de estudos que envolvem análises estatísticas, além de servirem para a triagem de projetos a serem desenvolvidos pelo CEA. A pesquisa empírica deste livro, originado a partir de dissertação de mestrado, passou primeiramente por uma consulta, e depois foi selecionada para constituir um projeto.

[346] CARMO, PEREIRA e SILVA (2007; RAE-CEA-07P02).

partir de seus elementos formantes (alguns deles nem sequer verbalizados, mas implícitos em certas obviedades do sistema e comportamentos sociais), a análise das decisões judiciais é muito importante para se aferir a prática e a realidade judiciária, e entender como as regras e conceitos dogmáticos vêm sendo aplicados.[347]

3.1.2. Hipóteses
Delineado o problema da pesquisa empírica, as hipóteses formuladas foram as seguintes:[348]

1. A regra da correlação da sentença ao pedido tem sido observada pelo Superior Tribunal de Justiça, tanto em casos que envolvam direitos e interesses disponíveis como no caso de direitos e interesses indisponíveis.
2. Nos casos de direitos e interesses disponíveis, normalmente de natureza patrimonial, a regra é observada com mais rigor em face da natureza do conflito, com interpretação restritiva do pedido e anulação daquilo que extravasar os elementos objetivos da demanda.
3. Tratando-se de direitos e interesses indisponíveis, entre eles os coletivos, a regra da correlação admite certas ponderações em sua interpretação, em face da natureza do conflito.
4. A observância do princípio do contraditório e a ausência de prejuízo são fatores que atenuam a observância da regra da correlação (instrumentalidade de formas).
5. A regra da correlação aplica-se não apenas ao pedido, mas também à causa de pedir, pois ambos influem no objeto do processo.
6. Há casos de pedidos implícitos que são admitidos de forma pacífica pela jurisprudência do STJ.

3.1.3. Análise dos resultados
Neste capítulo, são apresentadas algumas inferências conclusivas, a partir da análise dos dados obtidos, examinando se as hipóteses formuladas são verdadeiras ou falsas, ou seja, se há confirmação ou refutação das mesmas.

---

[347] SACCO (2001, p. 71-80/88-91).
[348] Quanto à orientação metodológica seguida para a definição do problema e das hipóteses de investigação desta pesquisa, vide Schrader (1974, p. 17-60).

Levando em consideração um índice de confiabilidade de 95% (Bayesiano), confirmou-se a hipótese central desta pesquisa, pois a probabilidade de a aplicação estrita da regra ser maior para conflito disponível do que indisponível, entre os dados observados, é de 99,5%.

1ª hipótese. A regra da correlação da sentença ao pedido tem sido observada pelo Superior Tribunal de Justiça tanto em casos que envolvam direitos e interesses disponíveis como no caso de direitos e interesses indisponíveis.

A primeira hipótese foi confirmada. Não houve matéria sobre a qual não tenham sido proferidos acórdãos em que a regra da correlação foi aplicada de forma estrita e não estrita. A proporção entre essas formas de aplicação é que se diferencia, em função da natureza do conflito, o que nos remete à segunda hipótese da pesquisa.

Tratando-se de conflitos disponíveis, em 39,29% dos casos há a aplicação estrita da regra da correlação, enquanto no caso de conflitos indisponíveis, a regra aplica-se de forma estrita em 24,06% dos casos (ver Figuras 1 e 2).

Figura 1 – Regra da correlação em conflitos de natureza disponível: aplicação estrita *vs.* aplicação não estrita

Entendimento	Quantidade Total	% sobre Total
Aplicação estrita	33	39,29%
Aplicação não estrita	51	60,71%
Total	84	100,00%

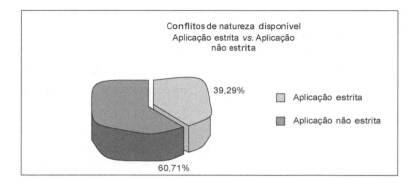

Figura 2 – Regra da correlação em conflitos de natureza indisponível: aplicação estrita *vs.* aplicação não estrita

Entendimento	Quantidade Total	% sobre Total
Aplicação estrita	45	24,06%
Aplicação não estrita	142	75,94%
Total	187	100,00%

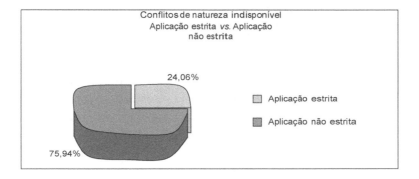

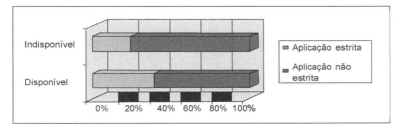

2ª hipótese. Nos casos de direitos disponíveis, normalmente de natureza patrimonial, a regra é observada com mais rigor, com interpretação restritiva do pedido e anulação daquilo que extravasar os elementos objetivos da demanda.

Essa situação averiguou-se principalmente nos casos envolvendo matéria privada, especialmente relacionada à legislação de direito civil, como, por exemplo, em relação a demandas indenizatórias, por responsabilidade contratual e extracontratual.

Tratando-se de demandas indenizatórias, há 90% de probabilidade (sobre 95%)[349] de que a aplicação estrita da regra seja maior do que nos demais casos de conflitos disponíveis (compra e venda, arrendamento, locação e demais contratos).

No caso de pedido líquido, por exemplo, os julgados determinaram que deve haver adequação da verba indenizatória ao *quantum* requerido pelo autor, sendo anulado ou reduzido aquilo que eventualmente não tenha correspondido a este valor (sentença *extra* ou *ultra petita*).

Notou-se também a impossibilidade de se considerar outros fatos e fundamentos, mesmo que a prova produzida os tenha revelado, pois, depois de colhidas as provas, já ficaram ultrapassadas fases fundamentais ao exercício do direito de defesa do réu. Caso o pedido seja ilíquido, também à luz da aplicação estrita da regra, alguns acórdãos entenderam que não poderá haver condenação em valor certo, sob pena de decisão *extra petita*, uma vez que o réu, que formulou defesa a pedido genérico, não exerceu o contraditório diante do montante da indenização a ser paga.

Assim, em se tratando de lides de natureza privada e de direito disponível, a interpretação dos elementos objetivos da demanda é estrita, não se podendo modificá-los, causando surpresas ao réu.

3ª hipótese. Tratando-se de direitos e interesses indisponíveis, entre eles os coletivos, a regra da correlação admite certas ponderações em sua interpretação, em face da natureza do conflito.

A terceira hipótese também se verificou, mas foi além do prognóstico inicial, pois há uma interpretação mais flexível da regra não apenas no caso de direitos e interesses indisponíveis, mas também em um número expressivo de julgados que têm por objeto matéria disponível, de natureza privada e patrimonial. Esta foi a grande surpresa, conforme revela a Figura 3, a seguir.

---

[349] Índice de confiabilidade da pesquisa (Bayesiano).

Figura 3 – Regra da correlação em face da matéria objeto da demanda

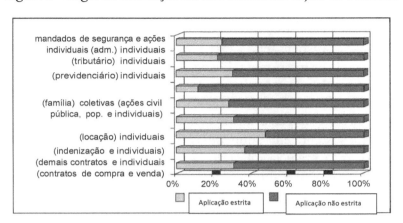

Um dos argumentos mais frequentes nos acórdãos que flexibilizaram a regra da correlação, incidentes sobre direitos disponíveis e indisponíveis, públicos e privados, foi o de que *o pedido se extrai da interpretação lógico-sistemática da petição inicial e leva em conta os requerimentos feitos em seu corpo e não somente aqueles constantes em capítulo especial sob a rubrica "dos pedidos"*. Vale destacar que esse entendimento de que a interpretação do pedido considerará o conjunto da postulação foi incorporado posteriormente no § 2º do art. 322 do CPC/2015, bem como replicado em acórdãos mais recentes do STJ, tal como revela pesquisa pronta desse Tribunal que reúne 339 acórdãos[350] sobre a tese já pacífica de que *não há julgamento extra petita quando o acolhimento da pretensão decorre da interpretação lógico-sistemática da peça inicial, devendo os requerimentos ser considerados pelo julgador à luz da pretensão deduzida na exordial como um todo*.

Um exemplo interessante disso é a possibilidade de extrair-se do pedido genericamente intitulado de perdas e danos (ou outra denominação genérica, como danos emergentes, danos pessoais) a pretensão específica de danos morais, a despeito de não ter constado pedido expresso do autor, desde que toda a argumentação da petição inicial tenha se dado nesse sentido, e a deficiência na formulação do pedido não tenha acarretado prejuízo à defesa.

[350] Acórdãos estão disponibilizados na página Pesquisa Pronta, disponível em: https://scon.stj.jus.br/SCON/pesquisa_pronta/ (acesso em: 19 jun. 2020), iniciativa do STJ para facilitar o acesso ao entendimento jurídico consolidado no âmbito desse tribunal.

PEDIDO E CAUSA DE PEDIR

Ainda sob esse mesmo viés não restritivo, entendem outros julgados que o juiz pode transmudar o pedido indenizatório ilíquido e genérico em líquido, desde que as provas e os elementos dos autos permitam fixar o valor da condenação, dispensando a longa fase da liquidação, em consonância com o princípio da instrumentalidade de formas e a economia processual. A recíproca também é verdadeira, podendo o juiz converter pedido certo em ilíquido, quando não estiver convencido da extensão do mesmo, remetendo as partes para posterior liquidação. Quanto a essa matéria, a Terceira Turma sustenta entendimentos divergentes, ora propugnando pela aplicação estrita, ora pela aplicação não estrita da regra da correlação, tal como visto na hipótese anterior, muito embora os acórdãos restritivos da regra tenham sido proferidos em datas mais antigas (nos anos de 1993 e 1994), o que mostra uma mudança de posicionamento da Turma a partir de 1995 até os dias atuais, para seguir linha mais flexível.[351]

Também em vários acórdãos foi adotado o princípio do *iura novit curia*, considerando-se que as leis são do conhecimento do juiz, bastando que as partes lhe apresentem os fatos, e não estando o julgador adstrito aos fundamentos legais apontados pelo autor.

Questões de ordem pública, como condições da ação e pressupostos processuais, podem ser consideradas de ofício pelo juiz, a qualquer tempo e grau de jurisdição, o que não é surpresa, diante de previsão legal expressa no Código de Processo Civil de 2015 (art. 485, § 3º). Cláusulas abusivas, de acordo com a legislação consumerista, também podem ser analisadas de ofício pelo juiz, sem que haja decisão *ultra* ou *extra petita*.

Em relação ao direito locatício, há interessantes entendimentos jurisprudenciais que suscitam a flexibilização da regra da correlação. A quantia requerida pelo autor, a título de revisão de aluguel, por exemplo, é entendida como apenas estimativa, a depender de laudo pericial e da fixação pelo juiz, não configurando julgamento *ultra petita* o estabelecimento de valor superior ao postulado pelo locador. O juiz pode fixar o aluguel que entender justo, ainda que superior ao pedido do locador ou ao apontado pelos peritos, sem que isso implique julgamento *ultra petita*.[352]

---

[351] A adoção pela Terceira Turma de linha mais flexível nesses casos se manteve após a realização da pesquisa empírica, tal como se pode constatar no RESP 1534.559-SP, Terceira Turma, Rel. Min. Nancy Andrigui, j. 22/11/2016.

[352] Esse entendimento se manteve após a realização da pesquisa empírica, tal como revelam o AgInt no AREsp n. 460.060-MG, Quarta Turma, Rel. Min. Maria Isabel Gallotti, j. 18/05/2017

No caso de indenização por acidente de trabalho, muito embora tenham sido também pesquisados acórdãos que defendem a aplicação estrita da regra da correlação da sentença ao pedido, a justificativa para a flexibilização da regra em alguns casos se revelou interessante, além de refletir uma sedimentação de posicionamento jurisprudencial[353] e doutrinário,[354] que levam em conta o caráter muitas vezes assistencial e alimentar da indenização concedida e o fato de a definição dos contornos exatos das consequências do acidente se dar, normalmente, em fase probatória.

No REsp 58468/MG entendeu-se que o pedido de indenização acidentária pode contemplar todas as parcelas devidas em razão do acidente de trabalho, correspondentes ao dano sofrido, de forma que não se pode dizer que o deferimento de uma parcela integrante da indenização, expressamente prevista em lei, constitua julgamento *extra* ou *ultra petita*. Assim, o juiz não está adstrito às razões da parte para acolher determinada questão, podendo fazê-lo por outros fundamentos (REsp 278180-CE).

Tratando-se de direitos indisponíveis (individuais e coletivos), por sua vez, a proporção de julgados que admitem certas ponderações à regra, sem

e AgInt no ARESP 1.038.299-MG, Quarta Turma, Rel. Min. Antonio Carlos Ferreira, j. 25/04/2017.

[353] "A indenização acidentária deve ser assegurada e paga de conformidade com a lei, e não perante o pedido formulado pelo representante do acidentado. Assim, a reparação infortunística deve ser concedida ainda que a moléstia não tenha sido especificada na inicial, mas constatada em perícia" (RT 616/119). No mesmo sentido, ver RT 460/196-197, 403/245, 376/334, 374/292-293, 372/269, 364/243.

[354] Considerando a instrumentalidade do processo, Dinamarco exarou parecer sobre o pedido e causa de pedir em demandas acidentárias, como Subprocurador da Justiça: "Resta apreciar a questão da fidelidade da sentença à demanda. Conscientemente, houve por bem o magistrado de primeiro grau extrapolar os termos da petição inicial, condenando o INPS a pagar uma aposentadoria por causa de um mal (hipertensão), que na demanda não fora alegado. Teria sido violada a regra do art. 128 do CPC [do CPC/1973; correspondente ao art. 141 do CPC/2015], fundando-se a sentença em *causa petendi* não posta na demanda? Penso que não [...]. Penso ser lícito extrair importante consequência em matéria processual-acidentária. É que a própria condição do hipossuficiente lhe dificulta um perfeito diagnóstico de seus males, antes da propositura da demanda. Ele sabe que se sente mal, mas não tem elementos, econômicos inclusive, para obter a indicação segura e precisa da natureza e extensão do mal de que padece. Por isso, natural que sua causa de pedir chegue apenas até o ponto de afirmar uma incapacidade e sua origem laboral; como é natural que o *petitum* seja genérico, sem chegar ao ponto de fixar desde logo o grau de incapacidade e o montante, em unidades monetárias, da indenização a receber (o que tem sido pacificamente aceito em doutrina e jurisprudência)" (DINAMARCO, 1980, p. 182-183 – Inclusão de correspondência ao CPC/2015 feita pela autora).

uma aplicação estrita, é expressiva na comparação com os demais casos. Em 75,94% dos casos há a aplicação não estrita da regra da correlação, e em 24,06%, a aplicação estrita.

Do total de julgados analisados em matéria privada (referentes a demandas indenizatórias, demandas relativas à responsabilidade civil, relações contratuais e locatícias), em 40,48% dos casos há aplicação estrita da regra da correlação, havendo ponderações na interpretação da regra em 59,52% dos casos.

Assim, esses percentuais se distanciam mais quando a matéria envolve direito público, indisponível, tanto na esfera individual como na coletiva, sendo maior o número de casos em que há aplicação não estrita da regra da correlação da sentença ao pedido.

Vejamos algumas ilustrações desses números, a partir dos entendimentos sustentados pelos acórdãos que incidiram sobre conflitos de natureza indisponível. Primeiramente, tratar-se-á de alguns casos referentes a demandas individuais. Em matéria previdenciária, por exemplo, tendo em vista o caráter alimentar e a relevância social do objeto, foi sustentado ser lícito ao juiz, de ofício, enquadrar a hipótese fática no dispositivo legal pertinente à concessão do benefício previdenciário.

Ainda sobre esse tema, foi considerado que não ocorre julgamento *extra petita* na hipótese em que o órgão colegiado, em sede de apelação, mantém sentença concessiva do benefício de aposentadoria por invalidez, mesmo que a pretensão deduzida em juízo vincule-se à concessão de auxílio-acidente, ao se reconhecer a incapacidade definitiva do segurado para o desempenho de suas funções. A recíproca também é verdadeira, pois, formulado pedido de aposentadoria por invalidez, mas não atendidos os pressupostos para o deferimento desse benefício, não caracteriza julgamento *extra petita* a decisão que, constatando supridos os requisitos para o direito ao auxílio-acidente, concede em juízo esse benefício.[355]

Na esfera administrativa, sob a perspectiva de demandas individuais, constatou-se que é possível a convolação de ação de reivindicação em ação de indenização por perdas e danos, diante da impossibilidade de devolução do imóvel aos antigos proprietários, sem ofensa aos artigos 141 e 492

---

[355] Esses entendimentos se mantiveram no STJ após a realização dessa pesquisa empírica, conforme se depreende dos acórdãos proferidos no RESP 1.810.785-SP, Segunda Turma, Rel. Min. Herman Benjamin, j. 10/09/2019 e RESP 847.587-SP, Quinta Turma, Rel. Min. Arnaldo Esteves Lima, j. 07/10/2008.

do CPC/2015. Essa construção pretoriana, já antiga, é destinada a reparar os danos da chamada "desapropriação indireta".

Proposta ação judicial objetivando a condenação do ente público (SUS) ao fornecimento gratuito dos medicamentos necessários ao tratamento de doentes, por sua vez, a decisão que, ante a pretensão genérica do pedido, defere tratamento com os medicamentos específicos, não incide no vício *in procedendo* do julgamento *ultra* ou *extra petita*, sendo os remédios necessários plenamente determináveis pela medicina.

Sendo proferida tutela específica e de natureza mandamental, a obrigação de fazer do Estado consiste no fornecimento de medicamentos pleiteados na inicial, caso estejam ali determinados, bem como dos que venham a ser necessários no curso do tratamento, desde que comprovada a necessidade, por atestado médico fornecido pelo hospital da rede pública. Nesses casos, conforme alguns acórdãos, inexistiria julgamento *extra petita*, uma vez que o bem jurídico tutelado é a saúde, que tem respaldo na Carta Magna como direito fundamental, havendo o direito do autor a toda a medicação necessária ao seu tratamento.

Em matéria tributária, por sua vez, há um julgado do STJ que determina que a repetição de indébito pode tomar a forma de compensação ou de devolução, sem que se rompa com o princípio de que a sentença deve estar ajustada ao pleito, atendendo o julgador, sem excesso, ao que foi pedido genericamente, ou seja, repetir o indébito.

Tratando-se de direito da família, a expressiva maioria dos julgados aplica não estritamente a regra da correlação.

Na pesquisa estatística, aferiu-se que há 89% de probabilidade (sobre 95%)[356] de a aplicação estrita da regra em família ser menor do que nos outros casos de conflitos indisponíveis pesquisados (previdenciário, tributário, administrativo, demandas coletivas), o que se dá provavelmente em face da natureza alimentar dos pedidos analisados.

A sentença de procedência em ação de investigação de paternidade, por exemplo, pode condenar o réu em alimentos provisionais ou definitivos, independentemente de pedido expresso na inicial (art. 7º da Lei n. 8.560, de 29.12.1992). Portanto, é efeito da sentença de procedência o deferimento de alimentos ao investigante necessitado, assim como o é a alteração no registro civil; ao réu de investigação de paternidade não é lícito mostrar-se surpreso, pois estas consequências estão na lei.

---

[356] Índice de confiabilidade da pesquisa (Bayesiano).

Na ação de caráter alimentar, não constitui julgamento *ultra petita* a fixação da pensão em *quantum* superior ao solicitado na inicial, uma vez que em demandas dessa natureza não se deve impor rigor na exegese do art. 460 do CPC/1973 (correspondente ao art. 492 do CPC/2015). [357]

Sob a influência desses entendimentos, que propugnam pela aplicação não estrita da regra, é assente que os pedidos, como manifestações de vontade, devem ser interpretados à luz do princípio da efetividade e da economia processual, que visam conferir à parte um máximo de resultado com um mínimo de esforço processual. Inexiste julgamento *extra petita* quando o tribunal interpreta de forma ampla o pedido formulado na petição inicial.

Entendimento contrário implicaria desconsiderar o princípio da instrumentalidade do processo, como instrumento à disposição dos cidadãos para a justa solução do conflito de interesses, visto que se estaria, em última análise, levando ao extremo o formalismo processual, a ponto de desconsiderar elemento que, pelo contexto, integra a causa de pedir ou o pedido.

Também em razão do princípio da instrumentalidade de formas e da economia processual, quando for caso de sentença *extra petita*, deter minam as decisões judiciais pesquisadas que a mesma deve ser anulada somente na parte em que excedeu ao pedido formulado.

No caso de ações coletivas, há importantes flexibilizações na interpretação da regra da correlação, conforme revelam trechos de alguns acórdãos transcritos a seguir:

- Não há julgamento fora ou além do pedido quando o julgador, em face da relevância da questão social e do interesse público, sujeita o responsável, na condenação por atos de improbidade administrativa que atentam contra os princípios da administração pública, às penas cominadas em lei, como a suspensão de direitos políticos e a vedação de contratar com o Poder Público (art. 12, III, da Lei n. 8.429/1992).

- Não é inepta a petição inicial que deixa de apontar o dispositivo de lei, se da narração dos fatos decorrer logicamente o pedido. Da mesma forma, a aplicação de legislação diversa daquela utilizada pela parte para fundamentar seu pedido não implica julgamento

---

[357] Após a pesquisa empírica, o STJ continuou decidindo nesse sentido, conforme pode ser aferido em AgRg no ARESP 603.597-RJ, Quarta Turma, Rel. Min. Raul Araújo, j. 16.06.2015 e RESP 595.746-SP, Quarta Turma, Rel. Min. Aldir Passarinho Junior, j. 02.12.2010.

extra petita, à luz da aplicação dos brocardos *iura novit curia* e *mihi factum dabo tibi ius*, pois a qualificação jurídica dos fatos é dever de ofício do Juízo.

- Os réus defendem-se dos fatos, competindo ao juízo a qualificação jurídica dos mesmos. Consectariamente, essa qualificação não integra a *causa petendi* e o seu ajuste na decisão à luz da demanda inicial não significa violação da regra da congruência, consubstanciada nos artigos 141 e 492 do CPC/2015.

- No que se refere a suposto julgamento *extra petita*, pela fixação do preço justo na sentença, que não teria sido objeto do pedido, considerou-se: não há como condenar-se ao ressarcimento sem resolver o litígio de forma integral. Concluindo-se pelo preço excessivo do contrato, com base nos elementos probatórios colacionados nos autos, o princípio do livre convencimento do juízo resultou na fixação do valor mensal do serviço atendendo a um critério de razoabilidade para fixação do valor correspondente à média de mercado.

- Se o pedido principal da ação civil pública era o ressarcimento ao erário em razão do superfaturamento do contrato, era imprescindível a fixação do justo valor da prestação dos serviços para apuração do *quantum* a ser devolvido ao erário, por ocasião da liquidação de sentença.

- Não se configura o julgamento *extra petita* quando a decisão, ao acolher o pedido formulado na inicial, especifica medidas complementares e alternativas necessárias ao fiel cumprimento da sentença.

- Ainda que o pedido seja genérico, o juiz que dispõe de elementos para desde logo arbitrar o valor da condenação poderá fazê-lo sem ofensa aos artigos 128 e 460 do CPC/1973 (correspondente aos arts. 141 e 492 do CPC/2015), pois nada recomenda que sejam as partes enviadas à longa e custosa fase do arbitramento.

- Os pedidos são manifestações passíveis de interpretação e, na ação popular, o pedido de anulação abrange todos os atos lesivos à administração, quer com base no vínculo originário principal, quer com fulcro nos vínculos acessórios subsequentes, tudo analisado à luz do contexto integral da petição inicial.

Mas não se pode desconsiderar que há julgados nos quais a regra da correlação foi aplicada de forma estrita, mesmo estando subjacentes direitos indisponíveis, tanto em demandas individuais quanto em coletivas. Entendimentos que determinam, por exemplo, a inviabilidade de alteração do pedido após o saneador, para levar em conta fatores diversos daqueles alegados na exordial; a adequação da verba indenizatória ao *quantum* requerido pelo autor, sendo anulado aquilo que eventualmente não tenha correspondido a esse valor (sentença *extra* e *ultra petita*); a vedação expressa de serem conhecidas pelo juiz questões não suscitadas durante a lide, pois o pedido inicial delimita o alcance da prestação jurisdicional e define o campo em que a defesa do réu deverá se fazer, evitando surpresa no curso da lide pela discussão de matéria alheia àquela sobre a qual o autor buscou a intervenção do Poder Judiciário (respeito aos princípios do contraditório e ampla defesa); interpretação restritiva do pedido e da causa de pedir; vinculação da sentença quer ao pedido imediato, quer no tocante ao pedido mediato, padecendo o excedente de nulidade absoluta e insanável, entre outros entendimentos.

4ª hipótese. A observância do princípio do contraditório e a ausência de prejuízo são fatores que atenuam a observância da regra da correlação (instrumentalidade de formas).

Na extensa maioria dos julgados que adotaram entendimentos não restritivos acerca da regra da correlação houve a consideração desses dois parâmetros na atenuação dos efeitos e consequências desta regra.

Para que a decisão seja *extra* ou *ultra petita*, seria necessário que, além de desconsiderar os elementos objetivos da demanda, esteja demonstrado o prejuízo da defesa, que não teve oportunidade de se manifestar sobre algum ponto.

Ademais, revelou-se muito importante a adoção de outro parâmetro na interpretação desta regra, relativo à instrução probatória do processo.

Assim, por exemplo, entendeu um dos julgados tabulados que *se a qualificação jurídica que o julgador pretende dar aos fatos implicar a modificação substantiva na condução da instrução do processo, na abordagem da prova e, consequentemente, implicar restrição ao direito de defesa, não lhe será dado acolher o pedido por fundamento diverso do apresentado na inicial. Se, por outro lado, a qualificação que pretende dar o magistrado se adequar perfeitamente às pretensões em jogo, sem qualquer influência na instrução do processo, tratando-se de questão exclusivamente jurídica, não há limite para sua atuação na interpretação da lei.*

Em demandas indenizatórias, considerou-se ainda que não há julgamento *extra petita* quando a parte procura imputar ao réu uma modalidade de culpa e o julgador, diante da prova constante dos autos, entende caracterizada outra.

No CPC/2015, esses dois parâmetros (contraditório e produção de provas) foram considerados pelo inciso II do art. 329 ao prever a possibilidade de alteração do pedido e causa de pedir até o saneamento do processo, com consentimento do réu, desde que seja assegurado o contraditório mediante a possibilidade de manifestação deste no prazo mínimo de 15 (quinze) dias, facultado o requerimento de prova suplementar.

5ª hipótese. A regra da correlação aplica-se não apenas ao pedido, mas também à causa de pedir, pois ambos influem no objeto do processo.

Esse entendimento foi identificado na pesquisa em demandas indenizatórias, ações individuais fundadas em direito contratual e responsabilidade civil, ações relacionadas ao direito administrativo, direito previdenciário, direito tributário, direito de família, e nas ações coletivas pesquisadas, não obstante entendimento contrário também esteja presente em um dos julgados relativos ao direito administrativo, que considerou que o pedido não se confunde com a causa de pedir; e aquele, não esta, deve ser tomado como referência na aplicação da regra da correlação.

A causa de pedir delimita o pedido, não se podendo apenas apreciar este último desvinculado dos fundamentos de fato e de direito trazidos ao exame do Judiciário na petição inicial.

Muitos julgados sustentam que não há julgamento *extra petita* se a parte dispositiva guardar sintonia com o pedido e a causa de pedir lançados na exordial, traduzindo a sentença um raciocínio lógico que considera a combinação dos elementos objetivos da demanda.

Nesse sentido, entende um dos julgados que, embora o autor tenha denominado a ação de "declaratória", pela análise do pedido, deduziu-se, de forma clara e inequívoca, que a demanda buscava obter não só a declaração, mas também a modificação de uma situação jurídica, com o provimento jurisdicional. A errônea denominação da ação não retirou do autor o direito à prestação jurisdicional postulada. A denominação que se dá à "ação" é elemento secundário para definir a sua natureza. O que importa não é o rótulo que se atribui às demandas (*nomen juris*), mas sim o seu conteúdo, expresso pelos elementos objetivos da demanda.

6ª hipótese. Há casos de pedidos implícitos que são admitidos de forma pacífica pela jurisprudência do STJ.

Entre os julgados pesquisados, o pedido implícito normalmente se referiu à correção monetária do valor objeto de condenação, à inclusão de juros e expurgos inflacionários, à condenação em honorários advocatícios, e à determinação de incidência da taxa Selic (Sistema Especial de Liquidação e de Custódia), esta última na restituição e compensação de tributos.

Na área tributária, foi aberto um campo na tabela anexa específico para os julgados em que foram verificados esses pedidos implícitos, decididos inclusive por Seções e pela Corte Especial do STJ, em sede de embargos de divergência.[358]

Nos acórdãos analisados, ficou claro que tanto os juros legais quanto a correção monetária não constituem um *"plus"* ao pedido, porque nada acrescentam, sendo a correção mera recomposição do valor da moeda corroído pela inflação, motivo pelo qual se dá, assim como os juros de mora, *ex vi legis* (Lei n. 6.899/1981), independentemente de pedido expresso e de determinação da sentença, na qual se considera implicitamente incluída.

Assim, é devida a inclusão, na correção monetária, dos índices de inflação expurgados, que são aqueles que melhor refletem a perda do poder aquisitivo da moeda, sem que se incorra em julgamento *ultra* ou *extra petita*.

Os expurgos inflacionários nada mais seriam do que decorrência da correção monetária, pois compõem esse instituto, uma vez que se configuram como valores extirpados do cálculo da inflação, quando da apuração do índice real que corrigiria preços, títulos públicos, tributos e salários, entre outros.

Destarte, a atualização monetária não pode ser encarada como uma sanção, mas sim como simples recomposição do poder aquisitivo, desgastado pelo processo inflacionário. Deve, assim, ser concedida em juízo, ainda que não pleiteada ou feita de forma errônea, em desacordo com os critérios oficiais, ainda mais quando a verba é de natureza alimentar.

---

[358] Sobre os juros, vide as súmulas do STJ números 12, 54, 70, 188, 204, 426 e 523 e as do STF números 121, 163, 224, 254, 255, 412 e 416. Sobre correção monetária, vide as súmulas do STJ números 43, 162, 271, 287, 288 e 362 e as do STF números 561, 562, 617, 638, 681, 682 e 725.

Os juros compensatórios, por sua vez, também não precisam constar expressamente do pedido, pois constituem efeito secundário da sentença, integrantes que são dos juros legais.

A condenação em honorários, por sua vez, é imposição obrigatória prevista em lei, pelo que o juiz, ainda que não haja pedido expresso (Enunciado n. 256 da súmula/STF), deve incluir mencionada parcela na decisão.

A determinação, na sentença, de incidência da Taxa Selic sobre os valores a serem objeto da compensação pleiteada, embora inexistente pedido expresso da parte autora nesse sentido, não implica julgamento *extra petita*, porquanto integra o conteúdo implícito do pedido.

Vale destacar que o CPC/2015, seguindo o entendimento jurisprudencial do STJ, passou a prever que, além dos juros legais, são pedidos implícitos a correção monetária e as verbas de sucumbência, inclusive os honorários advocatícios.

Entretanto, também foram sustentados alguns entendimentos (minoritários) restritivos acerca da aplicação da regra da correlação diante desses pedidos implícitos, ainda que minoritários.

Nesse sentido, considerou-se que, quando a correção monetária constitui o pedido central (e não implícito e acessório) da demanda, havendo sido postulada a condenação ao pagamento de diferença de correção monetária, relativa a determinados meses, em razão do expurgo dos índices de inflação, não é possível incluir mês a cujo propósito nada se pediu.

Ainda sob o viés da aplicação estrita da regra, entendeu-se que o acórdão que manda aplicar índice de correção monetária não requerido na inicial violaria os artigos 128 e 460 do CPC/1973 (arts. 141 e 492 do CPC/2015) – julgamento *extra petita*.

Por fim, sobre os resultados da pesquisa empírica realizada, observou-se uma certa convergência entre as Turmas de cada Seção (1ª e 2ª Turmas, 3ª e 4ª Turmas e 5ª e 6ª Turmas) sobre a aplicação da regra da correlação, ou seja, sobre o percentual de aplicações estritas e não estritas dessa regra, ainda que esta não fosse uma hipótese inicial formulada na pesquisa (ver Tabela 1, a seguir).

PEDIDO E CAUSA DE PEDIR

Tabela 1 – Aplicação da regra da correlação por Órgão Julgador do STJ

Órgão julgador	Aplicação estrita	Aplicação não estrita	Total global
Primeira Turma	15 (26%)	43 (74%)	58 (100%)
Segunda Turma	6 (18%)	27 (82%)	33 (100%)
Terceira Turma	16 (33%)	32 (67%)	48 (100%)
Quarta Turma	16 (36%)	28 (64%)	44 (100%)
Quinta Turma	13 (29%)	32 (71%)	45 (100%)
Sexta Turma	12 (34%)	23 (66%)	35 (100%)
Primeira Seção	0 (%)	4 (100%)	4 (100%)
Terceira Seção	0 (%)	2 (100%)	2 (100%)
Corte Especial	0 (0%)	2 (100%)	2 (100%)
Total Global	78 (29%)	193 (71%)	271 (100%)

Em conclusão, nota-se que o redimensionamento dos elementos objetivos é necessário quando estão em jogo bens indivisíveis ou indisponíveis, reformulação que não passa necessariamente por uma exclusão da regra da correlação da sentença ao pedido, que vem sendo aplicada de forma não estrita pela jurisprudência do STJ em relação aos interesses indisponíveis, tanto individuais quanto coletivos.

A reformulação do chamado contencioso social perpassa por questões relacionadas ao recorte do conflito realizado pela formulação do pedido, sem deixar de fora partes importantes que o compõem. A quebra da rigidez procedimental e a flexibilização na interpretação da regra da correlação da sentença ao pedido que vem sendo aplicada pelo STJ revelam a necessidade de se repensar os elementos objetivos da demanda, o que depende sobretudo de uma consideração mais dinâmica e dialogal do objeto do processo.

Tal como já exposto, a responsabilidade pela formulação do pedido não é exclusiva do autor, pois o contraditório exercido entre as partes pode propiciar o alargamento dos limites objetivos da demanda, por meio de definição dialogal do *thema decidendum*, o que conta com a contribuição do réu e a postura gerencial do juiz.

Nesse cenário, a audiência de saneamento é um *locus* favorável para propiciar o diálogo entre as partes e o juiz na definição do objeto do conflito, após o saneamento e a fixação dos pontos controvertidos. No caso do processo coletivo, é na audiência de saneamento que também pode ocorrer momento análogo ao da certificação prevista no sistema processual norte-americano, analisando-se detidamente o pedido e causa de pedir formulados, mas isso depende da postura cooperativa do juiz e das partes na busca da efetividade da tutela jurisdicional.

4
Pedido e Causa de Pedir no CPC/2015

Este capítulo realiza análise comparativa das seções dos códigos de 1973 e 2015 destinadas à regulação do pedido. Muito embora as alterações não tenham sido inúmeras, há algumas relevantes a serem destacadas e analisadas a partir das tabelas comparativas dadas a seguir, inclusive indo ao encontro dos resultados da pesquisa empírica tratada no capítulo anterior.[359]

---

[359] Este capítulo tem por base os comentários formulados pela autora sobre pedido e causa de pedir em Gabbay (2015, p. 536-550).

4.1. Interpretação do pedido, que deve ser certo e determinado, e hipóteses de pedidos implícitos

Quadro 1 –Interpretação do pedido e pedidos implícitos no CPC/1973 e CPC/2015

CPC/1973	CPC/2015
Art. 286. O pedido deve ser certo ou determinado. É lícito, porém, formular pedido genérico: I – nas ações universais, se não puder o autor individuar na petição os bens demandados; II – quando não for possível determinar, de modo definitivo, as consequências do ato ou do fato ilícito; III – quando a determinação do valor da condenação depender de ato que deva ser praticado pelo réu. **Art. 293**. Os pedidos são interpretados restritivamente, compreendendo-se, entretanto, no principal os juros legais.	**Art. 322**. O pedido deve ser certo. § 1º. Compreendem-se no principal os juros legais, a correção monetária e as verbas de sucumbência, inclusive os honorários advocatícios. § 2º A interpretação do pedido considerará o conjunto da postulação e observará o princípio da boa-fé. **Art. 324**. O pedido deve ser determinado. § 1º. É lícito, porém, formular pedido genérico: I – nas ações universais, se o autor não puder individuar os bens demandados; II – quando não for possível determinar, desde logo, as consequências do ato ou do fato; III – quando a determinação do objeto ou do valor da condenação depender de ato que deva ser praticado pelo réu. § 2º O disposto neste artigo aplica-se à reconvenção.

Enquanto o CPC/1973 determinava, no mesmo dispositivo legal, que o pedido deveria ser certo ou determinado, o CPC/2015 separou esses dois assuntos em artigos distintos, tratando do pedido determinado e da admissão excepcional de pedidos genéricos no art. 324, cuja novidade é a expressa menção de sua aplicação à reconvenção em seu § 2º. Vale ressaltar que os pleitos reconvencionais do réu devem constar na própria contestação, conforme previsto no art. 343 do CPC/2015.

O pedido genérico, portanto, continua sendo excepcional, nas mesmas hipóteses já previstas no art. 286 do CPC/1973: (i) ações universais, como nas de petição de herança em que o autor não consegue individuar os bens demandados; (ii) quando não é possível determinar desde logo as consequências do ato ou fato, quantificando o dano, o que se dá, por exemplo, nas ações coletivas para a defesa de interesses individuais homogêneos, que admitem pedido e sentença genérica sujeita à posterior liquidação, e em alguns casos de pedidos de danos morais; e (iii) quando a determinação do objeto ou do valor da condenação depender de ato que deva ser praticado pelo réu, o que ocorre, por exemplo, na ação de exigir contas, pois a decisão depende das contas que vierem a ser prestadas pelo réu.

Talvez uma das mais relevantes alterações do CPC/2015 em relação ao pedido esteja no § 2º do art. 322, que deixou de prever a interpretação restritiva do pedido e passou a adotar como parâmetros interpretativos o conjunto da postulação e o princípio da boa-fé.

Tal como destacado neste livro, muitos entraves relacionados à veiculação do conflito pelo pedido, com a sua transposição do plano extraprocessual ao processual, estavam relacionados à interpretação restritiva dos elementos objetivos, formatados a partir de um regime procedimental preclusivo e formalista.

A alteração trazida pelo CPC/2015 em relação à interpretação do pedido está também em consonância com tese já pacífica do STJ, de que "não há julgamento *extra petita* quando o acolhimento da pretensão decorre da interpretação lógico-sistemática da peça inicial, devendo os requerimentos ser considerados pelo julgador à luz da pretensão deduzida na exordial como um todo".[360]

Cândido Dinamarco fazia dois reparos à redação do art. 293 do CPC/1973. Primeiramente, segundo ele, não seria correto determinar que os pedidos sejam interpretados restritivamente, pois interpretação restritiva é o oposto de interpretação ampliativa, de forma que interpretar restritivamente é interpretar para menos, reduzindo o que o texto aparentemente contém. Assim, a interpretação justa das demandas não deveria ser restritiva nem ampliativa, mas declarativa. Entendia o autor que, onde o art. 293 fala em interpretação restritiva, dever-se-ia considerar interpretação estrita. O segundo reparo é que essa regra se aplica não só em relação ao pedido, mas de igual modo à causa de pedir.[361]

---

[360] Essa tese pode ser conferida em 339 acórdãos disponibilizados na página Pesquisa Pronta, disponível em: https://scon.stj.jus.br/SCON/pesquisa_pronta/ (acesso em: 19 jun. 2020), iniciativa do STJ criada para facilitar o acesso ao entendimento jurídico consolidado no âmbito desse tribunal.

[361] DINAMARCO (2005c, p. 136-137).

PEDIDO E CAUSA DE PEDIR

O § 2º do art. 322 do CPC/2015 continuou fazendo referência apenas ao pedido e não à causa de pedir, mas por outro lado ampliou os parâmetros interpretativos do pedido, em alinhamento ao que já previam as decisões judiciais do STJ analisadas no Capítulo 3 e à análise mais dinâmica e dialogal do objeto do processo. Contudo, vale destacar que essa ampliação dos parâmetros interpretativos não implica qualquer exclusão da regra da correlação da sentença ao pedido e do princípio dispositivo, que são um reflexo dos princípios da demanda, inércia da jurisdição e contraditório.[362]

Quanto aos pedidos implícitos, o § 1º do art. 322 foi alterado para explicitar o que já determinavam as decisões dos Tribunais Superiores, considerando que no pedido principal estão compreendidos, além dos juros legais (como já estava no art. 293 do CPC/1973), a correção monetária e as verbas de sucumbência, inclusive os honorários advocatícios.

A incidência de juros e correção monetária já havia sido objeto de diversas súmulas dos Tribunais Superiores.[363] Quanto aos honorários de sucumbência, embora desde a vigência do CPC/1939 já houvesse súmula do STF no sentido de ser dispensável pedido expresso para condenação do réu em honorários (Súmula 256), o CPC/2015 deixou claro que as verbas sucumbenciais, inclusive os honorários advocatícios, compreendem-se no pedido principal, sendo considerados de forma implícita. Já havia também julgados do STJ nesse mesmo sentido, determinando que a condenação em honorários advocatícios, decorrentes da sucumbência, é impositiva (STJ, REsp 90395/SP, Primeira Turma, Rel. Min. Milton Luiz Pereira, j. 20.03.1997, DJ 28.04.1997, recurso provido, v.u.).[364]

---

[362] Nesse sentido, o art. 141 determina que "o juiz decidirá o mérito nos limites propostos pelas partes, sendo-lhe vedado conhecer de questões não suscitadas a cujo respeito a lei exige iniciativa da parte"; e o art. 492 dispõe que "é vedado ao juiz proferir decisão de natureza diversa da pedida, bem como condenar a parte em quantidade superior ou em objeto diverso do que lhe foi demandado". O art. 10, por sua vez, ao tratar do contraditório, determina: "o juiz não pode decidir, em grau algum de jurisdição, com base em fundamento a respeito do qual não se tenha dado às partes oportunidade de se manifestar, ainda que se trate de matéria sobre a qual deva decidir de ofício".

[363] Sobre os juros, vide as súmulas do STJ números 12, 54, 70, 188, 204, 426 e 523 e as do STF números 121, 163, 224, 254, 255, 412 e 416. Sobre correção monetária, vide as súmulas do STJ números 43, 162, 271, 287, 288 e 362 e as do STF números 561, 562, 617, 638, 681, 682 e 725.

[364] Cf. comentários desta autora ao artigo 322, em Tucci *et al.* (2015, p. 536-550).

4.2. Pedidos sucessivos, alternativos e subsidiários

Quadro 2 – Pedidos sucessivos, alternativos
e subsidiários no CPC/1973 e CPC/2015

CPC/1973	CPC/2015
Art. 290. Quando a obrigação consistir em prestações periódicas, considerar-se-ão elas incluídas no pedido, independentemente de declaração expressa do autor; se o devedor, no curso do processo, deixar de pagá-las ou de consigná-las, a sentença as incluirá na condenação, enquanto durar a obrigação.	**Art. 323.** Na ação que tiver por objeto cumprimento de obrigação em prestações sucessivas, essas serão consideradas incluídas no pedido, independentemente de declaração expressa do autor, e serão incluídas na condenação, enquanto durar a obrigação, se o devedor, no curso do processo, deixar de pagá-las ou de consigná-las.
Art. 288. O pedido será alternativo, quando, pela natureza da obrigação, o devedor puder cumprir a prestação de mais de um modo. Parágrafo único. Quando, pela lei ou pelo contrato, a escolha couber ao devedor, o juiz lhe assegurará o direito de cumprir a prestação de um ou de outro modo, ainda que o autor não tenha formulado pedido alternativo.	**Art. 325.** O pedido será alternativo quando, pela natureza da obrigação, o devedor puder cumprir a prestação de mais de um modo. Parágrafo único. Quando, pela lei ou pelo contrato, a escolha couber ao devedor, o juiz lhe assegurará o direito de cumprir a prestação de um ou de outro modo, ainda que o autor não tenha formulado pedido alternativo.
Art. 289. É lícito formular mais de um pedido em ordem sucessiva, a fim de que o juiz conheça do posterior, em não podendo acolher o anterior.	**Art. 326.** É lícito formular mais de um pedido em ordem subsidiária, a fim de que o juiz conheça do posterior, quando não acolher o anterior. Parágrafo único. É lícito formular mais de um pedido, alternativamente, para que o juiz acolha um deles.

Esses artigos basicamente replicam o disposto no código anterior em relação aos pedidos sucessivos, alternativos e subsidiários, com pequenas adaptações na redação. No caso do art. 323 do CPC/2015, ele se refere a obrigações sucessivas ao invés de periódicas, como mencionava o CPC/1973. Trata-se de mais uma hipótese de pedido implícito, pois as prestações sucessivas serão consideradas incluídas no pedido, independentemente de declaração expressa do autor, e serão incluídas na condenação, enquanto durar a obrigação, se o devedor, no curso do processo, deixar de pagá-las ou de consigná-las.

Assim, enquanto durar a obrigação, as prestações sucessivas que vencerão no curso do procedimento serão consideradas incluídas no pedido, independentemente de pedido expresso do autor, pois tratam de obrigações decorrentes da mesma relação jurídica *sub judice*, não havendo razão para não se admitir tal pedido, ainda que implicitamente considerado.

Quanto ao valor da causa quando o objeto trata de obrigações sucessivas, os parágrafos 1º e 2º do artigo 292 do CPC/2015 determinam que, quando se pedirem prestações vencidas e vincendas, considerar-se-á o valor de umas e outras. O valor das prestações vincendas será igual a uma prestação anual, se a obrigação for por tempo indeterminado ou por tempo superior a 1 (um) ano, e, se por tempo inferior, será igual à soma das prestações.

Sobre o pedido alternativo, o art. 325 do CPC/2015 replica o disposto no art. 288 do CPC/1973, sem nenhuma diferença. O pedido alternativo equivale, no âmbito do direito material, à obrigação alternativa do devedor. Determinam tais artigos que, quando pela lei ou no contrato a escolha couber ao devedor, isso deve ser garantido pelo juiz mesmo quando o autor não tiver formulado pedido alternativo.

Quanto ao pedido subsidiário, por fim, o art. 326 do CPC/2015 é correspondente ao art. 289 do CPC/1973, que previa a possibilidade de se formular mais de um pedido em ordem sucessiva, a fim de que o juiz conheça do posterior, em não podendo acolher o anterior. A denominação de pedido subsidiário é tecnicamente mais adequada do que pedido sucessivo, pois o juiz só conhece do pedido posterior quando não acolhe o anterior (relação de subsidiariedade). Um exemplo clássico desse pedido é o de tutela específica (para cumprimento de obrigação de não fazer, por exemplo), que, se não for possível de ser obtida, se converte em perdas e danos.

O parágrafo único do art. 326 do CPC/2015 trata de pedido alternativo, permitindo que a parte formule mais de um pedido para que o juiz acolha um deles. Pedidos alternativos não se confundem com pedidos subsidiários, pois, enquanto nos primeiros há uma alternância entre os pedidos, nos segundos há uma ordem de preferência existente, de forma que o posterior só será analisado na eventualidade de o primeiro não ser acolhido.

Uma vez acolhido o pedido subsidiário, o autor pode ter interesse de recorrer em relação ao pedido principal, dado que era sua primeira opção de pedido. Da mesma forma, o pedido subsidiário que não for apreciado pelo juiz – no caso de ter acolhido o pedido principal – é devolvido ao tribunal com a apelação interposta pelo réu, de forma que o juízo *ad quem* pode acolher o pedido subsidiário, sem que isso seja considerado *reformatio in pejus*.

Sobre o valor da causa, o art. 292 do CPC/2015 determina que, na ação em que os pedidos são alternativos, o valor da causa será o do pedido de maior valor e, na ação em que houver pedido subsidiário, o valor da causa será o do pedido principal.

Tanto no caso de pedidos alternativos como de subsidiários, apenas um dos pedidos será considerado pelo juiz, diferentemente do que ocorre com a cumulação de pedidos, tema que é abordado a seguir, quando os pedidos são considerados simultaneamente.

4.3. Cumulação de pedidos e obrigação indivisível

Quadro 3 – Cumulação de pedidos e obrigação
indivisível no CPC/1973 e CPC/2015

CPC/1973	CPC/2015
Art. 292. É permitida a cumulação, num único processo, contra o mesmo réu, de vários pedidos, ainda que entre eles não haja conexão. § 1º São requisitos de admissibilidade da cumulação: I – que os pedidos sejam compatíveis entre si; II – que seja competente para conhecer deles o mesmo juízo; III – que seja adequado para todos os pedidos o tipo de procedimento. § 2º Quando, para cada pedido, corresponder tipo diverso de procedimento, admitir-se-á a cumulação, se o autor empregar o procedimento ordinário. **Art.** 291. Na obrigação indivisível com pluralidade de credores, aquele que não participou do processo receberá a sua parte, deduzidas as despesas na proporção de seu crédito.	**Art. 327.** É lícita a cumulação, em um único processo, contra o mesmo réu, de vários pedidos, ainda que entre eles não haja conexão. § 1º São requisitos de admissibilidade da cumulação que: I – os pedidos sejam compatíveis entre si; II – seja competente para conhecer deles o mesmo juízo; III – seja adequado para todos os pedidos o tipo de procedimento. § 2º Quando, para cada pedido, corresponder tipo diverso de procedimento, será admitida a cumulação se o autor empregar o procedimento comum, sem prejuízo do emprego das técnicas processuais diferenciadas previstas nos procedimentos especiais a que se sujeitam um ou mais pedidos cumulados, que não forem incompatíveis com as disposições sobre o procedimento comum. § 3º O inciso I do § 1º não se aplica às cumulações de pedidos de que trata o art. 326. **Art. 328.** Na obrigação indivisível com pluralidade de credores, aquele que não participou do processo receberá sua parte, deduzidas as despesas na proporção de seu crédito.

Em atenção aos princípios da economia e da efetividade do processo, é muito comum haver a cumulação de pedidos na prática da advocacia, e o mesmo racional previsto no CPC/1973 se aplica ao CPC/2015, conforme revela a tabela, com algumas pequenas mudanças.

Tal como já estava previsto no art. 292 do CPC/1973, não é preciso haver conexão para a cumulação de pedidos, que depende de três requisitos: (i) compatibilidade dos pedidos; (ii) identidade de competência do juízo para os pedidos que estão sendo cumulados e (iii) adequação do procedimento.

Sobre a adequação do procedimento, contudo, o fato de o CPC/2015 prever um procedimento comum único e não mais trazer a dicotomia entre procedimento sumário e ordinário, tornou mais simples a cumulação, e nesse sentido o parágrafo segundo do art. 327 previu que quando, para cada pedido, corresponder tipo diverso de procedimento, será admitida a cumulação sob o procedimento comum, sem prejuízo do emprego das técnicas processuais diferenciadas previstas nos procedimentos especiais a que se sujeitam um ou mais pedidos cumulados, que não forem incompatíveis com as disposições sobre o procedimento.

O parágrafo terceiro do art. 327, por sua vez, prevê que a compatibilidade entre os pedidos é um requisito de admissibilidade da cumulação que não se aplica aos pedidos subsidiários e alternativos, que não precisam ser compatíveis porque não são simultâneos, aplicando-se a eles apenas os demais requisitos de admissibilidade.

Sobre o valor da causa, por fim, na ação em que há cumulação de pedidos, o valor deve ser correspondente à soma da quantia de todos eles (CPC/2015, art. 292, VI).

No caso de obrigação indivisível com pluralidade de credores, o CPC/2015 replicou o que estava no art. 291 do CPC/1973, ao prever que aquele que não participou do processo receberá sua parte, deduzidas as despesas na proporção de seu crédito. Nesse sentido, o Código Civil Brasileiro determina que cada um dos credores poderá individualmente exigir a dívida inteira (CC, art. 260), dada a sua natureza indivisível. Se um só dos credores receber a prestação por inteiro, a cada um dos outros assistirá o direito de exigir dele em dinheiro a parte que lhe caiba no total (CC, art. 261). A legislação civil, portanto, está alinhada ao que dispõe a legislação processual, que no art. 328 determina que o credor que não participou do processo receberá a sua parte, deduzidas as despesas na proporção de seu crédito.

4.4. Alteração do pedido e causa de pedir e estabilização da demanda

Quadro 4 – Alteração do pedido e da causa de pedir, estabilização
da demanda no CPC/1973 e CPC/2015

CPC/1973	CPC/2015
Art. 264. Feita a citação, é defeso ao autor modificar o pedido ou a causa de pedir, sem o consentimento do réu, mantendo-se as mesmas partes, salvo as substituições permitidas por lei. Parágrafo único. A alteração do pedido ou da causa de pedir em nenhuma hipótese será permitida após o saneamento do processo.	**Art. 329.** O autor poderá: I – até a citação, aditar ou alterar o pedido ou a causa de pedir, independentemente de consentimento do réu; II – até o saneamento do processo, aditar ou alterar o pedido e a causa de pedir, com consentimento do réu, assegurado o contraditório mediante a possibilidade de manifestação deste no prazo mínimo de 15 (quinze) dias, facultado o requerimento de prova suplementar. Parágrafo único. Aplica-se o disposto neste artigo à reconvenção e à respectiva causa de pedir.

A possibilidade de alteração do pedido e causa de pedir está prevista no art. 329 do CPC/2015, com algumas pequenas mudanças em relação ao art. 264 do CPC/1973. Uma das alterações é em relação à manutenção das partes do processo original, não mais exigida no novo CPC. Antes da citação, essa mudança dos elementos objetivos da demanda pelo autor independe do consentimento do réu, que não tem qualquer prejuízo, considerando que é apenas com a citação que o mesmo passa a integrar a relação processual.

Depois da citação, contudo, a modificação do pedido e causa de pedir depende do consentimento do réu, tendo o CPC/2015 especificado, ainda, prazo mínimo de 15 dias para contraditório, facultado o requerimento de prova suplementar pelo réu. Vale destacar a possibilidade de alteração do pedido e causa de pedir, mesmo após a citação, caso haja negócio jurídico processual entre as partes nesse sentido.[365]

---

[365] Admitindo a convenção entre as partes para a alteração do pedido e causa de pedir após a citação, vide Gajardoni (2015, p. 630).

PEDIDO E CAUSA DE PEDIR

Após o saneamento, não é possível a alteração do pedido e causa de pedir, mesmo com o consentimento do réu. Isso porque a demanda precisa se estabilizar para que haja celeridade e o trâmite adequado. O trânsito da fase postulatória para a fase instrutória e decisória só é possível com a estabilização da demanda e da controvérsia a decidir, após o saneamento.

O parágrafo único do art. 329 do CPC/2015 também esclareceu que este dispositivo se aplica à reconvenção e à respectiva causa de pedir.

CONCLUSÕES

Conclui-se que as dificuldades e entraves procedimentais à transposição dos conflitos coletivos da esfera extraprocessual à esfera processual, tendo em vista sua natureza indivisível, além dos efeitos plurilaterais e a relevância social que apresentam, justificam um redimensionamento dos elementos objetivos da demanda: o pedido e a causa de pedir.

Para a análise do conflito existente dentro e fora do processo foi útil a consideração dos conceitos clássicos de processo parcial e processo integral de Carnelutti, que expressam a dicotomia entre a realidade conflitual e a realidade processual e permitem visualizar a possibilidade de a demanda coletiva proposta em juízo ter, por trás, uma parcela do conflito que não esteja formalizada verbalmente no pedido, mas encontre-se subjacente à causa, dependendo de uma tutela jurisdicional efetiva e ampla para atingi-la.

Este livro buscou analisar o conflito desde o momento prévio ao seu ingresso no universo jurisdicional, passando pelos mecanismos de triagem que o introduzem na dinâmica procedimental – foram comparados o processo civil individual e o processo civil coletivo brasileiros com o processo civil norte-americano, conectados pelo mesmo viés temático: a análise do regime procedimental a que se submetem os elementos objetivos da demanda e, por conseguinte, o conflito que está subjacente.

É necessário haver um tratamento diferenciado no recorte e tradução dos conflitos coletivos pelo pedido, em comparação aos conflitos individuais e disponíveis, de natureza patrimonial e efeitos bilaterais, cujos titulares decidem com liberdade o que levar ao Judiciário, ou seja, a exata medida de sua litigância em relação ao conflito.

Esse tratamento diferenciado requer algumas flexibilizações na análise e interpretação do pedido e causa de pedir, no atual regime procedimental preclusivo e formalista vigente, para que os limites objetivos da demanda possam ser ampliados, sob a iniciativa das partes e o gerenciamento do juiz, uma vez concedida à parte contrária oportunidade suficiente para se manifestar e produzir provas a respeito de eventual acréscimo.

O momento e *locus* ideal para que isso ocorra é a audiência de saneamento, na qual há espaço para o diálogo entre as partes e o juiz (princípios da imediatidade, oralidade, cooperação e economia processual), com a fixação dos pontos controvertidos e a delimitação dos termos do litígio, objeto de prova e do subsequente julgamento. Priorizam-se, assim, a otimização e a racionalização procedimentais neste momento de construção dialogal do objeto do processo.

O problema central que a pesquisa empírico-jurisprudencial deste livro investigou foi expresso no seguinte questionamento: há diferenciação na aplicação da regra da correlação da sentença ao pedido em face da natureza do conflito processualizado (disponível ou indisponível, individual ou coletivo), ou esta regra se aplica indistintamente em todos os casos?

A resposta foi sim, há diferenciação. Não obstante a regra da correlação da sentença ao pedido venha sendo observada pela jurisprudência do STJ, tanto em casos que envolvem direitos disponíveis como nos casos de direitos indisponíveis, a probabilidade de a aplicação estrita da regra ser maior nos primeiros casos, entre os dados observados, é de 99,5%, levando em consideração um índice de confiabilidade de 95% (Bayesiano).

A expressiva aplicação não estrita da regra da correlação aos conflitos coletivos é um indício relevante da necessidade de serem redimensionados os elementos objetivos da demanda, permitindo-se um ingresso diferenciado do conflito coletivo ao universo processual e a interpretação extensiva do objeto quando não há prejuízo à defesa e o contraditório é preservado. São atenuados alguns formalismos em benefício de uma proteção jurisdicional mais ampla do conflito, notadamente quando o mesmo é indisponível (incluindo-se, neste caso, também demandas individuais) ou possui relevância social que justifique um tratamento diferenciado.

Nos casos de direitos disponíveis e de natureza patrimonial, a regra da correlação da sentença ao pedido é observada com mais rigor, com interpretação estrita do pedido e anulação daquilo que extravasar os elementos

CONCLUSÕES

objetivos da demanda. Essa situação averiguou-se com incidência ainda maior nos acórdãos relativos a demandas indenizatórias.

A correlação da sentença ao pedido deve ter como parâmetro o bem da vida subjacente ao pedido (pedido mediato), que pode não estar circunscrito aos limites formais e até mesmo linguísticos da demanda, mas deve balizar a interpretação do juiz, a fim de que integre o objeto litigioso do processo, principalmente quando está em jogo bem jurídico coletivo, de relevância social, natureza indivisível e indisponível.

Isso não quer dizer que o redimensionamento dos elementos objetivos da demanda vai acabar com o hiato existente entre os universos conflitual e processual, trazendo para o objeto do processo a integralidade do conflito coletivo. O que se objetiva com esse redimensionamento é apenas a redução de incongruências que hoje se verificam por não haver uma válvula de escape procedimental que permita uma tutela mais efetiva do bem jurídico coletivo.

E isso não será alcançado com a atribuição ao juiz, mediante atividade hermenêutica, do poder de dizer até onde vai o pedido, sem correlação com o que foi postulado pelas partes. Em vez disso, busca-se a adstrição da sentença ao pedido mediato, ou seja, ao bem da vida subjacente ao pedido.

Não se ignoram os relativismos atinentes à consideração do bem da vida, conceito jurídico indeterminado que depende do subjetivismo daquele que o interpreta, mas esse parâmetro valorativo é relevante para medir os níveis de distanciamento que o pedido pode apresentar em relação ao conflito, com o qual nem sempre apresenta uma relação de continência, não se prescindindo, para qualquer consideração ampliativa, da observância dos princípios do contraditório e ampla defesa, consectários do devido processo legal.

À luz do princípio da instrumentalidade de formas, a transgressão da regra de correlação é considerada uma nulidade sanável se, observado o princípio do contraditório, nenhum prejuízo concreto for detectado, restando preservado o escopo almejado por referida regra processual.

A causa de pedir foi também analisada neste livro, em conjunto com os efeitos preclusivos da coisa julgada. É difícil separar em dois campos opostos o pedido e a causa de pedir, dada a relação de instrumentalidade que existe entre eles, na definição do objeto do processo. Há uma comunicação entre esses institutos processuais, o que fica claro pela relação entre autoridade e eficácia preclusiva da coisa julgada, devendo prevalecer uma interpretação sistêmica do direito processual que leve em consideração tais conexões, cuja causa originária está na própria interseção entre direito material e direito processual.

A releitura dos elementos objetivos da demanda, uma vez transposto o conflito coletivo ao universo processual, deve ser acompanhada de um gerenciamento judicial adequado da demanda, o qual depende da cooperação entre as partes na definição da controvérsia e produção de provas, que algumas vezes transcende à parcela fática do pedido originariamente apresentado, tendo em vista a economia processual e a instrumentalidade de formas que propugnam pela otimização da via processual para o seu máximo aproveitamento possível.

Eventualmente, a formulação de estratégias processuais pelas partes, o requerimento de medidas judiciais diferentes e a complexidade das provas a serem produzidas podem justificar o processamento da demanda em ações distintas, com instruções probatórias independentes, para a proteção de interesses e direitos em questão. O importante é que a estratégia global traçada pelo legitimado seja pensada tendo em vista a noção ampla do bem da vida, embora as medidas e demandas processuais escolhidas atinjam parcelas desse objeto de forma compartimentada, considerando as especificidades necessárias à sua efetivação.

A partir das *Federal Rules of Civil Procedure*, analisou-se duas contribuições do sistema processual norte-americano ao brasileiro, aparadas as devidas arestas de fundo metodológico para realizar essa comparação: a concisão e simplicidade do pedido (*notice pleading*) e o funcionamento e certificação das demandas coletivas (*class action*).

Na fase prévia ao julgamento (*pretrial stage*), que vai da postulação das partes, passando pela apresentação de *motions*, até o final da fase probatória (*discovery*), o objeto do processo assume seus contornos de maneira flexível, podendo sofrer adaptações, principalmente diante das provas produzidas, para que ingresse na fase de julgamento (*trial*), com limites corretamente definidos pelo *pretrial order*, decisão que substitui os pedidos originários.

Quanto às demandas coletivas, contatou-se que o momento da certificação da demanda coletiva potencializa as utilidades e vantagens da fase de saneamento procedimental, e, ao decidir sobre a certificação da ação coletiva, o juiz não está limitado às alegações das partes constantes do pedido, podendo transcendê-las para analisar outras questões que comprovem a adequação da representatividade da classe pelo *ideological plaintiff*, e a aptidão dos requerimentos e alegações para a defesa dos interesses coletivos subjacentes.

Na legislação processual brasileira, assim, observa-se que a fase de saneamento poderia ir muito além do horizonte procedimental traçado pelo Código de Processo Civil, abrindo uma oportunidade de as partes definirem, de forma dialogal e à luz do contraditório, o objeto do processo.

Vale a pena finalizar relembrando as hipóteses da pesquisa que deram origem a este livro:

1. A processualização do conflito coletivo precisa ser tratada de forma diferenciada do recorte e veiculação do conflito promovido no âmbito do processo civil individual, pois incide sobre bem indisponível e indivisível, de efeitos plurilaterais, o que enseja um remodelamento dos elementos objetivos da demanda (pedido e causa de pedir) no universo processual coletivo.

2. Muitos dos entraves a essa processualização decorrem de uma interpretação restritiva dos elementos objetivos, formatados a partir de um regime procedimental preclusivo e formalista. A quebra desses entraves por meio de uma análise mais dinâmica e dialogal do objeto do processo, tendo como parâmetro o bem da vida subjacente, é uma forma de assegurar um recorte e gerenciamento mais adequados do conflito.

3. A aplicação da regra da correlação da sentença ao pedido, pelo Superior Tribunal de Justiça, afere qual é a leitura que a jurisprudência faz das hipóteses anteriores, ou seja, como se posiciona acerca da necessidade de flexibilizar alguns formalismos em benefício de uma proteção jurisdicional mais ampla do conflito, notadamente quando o mesmo é indisponível ou possui relevância social que justifique um tratamento diferenciado.

4. É importante que a correlação da sentença ao pedido tenha como parâmetro o bem da vida subjacente ao pedido (pedido mediato), que eventualmente pode não estar circunscrito aos limites formais da demanda, mas deve balizar a interpretação do juiz, a fim de que integre o objeto litigioso do processo, principalmente quando está em jogo bem jurídico coletivo, de natureza indivisível e indisponível.

A confirmação dessas hipóteses revelou a necessidade de reformulação do contencioso social para a recepção dos conflitos coletivos, por meio do redimensionamento dos elementos objetivos da demanda, a serem definidos dialogalmente pelas partes, em termos mais precisos e efetivos, tendo em vista o bem da vida que se pretende proteger.

REFERÊNCIAS

AARON, Marjorie Corman. Finding settlement with numbers, maps, and trees. *In:* MOFFITT, Michael L.; BORDONE, Roberts C. (Org.). *The handbook of dispute resolution.* San Francisco: Jossey Bass, 2005.

ALEXY, Robert. *Teoría de los derechos fundamentales.* Madrid: Centro de Estudios Políticos y Constitucionales, 2002.

ALMEIDA, Renato Franco de; COELHO, Aline Bayerl. Princípio da demanda nas ações coletivas do estado social de direito. *Revista de Direito do Consumidor*, São Paulo, n. 50, abr./jun. 2004.

ALVES, Alaôr Caffé. *Lógica:* pensamento formal e argumentação. 3. ed. São Paulo: Quartier Latin, 2003.

ALVES, Alaôr Caffé. *Linguagem, sentido e realidade da norma jurídica.* Tese (Livre-Docência em Filosofia e Teoria Geral do Direito) –Faculdade de Direito da USP, São Paulo, 1996.

ALVIM, Arruda. Apontamentos sobre as ações coletivas. *Revista de Processo*, São Paulo, ano 19, n. 75, jul./set., 1994, p. 276.

ALVIM, Arruda. *Manual de direito processual civil.* 7. ed. São Paulo: Revista dos Tribunais, 2000. v. I.

AMERICAN Law Institute/Unidroit. *Principles of transnational civil procedure.* New York: Cambridge University Press, 2005.

ARENHART, Sergio Cruz; JOBIM, Marco Félix (Org.). *Processos estruturais.* Salvador: Juspodivm, 2017.

ASPERTI, Maria Cecilia de Araujo. *Recursos Repetitivos e Incidente de Resolução de Demandas Repetitivas:* uma análise da perspectiva do acesso à justiça e da participação no processo. São Paulo: Lumen Juris, 2018.

ASSAGRA, Gregório de Almeida. *Direito processual coletivo brasileiro* – um novo ramo do direito processual. São Paulo: Saraiva, 2003.

ASSIS, Araken de. *Cumulação de ações.* 4. ed. São Paulo: Revista dos Tribunais, 2002.

AZEVEDO, Antônio Junqueira de. *Negócio jurídico:* existência, validade e eficácia. 4. ed. São Paulo: Saraiva, 2002.

BARBOSA, Antônio Alberto Alves. *Da preclusão processual civil.* 2. ed. São Paulo: Revista dos Tribunais, 1994.

BARBOSA MOREIRA, José Carlos. A eficácia preclusiva da coisa julgada material no sistema do processo civil brasileiro. *Temas de direito processual.* 1ª série, São Paulo: Saraiva, 1977, p. 98-103.

BARBOSA MOREIRA, José Carlos. Tutela jurisdicional dos interesses coletivos ou difusos. *Revista de Processo*, São Paulo, n. 39, jul./set. 1985a.

BARBOSA MOREIRA, José Carlos. Saneamento do processo e audiência preliminar. *Revista de Processo*, n. 40, out./dez. 1985b.

BARBOSA MOREIRA, José Carlos. Sobre pressupostos processuais. *Temas de Direito Processual*. 4ª série. São Paulo: Saraiva, 1989.

BARBOSA MOREIRA, José Carlos. A eficácia preclusiva da coisa julgada material no sistema do processo civil brasileiro. Correlação entre o pedido e a sentença. *Revista de Processo*, São Paulo, n. 83, ano 21, jul./set., 1996.

BARBOSA MOREIRA, José Carlos. Notas sobre alguns aspectos do processo (civil e penal) nos países anglo-saxônicos. *Revista de Processo*, São Paulo, n. 92, out./dez. 1998.

BARBOSA MOREIRA, José Carlos. *O novo processo civil brasileiro*. 20. ed. Rio de Janeiro: Forense, 1999.

BARBOSA MOREIRA, José Carlos. O futuro da justiça: alguns mitos. *Temas de Direito Processual*. 8ª série, São Paulo: Saraiva, 2004.

BAUR, Fritz. A importância da dicção *iura novit curia*. *Revista de Processo*, São Paulo, n. 3, jul./set. 1976.

BEDAQUE, José Roberto dos Santos. *Direito e processo*: influência do direito material sobre o processo. 4. ed. São Paulo: Malheiros, 2006a.

BEDAQUE, José Roberto dos Santos. *Efetividade do processo e técnica processual*. São Paulo: Malheiros, 2006b.

BEDAQUE, José Roberto dos Santos. Os elementos objetivos da demanda à luz do contraditório. *In:* TUCCI, José Rogério Cruz e; BEDAQUE, José Roberto dos Santos (Org.). *Causa de pedir e pedido no processo civil*. São Paulo: Revista dos Tribunais, 2002.

BRASIL. *Código do Processo do Estado da Bahia anotado por Eduardo Espínola*, v. 1, Bahia: Typ. Bahiana, 191.

BUENO, Cássio Scarpinella. Processo civil de interesse público: uma proposta de sistematização. *In:* SALLES, Carlos Alberto de (Org.). *Processo civil e interesse público:* o processo como instrumento de defesa social. São Paulo: Revista dos Tribunais, 2003.

BUENO, Cássio Scarpinella. Amicus curiae *no processo civil brasileiro*: um terceiro enigmático. São Paulo: Saraiva, 2006.

BÜLOW, Oskar Von. *La teoría de las excepciones procesales y los presupuestos procesales*. Trad. Miguel Angel Rosas Lichtschein. Buenos Aires: Ejea Ediciones Jurídica, 1964.

BUZAID, Alfredo. Da lide: estudo sobre o objeto litigioso (1980). *In:* GRINOVER, Ada Pellegrini; YARSHELL, Flávio Luiz (Org.). *Estudos e pareceres de direito processual civil*. São Paulo: Revista dos Tribunais, 2002.

CABRAL, Antonio do Passo. *In:* WAMBIER, Teresa Arruda Alvim *et al.* (Coord.) *Breves Comentários ao Novo Código de Processo Civil*. São Paulo: Editora Revista dos Tribunais, 2015.

CALAMANDREI, Piero. Il concetto di "lite" nel pensiero di Francesco Carnelutti. *Rivista di Diritto Processuale Civile*, 1928, parte prima.

CALERA, Nicolás López. *¿Hay derechos colectivos? Individualidad y socialidad em la teoría de los derechos*. Barcelona: Ariel, 2000.

CAPPELLETTI, Mauro. Formações sociais e interesses coletivos diante da justiça Civil. *Revista de Processo*, São Paulo, n. 5, jan./mar. 1977.

CAPPELLETTI, Mauro. GARTH, Bryant. *Acesso à justiça*. Trad. Ellen Gracie Northfleet. Porto Alegre: Fabris, 1988.

CAPPELLETTI, Mauro. *Juízes legisladores?* Trad. Carlos Alberto de Oliveira. Porto Alegre: Sérgio Antonio Fabris Editor, 1993.

CAPPELLETTI, Mauro. *O processo civil no direito comparado*. Trad. Hiltomar Martins Oliveira. Belo Horizonte: Cultura Jurídica-Ed. Líder, 2001.

CAPPELLETTI, Mauro. O processo civil italiano no quadro da contraposição *"civil law"* – *"common law"* (apontamentos histórico-comparativos). Trad. Daniel Ustárroz e Handel Dias. *Revista da Ajuris* (Associação dos Juízes do Rio Grande do Sul), ano XXXII, n. 100, dez. 2005.

CARMO, Diego Gomes Martins; PEREIRA, Carlos Alberto Bragança; SILVA, Gustavo Miranda de. *Relatório de análise estatística sobre o projeto "Processualização dos conflitos coletivos e sociais."* São Paulo, IME--USP, 2007 (RAE-CEA-07-PO2).

CARNEIRO, Paulo Cezar Pinheiro. *Acesso à justiça:* juizados especiais cíveis e ação civil pública: uma nova sistematização da teoria geral do processo. Rio de Janeiro: Forense, 2003.

CARNELUTTI, Francesco. *Sistema di diritto processuale civile* (funzione e composizione del processo). Padova: Cedam, 1936. v. I.

CARNELUTTI, Francesco. Lite e funzione processuale. *Rivista di Diritto Processuale Civile*, 1928, parte prima.

CARVALHO, Milton Paulo de. *Do pedido no processo civil.* Porto Alegre: Sérgio Antonio Fabris Editor, 1992.

CHAYES, Abram. *The role of the judge in public law litigation.* Harvard Law Review, 1975-1976, v. 89.

CHIOVENDA, Giuseppe. *Instituzioni di diritto processuale civile.* Napoli: Nicola Jovene e C. Editori, 1933. v. 1.

CHIOVENDA, Giuseppe. *Instituições de direito processual civil.* Trad. Paolo Capitanio com notas de Enrico Túlio Liebman. Campinas: Bookseller, 2000. v. III.

CINTRA, Antônio Carlos de Araújo; GRINOVER, Ada Pellegrini; DINAMARCO, Cândido Rangel. *Teoria geral do processo.* 21. ed. São Paulo: Malheiros, 2005.

COSTA, Susana Henriques da. Acesso à Justiça: Promessa ou Realidade? Uma Análise do Litígio Sobre Creche e Pré-Escola no Município de São Paulo. *In:* GRINOVER, Ada Pellegrini; WATANABE, Kazuo; e COSTA, Susana Henriques. (Org.). *O processo para solução de conflitos de interesse público.* Salvador: Juspodivm, 2017.

COSTA, Susana Henriques da. Comentário ao art. 17 do CPC. *In:* BUENO, Cassio Scarpinella (Coord.). *Comentários ao Código de Processo Civil.* São Paulo: Saraiva, 2017.

DELGADO, Jaime Guasp. *La pretensión procesal.* Madrid: Civitas, 1981.

DINAMARCO, Cândido Rangel. Parecer: Acidente de trabalho – Causa de pedir – Correlação entre a sentença e a demanda. *Justitia 110*, São Paulo, jul./set. 1980.

DINAMARCO, Cândido Rangel. *Fundamentos do processo civil moderno.* 5. ed. São Paulo: Malheiros, 2002. t. I.

DINAMARCO, Cândido Rangel. *A reforma da reforma.* 5. ed. São Paulo: Malheiros, 2003.

DINAMARCO, Cândido Rangel. *Capítulos de sentença.* 2. ed. São Paulo: Malheiros, 2006.

DINAMARCO, Cândido Rangel. *Instituições de direito processual civil.* 5. ed. São Paulo: Malheiros, 2005a. v. I.

DINAMARCO, Cândido Rangel. *Instituições de direito processual civil.* São Paulo: Malheiros, 2005b. v. III.

DINAMARCO, Cândido Rangel. *Instituições de direito processual civil.* 5. ed. São Paulo: Malheiros, 2005c. v. II.

DWORKIN, Ronald. *Levando os direitos a sério.* Trad. Nelson Boeira. São Paulo: Martins Fontes, 2002.

ENCINAS, Emilio Eiranova; Tradução Miguel Lourido Miguez. *Código Procesal Civil Alemán*. Madrid: Marcial Pons, 2001.

FARIA, José Eduardo. *Justiça e conflito*: os juízes em face dos novos movimentos sociais. 2. ed. São Paulo: Revista dos Tribunais, 1992.

FARIA, José Eduardo. A definição de interesse público. *In:* SALLES, Carlos Alberto de (Org.). *Processo civil e interesse público*: o processo como instrumento de defesa social. São Paulo: Revista dos Tribunais, 2003.

FARNSWORTH, E. Alan. *Introdução ao sistema jurídico dos Estados Unidos*. Rio de Janeiro: Forense, 1963.

FELSTINER, William L. F.; ABEL, Richard L.; SARAT, Austin. The emergence and transformation of disputes: naming, blaming, claiming. *Law and Society Review*, v. 15, n. 3-4, 1980-1981.

FERRAZ JR., Tércio Sampaio. *Função social da dogmática jurídica*. São Paulo: Revista dos Tribunais, 1980.

FIELD, Richard H.; KAPLAN, Benjamin; CLERMONT, Kevin M. *Civil procedure*: materials for a basic course. 7th ed. Westbury, NY: The Foundation Press Inc, 1997.

FISS, Owen. *In:* SALLES, Carlos Alberto de (Coord. Trad.). *Um novo processo civil*: estudos norte-americanos sobre jurisdição, constituição e sociedade. São Paulo: Revista dos Tribunais, 2004.

FRIEDENTHAL, Jack H.; KANE, Mary Kay; MILLER, Arthur Raphael. *Civil procedure – United States*. St. Paul, Minn: West Publishing Co, 1985.

FULLER, Lon L. The forms and limits of adjudication. 92 *Harvard Law Review*, 1978-1979.

GABBAY, Daniela Monteiro. *Comentários à Lei de Ação Civil Pública e Lei de Ação Popular. In:* COSTA, Susana Henriques da (Org.). São Paulo: Quartier Latin, 2006a.

GABBAY, Daniela Monteiro. *Como permitir que o recorte do conflito promovido pelo pedido promova a sua resolução efetiva na esfera judicial?* Anais do XV Encontro Preparatório para o Congresso Nacional do Conpedi – Conselho Nacional de Pesquisa e Pós-graduação em Direito. Florianópolis: Fundação Boiteux, 2006b.

GABBAY, Daniela Monteiro. Comentários aos artigos 318 a 331 do Código de Processo Civil. *In:* TUCCI, Jose Rogerio Cruz; FILHO, Manoel Caetano Ferreira; APRIGLIANO, Ricardo de Carvalho; DOTTI, Rogéria Fagundes; MARTINS, Sandro Gilbert (Org.). *Código de Processo Civil Anotado*. 1. ed. São Paulo: AASP, 2015.

GABBAY, Daniela Monteiro; ALVES, Rafael Francisco; ANDRADE, Tathyana Chaves de; LUCON, Paulo Henrique dos Santos. Interpretação do pedido e da causa de pedir nas demandas coletivas (conexão, continência e litispendência). *In:* LUCON, Paulo Henrique dos Santos (Org.). *Tutela coletiva*. São Paulo: Atlas, 2005.

GABBAY, Daniela Monteiro; ASPERTI, Maria Cecília de Araujo; COSTA, Susana Henriques da. Acesso à Justiça no Brasil: reflexões sobre escolhas políticas e a necessidade de construção de uma nova agenda de pesquisa. *Revista Brasileira de Sociologia do Direito*, v. 6, n. 3, set./dez. 2019.

GABBAY, Daniela Monteiro; LUCON, Paulo Henrique dos Santos. Coisa julgada *secundum eventum probationis* e pedido nas ações coletivas. *In:* SALLES, Carlos Alberto de; SILVA, Solange Teles da; NUSDEO, Ana Maria de Oliveira (Org.). *Processos coletivos e tutela ambiental*. Santos: Leopoldianum, 2006.

GABBAY, Daniela Monteiro; LUCON, Paulo Henrique dos Santos. Superação do modelo processual rígido pelo Anteprojeto do Código Brasileiro de Processos Coletivos, à luz da atividade gerencial do juiz. *In:* GRINOVER, Ada Pellegrini; MENDES, Aluisio Gonçalves de Castro; WATANABE, Kazuo (Org.). *Direito processual coletivo e o anteprojeto de Código Brasileiro de Processos Coletivos.* São Paulo: Revista dos Tribunais, 2007.

GAJARDONI, Fernando da Fonseca. *In:* WAMBIER, Teresa Arruda Alvim *et al.* (Coord.) *Breves Comentários ao Novo Código de Processo Civil.* São Paulo: Editora Revista dos Tribunais, 2015.

GALANTER, Marc. A justiça não se encontra apenas nas decisões dos tribunais. *In:* HESPANHA, Antonio (Org.). *Justiça e litigiosidade:* história e prospectiva. Lisboa: Fundação Calouste Gulbenkian, 1993.

GALANTER, Marc, 1941. *Por que "quem tem" sai na frente:* especulações sobre os limites da transformação no Direito. Tradução e organização: Ana Carolina Chasin. São Paulo: FGV Direito SP, 2018, Coleção acadêmica livre.

GERALDES, António Santos Abrantes. *Temas da reforma do processo civil.* 2. ed. Coimbra: Almedina, 2006. v. I.

GIDI, Antonio; MAC-GREGOR, Eduardo Ferrer. *Apuntes sobre cuestiones concretas del Anteproyeto in La Tutela de los Derechos Difusos, Coletivos e Individuales Homogéneos.* México: Editorial Porrúa, 2003.

GIDI, Antonio. *A class action como instrumento de tutela coletiva dos direitos:* as ações coletivas em uma perspectiva comparada. São Paulo: Revista dos Tribunais, 2007.

GRECO, Leonardo. *A teoria da ação no processo civil.* São Paulo: Dialética, 2003.

GRIEF, Jaime. Conciliación, mediación, arbitraje como formas alternativas de solucionar conflictos de família. *Revista Uruguaya de Derecho Procesal* 1/95.

GRINOVER, Ada Pellegrini. A tutela jurisdicional dos interesses difusos. *Revista de Processo.* São Paulo, n. 14/15, abr./set. 1979.

GRINOVER, Ada Pellegrini. Deformalização do processo e deformalização das controvérsias. *Revista de Processo,* São Paulo, n. 46, abr./jun. 1987.

GRINOVER, Ada Pellegrini. Da class action for damages à ação de classe brasileira: os requisitos de admissibilidade. *Revista de Processo,* n. 101, jan./mar. 2001.

GRINOVER, Ada Pellegrini. Ação civil pública e ação popular: aproximações e diferenças. *In:* SALLES, Carlos Alberto de (Org.). *Processo civil e interesse público:* o processo como instrumento de defesa social. São Paulo: Revista dos Tribunais, 2003.

GRINOVER, Ada Pellegrini. Direito processual coletivo. *In:* GRINOVER, Ada Pellegrini; MENDES, Aluisio Gonçalves de Castro; WATANABE, Kazuo (Org.). *Direito processual coletivo e o anteprojeto de Código Brasileiro de Processos Coletivos.* São Paulo: Revista dos Tribunais, 2007.

GRINOVER, Ada Pellegrini. Os métodos consensuais de conflitos no novo CPC. *In:* O *novo Código de Processo Civil:* questões controvertidas. São Paulo: Atlas, 2015.

GRINOVER, Ada Pellegrini; FERNANDES, Antônio Scarance; GOMES FILHO, Antônio Magalhães. *As nulidades no processo penal.* 7. ed. São Paulo: Revista dos Tribunais, 2001.

GRINOVER, Ada Pellegrini; WATANABE, Kazuo *et al. Código Brasileiro de Defesa do Consumidor comentado pelos autores do anteprojeto.* 8. ed. Rio de Janeiro: Forense, 2004.

GUERRA FILHO, Willis Santiago. Processo e tutela do meio ambiente na ordem constitucional brasileira. *In: Processo constitucional e direitos fundamentais*. São Paulo: Celso Bastos Editor, 1999.

GUIMARÃES. Amanda de Araújo. Ação coletiva como meio de molecularização de demandas repetitivas: o Projeto Caderneta de Poupança. *Revista Direito GV*, São Paulo, v. 14, n. 2, maio-ago. 2018.

HAZARD JR, Geoffrey C. A Drafter's reflections. *In: Principles of transnational civil procedure*. New York: Cambridge University Press, December 12, 2005.

HAZARD JR., Geoffrey C. *et al. Pleading and procedure:* state and federal cases and materials. Ninth Edition, New York: Foundation Press, 2005.

HAZARD JR., Geoffrey C.; TARUFFO, Michele. *American civil procedure:* an introduction. New Haven and London: Yale University Press, 1993a.

HAZARD JR., Geoffrey C.; TARUFFO, Michele. *La giustizia civile negli Stati Uniti*. Bologna: Il Mulino, 1993b.

JAUERNIG, Othmar. *Direito processual civil*. 25. ed., totalmente refundida, da obra criada por Friedrich Lent. Trad. F. Silveira Ramos. Coimbra: Almedina, 2002.

JOLOWICZ, J. A. A reforma do processo civil inglês: uma derrogação ao "adversary system". *Revista de Processo*, São Paulo, n. 75, jul./set. 1994.

JONES, Gregory Todd; YARN, Douglas H. Evaluative dispute resolution under uncertainty: an empirical look at Bayes' theorem and the expected value of perfect information. *Journal of Dispute Resolution*, 2003.

KELSEN, Hans. *Teoria pura do direito*. Trad. João Baptista Machado. 6. ed. São Paulo: Martins Fontes, 2000.

KOMATSU, Roque. *Da invalidade no processo civil*. São Paulo: Revista dos Tribunais, 1991.

LACERDA, Galeno. *Despacho saneador*. 3. ed. Porto Alegre: Sérgio Antonio Fabris Editor, 1990.

LENT, Friedrich. *Diritto processuale civile tedesco:* parte prima il procedimento de cognizione. Trad. Edoardo F Ricci. Napoli: Morano Editori, 1962.

LEONEL, Ricardo de Barros. *Manual do processo coletivo*. São Paulo: Revista dos Tribunais, 2002.

LIEBMAN, Enrico Tullio. Limites objetivos da coisa julgada. *Estudos sobre o Processo Civil Brasileiro (com notas de Ada Pellegrini Grinover)*. São Paulo: Bushatsky, 1976.

LIEBMAN, Enrico Tullio. O despacho saneador e o julgamento do mérito. *Revista dos Tribunais*, São Paulo, ano 88, v. 767, set. 1999.

LOPES, José Reinaldo de Lima. Uma introdução à História social e política do processo. *In:* WOLKMER, Antônio Carlos (Org.). *Fundamentos de história de direito*. 2. ed. Belo Horizonte: Del Rey, 2001.

LOPES, José Reinaldo de Lima. A definição do interesse público. *In:* SALLES, Carlos Alberto de (Org.). *Processo civil e interesse público:* o processo como instrumento de defesa social. São Paulo: Revista dos Tribunais, 2003.

LOPES, José Reinaldo de Lima. *As palavras e a lei:* direito, ordem e justiça na história do pensamento jurídico moderno. São Paulo: Ed. 34/Edesp, 2004.

LOPES, José Reinaldo de Lima. Justiça e Poder Judiciário ou a virtude confronta a instituição. *In:* LOPES, José Reinaldo de Lima. *Direitos sociais: teoria e prática*. São Paulo: Método, 2006a.

LOPES, José Reinaldo de Lima. Direitos sociais como justiça distributiva. *In:* LOPES, José Reinaldo de Lima. *Direitos sociais: teoria e prática*. São Paulo: Método, 2006b.

REFERÊNCIAS

LOPES, José Reinaldo de Lima. Processo e justiça (social, distributiva e política). *In:* LOPES, José Reinaldo de Lima. *Direitos sociais: teoria e prática.* São Paulo: Método, 2006c.

LOPES, José Reinaldo de Lima. Os tribunais e os direitos sociais no Brasil – saúde e educação. *In:* LOPES, José Reinaldo de Lima. *Direitos sociais: teoria e prática.* São Paulo: Método, 2006d.

LOPES, José Reinaldo de Lima. *Direitos sociais:* teoria e prática. São Paulo: Método, 2006e.

MANCUSO, Rodolfo de Camargo. Jurisdição coletiva e coisa julgada: teoria geral das ações coletivas. São Paulo: Revista dos Tribunais, 2006.

MENDES, Aluisio Gonçalves de Castro. *Ações coletivas no direito comparado e nacional.* São Paulo: Revista dos Tribunais, 2002.

MENDES, Aluisio Gonçalves de Castro. Anteprojeto de Código Brasileiro de Processos Coletivos: apresentação do anteprojeto elaborado em conjunto nos programas de pós-graduação *stricto sensu* da Universidade do Estado do Rio de Janeiro (UERJ) e da Universidade Estácio de Sá (Unesa). *In:* GRINOVER, Ada Pellegrini; MENDES Aluisio Gonçalves de Castro; WATANABE, Kazuo (Org.). *Direito processual coletivo e o Anteprojeto de Código Brasileiro de Processos Coletivos.* São Paulo: Revista dos Tribunais, 2007.

MENDES, Conrado Hubner; OLIVEIRA, Vanessa Elias de; ARANTES, Rogerio Bastos (Coord). Conselho Nacional de Justiça (CNJ). *Ações Coletivas no Brasil:* temas, atores e desafios da tutela coletiva. Pesquisa realizada pela Sociedade Brasileira de Direito Público (SBDP) para a 2ª Edição da série Justiça Pesquisa. Brasilia (DF) 2018, disponível em: https://www.cnj.jus.br/wp-con-

tent/uploads/2011/02/28383cca082cb 68ac79144e7b40f5568.pdf Acesso em: 28 fev. 2020.

MESQUITA, José Ignácio Botelho de. As novas tendências do direito processual: uma contribuição para o seu reexame. *Revista Forense*, v. 98, n. 361, maio/jun. 2002.

MIRANDA, Andrea Pimentel de. *Quem tem medo do processo coletivo?* As disputas e escolhas políticas no CPC2015 para o tratamento da litigiosidade repetitiva no Brasil. São Paulo: Almedina, 2020.

MIRANDA, Pontes de. *Comentários ao Código de Processo Civil.* Rio de Janeiro: Forense, 1973, t. I.

MIRANDA, Pontes de. *Tratado da ação rescisória:* das sentenças e de outras decisões. 5. ed. Rio de Janeiro: Forense, 1976.

MNOOKIN, Robert H.; KORNHAUSER, Lewis. Bargaining in the shadow of the law: the case of divorce. *88 Yale Law Journal,* 1978-1979.

MOREIRA, José Carlos Barbosa. O futuro da justiça: alguns mitos. *Temas de direito processual,* 8ª série, São Paulo: Saraiva, 2004.

NERY JUNIOR, Nelson. *Princípios do processo civil na Constituição Federal.* 6. ed. São Paulo: Revista dos Tribunais, 2000.

NEVES, Celso. *Estrutura fundamental do processo civil:* tutela jurídica processual, ação, processo e procedimento. Rio de Janeiro: Forense, 1997.

NEVES, Daniel Amorim Assumpção. *Preclusões para o juiz:* preclusão *pro iudicato* e preclusão judicial no processo civil. São Paulo: Método, 2004.

OLIVEIRA, Carlos Alberto Alvaro de. *Do formalismo no processo civil.* 2. ed. São Paulo: Saraiva, 2003.

OLIVEIRA, Manfredo Araújo de. *Reviravolta linguístico-pragmática na filosofia contemporânea.* 2. ed. São Paulo: Loyola, 1996.

OST, François. *Entre droit et non-droit, l'intérêt. Essai sur les fonctions qu'exerce la notion d'intérêt en droit privé. In:* GERARD, Philippe; OST, François; KERCHOVE, M. Van de. *Droit et intérêt.* Bruxelles: Publications des Facultés Universitaires Saint-Louis, 1990, v. II.

OST, François. *Júpiter, Hércules, Hermes:* tres modelos de juez. Madrid: *DOXA* n. 14, 1993.

PASSOS, J. J. Calmon de. Esboço de uma teoria das nulidades. *Revista de Processo,* São Paulo, n. 56, out./dez. 1989.

PINTO JUNIOR, Alexandre Moreira. Sistemas rígidos e flexíveis: a questão da estabilização da demanda. *In:* TUCCI, José Rogério Cruz e; BEDAQUE, José Roberto dos Santos (Org.). *Causa de pedir e pedido no processo civil.* São Paulo: Revista dos Tribunais, 2002.

QUIJANO, Jairo Parra. *El futuro del proceso civil. XV Jornadas Iberoamericanas de derecho procesal.* Colômbia: Universidad Externado, 1996.

REFOSCO, Helena. *Ação Coletiva e democratização do acesso à justiça.* São Paulo: Quartier Latin, 2018.

REZENDE FILHO, Gabriel José Rodrigues de. *Modificações objetivas e subjetivas da ação.* São Paulo: Saraiva e Cia. Editores, 1933.

ROSENBERG, Leo. *Tratado de derecho procesal civil.* Trad. Angela Romera Vera. Buenos Aires: Ediciones Jurídicas Europa-America, 1955. t. II.

SACCO, Rodolfo. *Introdução ao direito comparado.* Trad. Vera Jacob de Fradera. São Paulo: Revista dos Tribunais, 2001.

SALLES, Carlos Alberto de. *Execução judicial em matéria ambiental.* 2. ed. São Paulo: Revista dos Tribunais, 1998.

SALLES, Carlos Alberto de. A tutela jurisdicional do espaço urbano: técnica e estratégia processual. *In:* FREITAS, José Carlos de (Org.). *Temas de Direito Urbanístico.* São Paulo: Imprensa Oficial do Estado, Ministério Público do Estado de SP, 2001.

SALLES, Carlos Alberto de. Processo civil de interesse público. *In:* SALLES, Carlos Alberto de (Org.). *Processo civil e interesse público:* o processo como instrumento de defesa social. São Paulo: Revista dos Tribunais, 2003a.

SALLES, Carlos Alberto de. A proteção judicial de interesses difusos e coletivos: funções e significados. *In:* SALLES, Carlos Alberto de (Org.). *Processo civil e interesse público:* o processo como instrumento de defesa social. São Paulo: Revista dos Tribunais, 2003b.

SALLES, Carlos Alberto de. Execução específica e ação civil pública. *In:* MILARÉ, Edis (Org.). *A ação civil pública após 20 anos:* efetividade e desafios. São Paulo: Revista dos Tribunais, 2005.

SALLES, Carlos Alberto de. Mecanismos alternativos de solução de controvérsias e acesso à justiça: a inafastabilidade da tutela jurisdicional recolocada. *In:* FUX, Luiz; WAMBIER, Teresa; NERY, Nelson (Org.). *Processo e Constituição:* estudos em homenagem ao professor Jose Carlos Barbosa Moreira. São Paulo: Revista dos Tribunais, 2006a.

SALLES, Carlos Alberto de. Ações coletivas: premissas para comparação com o sistema jurídico norte-americano. *In:* SALLES, Carlos Alberto de; SILVA, Solange Teles da; NUSDEO, Ana Maria de Oliveira (Org.). *Processos coletivos e tutela ambiental.* Santos: Leopoldianum, 2006b.

SALLES, Carlos Alberto de. Processo Civil de Interesse Público. *In:* GRINOVER, Ada Pellegrini; WATANABE, Kazuo; COSTA, Susana Henriques. (Org.). *O processo para solução de conflitos de interesse público.* Salvador: Juspodivm, 2017.

SANCHES, Sydney. Objeto do processo e objeto litigioso do processo. *Revista de Jurisprudência do TJSP*, v. 55, nov./dez. 1978.

SANDER, Frank E. A.; ROZDEICZER, Lukasz. Matching cases and dispute resolution procedures: detailed analysis leading to a mediation-centered approach. 11 *Harvard Negotiation Law Review*, 2006.

SANTOS, Boaventura de Souza. *Para uma agenda da reforma da justiça (memorando do observatório permanente da justiça portuguesa sobre bloqueios e propostas de solução)*. Portugal: Universidade de Coimbra, 2005.

SANTOS, Moacyr Amaral. *Condições da ação no despacho saneador*. Tese (Livre-docência em Direito) – Faculdade de Direito da USP, São Paulo, 1947.

SCHRADER, Achim. *Introdução à pesquisa social empírica:* um guia para o planejamento, a execução e a avaliação de projetos de pesquisa não experimentais. Colaboração: Magdalene Malwitz--Schütte e Jürgen Sell. Trad. Manfredo Berger. Porto Alegre: Globo (editora da UFRS), 1974.

SCHWAB, Karl Heinz. *El objeto litigioso en el proceso civil*. Traducion del aleman por Tomas Banzhaf. Buenos Aires: Ediciones Jurídicas Europa-America, 1968.

SILVA, Ovídio A. Baptista da. *Sentença e coisa julgada:* ensaios. 3. ed. Porto Alegre: Sérgio Antonio Fabris Editor, 1995.

SILVA, Paulo Eduardo Alves da. *Condução planejada dos processos judiciais:* a racionalidade do exercício jurisdicional entre o tempo e a forma do processo. Tese (Doutorado em Direito) – Faculdade de Direito da USP, São Paulo, 2006.

SILVA, Paulo Eduardo Alves da. As Normas Fundamentais do Novo Código de Processo Civil (ou "as Doze Tábuas do Processo Civil Brasileiro"?) *In:* O Novo Código de Processo Civil: Questões controvertidas. São Paulo: Atlas, 2015.

SILVA, Virgílio Afonso da. Princípios e regras: mitos e equívocos acerca de uma distinção. *Revista Latino-americana de Estudos Constitucionais* 1, 2003.

SIMONDS, David. Class actions: accepting the ambulance chasers. Be nervous about american-style collective lawsuits coming to Europe, but don't stop them. *The Economist,* Feb 15th 2007.

SOSA, Gualberto Lucas. El futuro del proceso civil: en la producción de pruebas; en la actuación judicial; en la interpretación de la demanda y la congruencia con la sentencia; en la depreciación de la moneda como factor por considerar en la sentencia. *In: XV Jornadas Iberoamericanas de derecho procesal*. Colômbia: Universidad Externado, 1996.

SOUZA, Miguel Teixeira de. Aspectos do novo processo civil português. *Revista de Processo*, São Paulo, n. 86, abr./jun. 1997.

SPIEGELMAN, Paul. J. Civil procedure and alternative dispute resolution: The lawyer's role and the opportunity for change. *Journal of Legal Education* 26, 1987.

TARTUCE, Fernanda. *In:* WAMBIER, Teresa *et al.* (Coord.). *Breves Comentários ao Novo CPC*. São Paulo: RT, 2015.

TEIXEIRA, Guilherme Freire de Barros. O princípio da eventualidade no processo civil. *In:* BEDAQUE, José Roberto dos Santos; MARINONI, Luiz Guilherme (Org.). *Coleção Temas Atuais de Direito Processual Civil*. São Paulo: Revista dos Tribunais, 2005. v. 10.

THEODORO JUNIOR, Humberto. A preclusão no processo civil. *Revista dos Tribunais*, São Paulo, v. 784, fev. 2001.

TRUBECK, David M. The handmaiden's revenge: on reading and using the newer sociology of civil procedure, 51 *Law and Contemporany Problems*, 1988.

Tucci, José Rogério Cruz e. A denominada "situação substancial" como objeto do processo na obra de Fazzalari. *Revista de Processo*, São Paulo, n. 68, out./dez. 1992.

Tucci, José Rogério Cruz e. A *causa petendi* no novo CPC português. *In:* Tucci, José Rogério Cruz e; Bedaque, José Roberto dos Santos (Org.). *Causa de pedir e pedido no processo civil:* questões polêmicas. São Paulo: Revista dos Tribunais, 2002.

Tucci, José Rogério Cruz e. A *causa petendi no processo civil.* 2. ed. São Paulo: Revista dos Tribunais, 2001.

Tucci, José Rogério Cruz e. *Lineamentos da nova reforma do CPC.* 2. ed. São Paulo: Revista dos Tribunais, 2002.

Tucci, José Rogério Cruz e. *Limites subjetivos da eficácia da sentença e da coisa julgada civil.* São Paulo: Revista dos Tribunais, 2006.

Tucci, José Rogério Cruz; Bedaque, José Roberto dos Santos (Org.). *Causa de pedir e pedido no processo civil (questões polêmicas).* São Paulo: Revista dos Tribunais, 2002.

Tucci, José Rogerio Cruz e; Filho, Manoel Caetano Ferreira; Aprigliano, Ricardo de Carvalho; Dotti, Rogéria Fagundes; Martins, Sandro Gilbert. (Org.). *Código de Processo Civil Anotado.* led. São Paulo: AASP, 2015.

Tucci, Rogério Lauria. A nova fase saneadora do processo civil brasileiro. *In:*

Teixeira, Sálvio de Figueiredo (Org.). *Reforma do Código de Processo Civil.* São Paulo: Saraiva, 1996.

Veríssimo, Marcos Paulo. *A judicialização dos conflitos coletivos de justiça distributiva no Brasil:* o processo judicial no pós-1988. Tese (Doutorado em Direito) – Faculdade de Direito da USP, São Paulo, 2006.

Vianna, Luiz Werneck; Burgos, Marcelo. Revolução processual do Direito e democracia progressiva. *In:* Vianna, Luiz Werneck (Org.). *A democracia e os três poderes no Brasil.* Belo Horizonte: UFMG, Rio de Janeiro: IUPERJ/FAPERJ, 2002.

Wambier, Teresa Arruda Alvim. Apontamentos sobre as ações coletivas. *Revista de Processo*, São Paulo, ano 19, n. 75, jul./ set. 1994.

Wambier, Teresa Arruda Alvim. *Omissão judicial e embargos de declaração.* São Paulo: Revista dos Tribunais, 2005.

Watanabe, Kazuo et al. *Código Brasileiro de Defesa do Consumidor comentado pelos autores do Anteprojeto.* 8. ed. Rio de Janeiro: Forense, 2004.

Watanabe, Kazuo. Cultura da sentença e cultura da pacificação. *In:* Yarshell, Flávio; Zanoide, Maurício (Org.). *Estudos em homenagem à professora Ada Pellegrini Grinover.* São Paulo: DPJ, 2005a.

Watanabe, Kazuo. *Da cognição no processo civil.* 3. ed. São Paulo: Perfil, 2005b.

POSFÁCIO

A importância de um trabalho acadêmico mede-se, inclusive, pela amplitude da sua utilização e pela longevidade de suas ideias. Pretendo explorar neste posfácio, que a autora me deu a honra de elaborar, exemplos de como suas ideias são atuais e se estendem para muito além do campo em que foram geradas.

O estudo da Professora Daniela Gabbay sobre causa de pedir e pedido apresenta-nos, por sua leitura extraordinariamente fluida para trabalhos técnicos-jurídicos, muito mais do que o tema ou o seu título possam sugerir. Além disso, o repertório analítico que oferece aos seus leitores revela-se, passada mais de uma década, cada vez mais útil diante do quadro da justiça civil no Brasil. É um trabalho cuja importância só tem crescido com o tempo.

A perspectiva original e a riqueza das análises abrem ao leitor dimensões úteis e pouco exploradas no equacionamento de desafios complexos do sistema jurídico. Entre os quais, quero destacar aqui o da *efetividade* e do *acesso à justiça*.

A relação entre causa de pedir e pedido e a efetividade do sistema jurídico não é difícil de se evidenciar, embora seja pouco destacada em estudos de prisma dogmático. O que seria das liberdades, da lei e dos direitos se não pudessem ser feitos valer quando postos em risco? E o que seria da organização social se tais situações não chegassem aos órgãos capazes de, dentro dos padrões civilizatórios aceitáveis, oferecer-lhes proteção? A formulação de causas de pedir e de pedidos à Justiça estatal viabiliza que tudo isso seja possível.

PEDIDO E CAUSA DE PEDIR

A dedução de uma pretensão em juízo permite que o sistema jurídico tome conhecimento das disputas ocorridas na sociedade e possa administrá-las com justiça, viabilizando que o ordenamento jurídico se efetive no tecido social – a atuação da vontade concreta da lei, diria Chiovenda. Isso, porém, não é nada trivial e vai muito além da aferição formal de admissibilidade das demandas. Basta pensar, como enfatiza a autora com apoio em referências interdisciplinares, que a transfiguração do conflito social para o processo judicial não é integral, podendo podar-lhe elementos essenciais e, assim, comprometer *ab initio* a eficácia da cobertura a ser provida pela jurisdição.

Fica claro, neste ponto, a relação entre a delimitação do objeto do processo e a concretização do ideal de acesso à justiça. Se o pedido e a causa de pedir não captarem e retratarem minimamente o conflito social que deu origem à demanda, pouco adiantará a presença dos outros requisitos para um julgamento justo – a atuação da lei, o devido processo, a sensatez do juiz ou mesmo a eficiência do Judiciário. Por mais legítimos, justos, regulares e céleres que possam ser os processos e os julgamentos, serão de pouca valia se não incidirem sobre a disputa ocorrida na sociedade e não lhe derem um encaminhamento satisfatório.

A máxima congruência entre a disputa social e a lide formatada no processo só é possível quando os pedidos e as causas de pedir forem bem equacionados – conclusão válida para todos os tipos de processos, dos mais aos menos formais, ainda que não adotem essas categorias conceituais. Em toda atividade de administração de conflitos, a precisão do recorte da disputa ocorrida na sociedade condiciona a eficácia do encaminhamento que lhe for conferido. Variam as opções disponíveis para se aperfeiçoar, no curso do processo, o recorte feito na reclamação e defesas iniciais. Também aqui o trabalho é visionário ao destacar as possibilidades de uso do gerenciamento do processo e da cooperação processual como flexibilização do sistema preclusivo rígido, algo posteriormente consagrado no CPC de 2015.

O estudo de Gabbay é, como adiantei, cada vez mais atual no cenário da justiça civil brasileira. Aderindo a um rigor metodológico incomum à época, a pesquisadora em início de carreira soube bem delimitar seu objeto de pesquisa e listar previamente suas hipóteses de trabalho – restringindo-as ao processo coletivo, o que nunca me convenceu. É para mim cada vez mais claro que sua "chave de leitura" (como ela gosta de dizer) é um raro e valioso recurso analítico para a compreensão dos nossos mais complexos e relevantes desafios em termos de litigiosidade e acesso à justiça.

A litigância judicial no Brasil é, sobretudo, assimétrica e concentrada em alguns poucos atores sociais, o que talvez seja o maior entrave à efetividade das leis e da justiça. Por maior transtorno que cause o volume de processos aos tribunais, por maior que seja a insegurança da falta de uma jurisprudência uniforme e estável, por mais morosos que sejam os processos, nada se equipara à constatação de que a jurisdição estatal atende a uma só parte da população e sirva para administrar alguns tipos padrão de conflitos. A despeito do congestionamento de processos, a maior parte da população e das disputas que acontecem na sociedade está de fora do sistema judicial. Basta ver os dados sobre as categorias e classes processuais mais comuns nos tribunais, divulgadas anualmente pelo Conselho Nacional de Justiça (CNJ). As disputas são de tipos padrão, e pelo menos um dos polos do processo é de frequentadores assíduos do Judiciário – os *"repeat players"* de Galanter.[1] Nesse quadro, por mais célere, uniforme, estável e enxuta que consiga ser a jurisdição, seus benefícios restringem-se apenas à parte da sociedade que acede ao sistema de justiça.

É pela chave do objeto do processo, pelos seus elementos do pedido e da causa de pedir, que se consegue avançar nesse tipo de investigação e oferecer-lhe soluções verdadeiramente efetivas. Quem ocupa o privilegiado espaço do Judiciário brasileiro? De que tipo de conflitos se ocupam os cerca de 18 mil juízes e juízas e 250 mil servidores e servidoras judiciais brasileiros? A que serve todo o aparato judiciário e, não só, todo o conhecimento e a literatura produzida pela área do Direito Processual? Essas perguntas, imprescindíveis para um acesso à justiça mais qualitativo do que quantitativo, só se esclarecem pelo levantamento da causa de pedir e dos pedidos submetidos à jurisdição – tanto os individuais quanto os coletivos.

Diferentes levantamentos empíricos sobre a litigiosidade no Brasil recorrem a uma perspectiva analítica similar à trazida por Gabbay há mais de dez anos.

Em 2015, um levantamento desenvolvido no âmbito do Programa "Justiça Pesquisa", organizado pelo Departamento de Estudos Judiciais do CNJ

---

[1] GALANTER, Marc. *Por que "quem tem" sai na frente*: especulações sobre os limites da transformação no Direito; organizadora e tradutora: Ana Carolina Chasin. São Paulo: FGV DIREITO SP, 2018. (Coleção Acadêmica Livre).

(DPJ/CNJ), descreveu aspectos do acesso à justiça em juizados especiais cíveis das cinco regiões do país.[2] Os resultados revelam, entre outros achados, a concorrência em torno da ocupação do espaço privilegiado que é o Judiciário e, no caso, os juizados especiais. Espremidos pelo tipo de processo padrão nos Juizados Especiais Cíveis (JECs) – entre consumidores e fornecedores –, há um volume nada desprezível de conflitos mais simples, entre pessoas físicas e jurídicas de pequeno porte – familiares, vizinhos, comércio e serviços locais, entre outros. Justamente por versarem sobre questões "domésticas", são fundamentais para a efetividade do sistema jurídico na base da sociedade. Essa constatação só foi possível pela identificação dos pedidos e causas de pedir das demandas endereçadas aos juizados, além de tomar em conta a transformação do conflito social em conflito jurídico pelo processo.

No campo do Direito do Trabalho, uma das indagações mais pertinentes nos dias de hoje diz respeito às consequências da Reforma Trabalhista sobre as relações entre patrões e empregados.[3] A queda do volume de processos judiciais nos meses seguintes à aprovação da nova lei, apontada em levantamentos de similar objetivo, reflete parte dos efeitos da Reforma. Do ponto de vista da efetividade do sistema jurídico, importa menos saber quantos processos foram economizados do que quem e quais disputas deixaram de aparecer na Justiça. A identificação dos efeitos sociais, econômicos e políticos da relevante alteração legislativa pelo que passou o país passa pela identificação das causas de pedir e dos pedidos formulados nos processos trabalhistas.

Por fim, um exemplo no campo das relações previdenciárias, outra significativa parcela da judicialização no Brasil. Estudos recentes apontam entre os principais entraves à eficácia da jurisdição previdenciária a baixa articulação entre o processo administrativo (perante o INSS) e o judicial (perante a Justiça Federal); a crescente dependência dos pareceres técnicos que, não raro, são divergentes entre si; o aumento da litigância em

---

[2] CONSELHO NACIONAL DE JUSTIÇA (CNJ). *Perfil do acesso à justiça nos juizados especiais cíveis* – Relatório de Pesquisa (coord.: ALVES DA SILVA, Paulo Eduardo). Brasília: CNJ, 2015 (Série "Justiça Pesquisa").

[3] Como fez recente levantamento realizado pelo Instituto de Pesquisa Econômica Aplicada (IPEA) em parceria com o Tribunal Superior do Trabalho, em vias de publicação. Cf. Instituto de Pesquisa Econômica Aplicada (IPEA). *Acesso à Justiça do Trabalho Antes e Depois da Reforma Trabalhista* – Relatório de Pesquisa (coord.: CUNHA, Alexandre dos Santos; ALVES DA SILVA, Paulo Eduardo). Brasília: IPEA/TST, 2020 [no prelo].

decorrência dessas deficiências; entre outros. A imperfeita transposição do conflito social para os processos formais (o administrativo e o judicial), deixando-se de fora parte importante da complexidade das disputas previdenciárias, parece presente em todos esses fatores. Portanto, a depender de como o demandante, por si ou por seu advogado, recorta o quadro fático para compor o processo formal, a respectiva decisão será ou não capaz de administrar a integralidade da disputa.

Essa tarefa, que já não é simples na generalidade das disputas, é ainda mais complexa nas previdenciárias. A necessidade de um benefício por incapacidade, por exemplo, nasce em um quadro fático efêmero e complexo – inclusive o tipo da doença em que se funda o pedido pode variar no tempo, a exigir novas aferições e medidas protetivas.

O aparato jurídico processual dificilmente capta a complexidade dos fatos envolvidos nesse tipo de demanda. Por exemplo, a perícia técnica feita na esfera administrativa poderá retratar algo diferente do que retratará o perito judicial, ocasionando decisões distintas em cada esfera. Por mais que todos os órgãos envolvidos desempenhem com excelência suas funções, a tutela estatal provida será provavelmente aquém da eficácia necessária para evitar a reiteração de novas demandas judiciais com base em novas causas de pedir.

Nos três exemplos, ilustrativos dos litígios mais frequentemente judicializados no Brasil, a delimitação da causa de pedir e do pedido exerceu papel determinante – como indicativo acurado do problema ou propriamente como sua causa (na litigância previdenciária). Nos três, foi fundamental compreender a delimitação do objeto do processo a partir de uma perspectiva interdisciplinar como a que traz Gabbay, recuperando a relação com a lide sociológica de que falava Carnelutti.

O estudo de Gabbay não trata dessas situações, porque inclusive não compunham seu objeto. Ainda assim, suas ideias inspiram caminhos auspiciosos para sua mais nítida compreensão e, assim, as mais originais respostas e efetivas soluções. Essa é uma das mais primorosas contribuições de uma produção verdadeiramente científica, qual seja o "ramo do Direito" em que for enquadrada. Senão, a que terá servido afinal?

PAULO EDUARDO ALVES DA SILVA
Professor Associado na Universidade de São Paulo.
Faculdade de Direito de Ribeirão Preto.

ANEXOS

Anexo A

Anteprojeto do Código Brasileiro de Processos Coletivos (versão de janeiro/2007)

Janeiro de 2007
Ministério da Justiça – Última versão Incorporando sugestões
da Casa Civil, Secretaria de Assuntos Legislativos, PGFN e dos Ministérios
Públicos de Minas Gerais, Paraná, Rio Grande do Sul e São Paulo

Capítulo I
Das demandas coletivas

Art. 1º Conteúdo do Código – Este Código dispõe sobre os processos coletivos relativos às ações coletivas ativas, à ação coletiva passiva originária, ao mandado de segurança coletivo, à ação popular constitucional e à ação de improbidade administrativa.

Art. 2º Princípios da tutela jurisdicional coletiva – São princípios da tutela jurisdicional coletiva:

a. acesso à justiça e à ordem jurídica justa;
b. universalidade da jurisdição;
c. participação pelo processo e no processo;
d. tutela coletiva adequada;
e. boa-fé e cooperação das partes e de seus procuradores;
f. cooperação dos órgãos públicos na produção da prova;

PEDIDO E CAUSA DE PEDIR

g. economia processual;
h. instrumentalidade das formas;
i. ativismo judicial;
j. flexibilização da técnica processual;
k. dinâmica do ônus da prova;
l. representatividade adequada;
m. intervenção do Ministério Público em casos de relevante interesse social;
n. não taxatividade da ação coletiva;
o. ampla divulgação da demanda e dos atos processuais;
p. indisponibilidade temperada da ação coletiva;
q. continuidade da ação coletiva;
r. obrigatoriedade do cumprimento e da execução da sentença;
s. extensão subjetiva da coisa julgada, coisa julgada *secundum eventum litis* e *secundum probationem*;
t. reparação dos danos materiais e morais;
u. aplicação residual do Código de Processo Civil;
v. proporcionalidade e razoabilidade.

Art. 3º Efetividade da tutela jurisdicional – Para a defesa dos direitos e interesses indicados neste Código são admissíveis todas as espécies de ações e provimentos capazes de propiciar sua adequada e efetiva tutela, inclusive os previstos no Código de Processo Civil e em leis especiais.

§ 1º O juiz, instaurado o contraditório, poderá desconsiderar a pessoa jurídica, nas hipóteses previstas no artigo 50 Código Civil e no artigo 4º da Lei n. 9.605/98.

§ 2º Para a tutela dos interesses e direitos previstos nas alíneas II e III do artigo 3º e observada a disponibilidade do bem jurídico protegido, as partes poderão estipular convenção de arbitragem, a qual se regerá pelas disposições do Código de Processo Civil e da Lei n. 9.307, de 23 de setembro de 1996.

Art. 4º Objeto da tutela coletiva – A demanda coletiva será exercida para a tutela de:

I – interesses ou direitos difusos, assim entendidos os transindividuais, de natureza indivisível, de que sejam titulares pessoas indeterminadas e ligadas por circunstâncias de fato;

II – interesses ou direitos coletivos, assim entendidos os transindividuais, de natureza indivisível, de que seja titular um grupo, categoria ou classe de pessoas ligadas, entre si ou com a parte contrária, por uma relação jurídica base;

III – interesses ou direitos individuais homogêneos, assim entendidos os decorrentes de origem comum.

Parágrafo único. A análise da constitucionalidade ou inconstitucionalidade de lei ou ato normativo poderá ser objeto de questão prejudicial, pela via do controle difuso.

Art. 5º Pedido e causa de pedir – Nas ações coletivas, a causa de pedir e o pedido serão interpretados extensivamente, em conformidade com o bem jurídico a ser protegido.

Parágrafo único. A requerimento da parte interessada, até a prolação da sentença, o juiz permitirá a alteração do pedido ou da causa de pedir, desde que seja realizada de boa-fé, não represente prejuízo injustificado para a parte contrária e o contraditório seja preservado, mediante possibilidade de nova manifestação de quem figure no polo passivo da demanda, no prazo de 10 (dez) dias, com possibilidade de prova complementar, observado o parágrafo 3º do artigo 10.

Art. 6º Relação entre demandas coletivas – Observado o disposto no artigo 22 deste Código, as demandas coletivas de qualquer espécie poderão ser reunidas, de ofício ou a requerimento das partes, ficando prevento o juízo perante o qual a demanda foi distribuída em primeiro lugar, quando houver:

I – conexão, pela identidade de pedido ou causa de pedir ou da defesa, conquanto diferentes os legitimados ativos, e para os fins da ação prevista no Capítulo III, os legitimados passivos;

II – conexão probatória, desde que não haja prejuízo à duração razoável do processo;

III – continência, pela identidade de partes e causa de pedir, observado o disposto no inciso anterior, sendo o pedido de uma das ações mais abrangente do que o das demais.

§ 1º Na análise da identidade do pedido e da causa de pedir, será considerada a identidade do bem jurídico a ser protegido.

§ 2º Na hipótese de conexidade entre ações coletivas referidas ao mesmo bem jurídico, o juiz prevento, até o início da instrução, deverá determinar a reunião de processos para julgamento conjunto e, iniciada a instrução, poderá determiná--la, desde que não haja prejuízo à duração razoável do processo;

§ 3º Aplicam-se à litispendência as regras dos incisos I e III deste artigo, quanto à identidade de legitimados ativos ou passivos, e a regra de seu parágrafo 1º, quanto à identidade do pedido e da causa de pedir ou da defesa.

Art. 7º Relação entre demanda coletiva e ações individuais – A demanda coletiva não induz litispendência para as ações individuais em que sejam postulados direitos ou interesses próprios e específicos de seus autores, mas os efeitos da coisa julgada coletiva (art. 13 deste Código) não beneficiarão os autores das ações individuais, se não for requerida sua suspensão no prazo de 30 (trinta) dias, a contar da ciência efetiva da demanda coletiva nos autos da ação individual.

§ 1º Cabe ao demandado informar o juízo da ação individual sobre a existência de demanda coletiva que verse sobre idêntico bem jurídico, sob pena de, não o fazendo, o autor individual beneficiar-se da coisa julgada coletiva mesmo no caso de a ação individual ser rejeitada.

§ 2º A suspensão do processo individual perdurará até o trânsito em julgado da sentença coletiva, facultado ao autor requerer a retomada do curso do processo individual, a qualquer tempo, independentemente da anuência do réu, hipótese em que não poderá mais beneficiar-se da sentença coletiva.

§ 3º O Tribunal, de ofício, por iniciativa do juiz competente ou a requerimento da parte, após instaurar, em qualquer hipótese, o contraditório, poderá determinar a suspensão de processos individuais em que se postule a tutela de interesses ou direitos referidos à relação jurídica substancial de caráter incindível, pela sua própria natureza ou por força de lei, a cujo respeito as questões devam ser decididas de modo uniforme e globalmente, quando houver sido ajuizada demanda coletiva versando sobre o mesmo bem jurídico.

§ 4º Na hipótese do parágrafo anterior, a suspensão do processo perdurará até o trânsito em julgado da sentença coletiva, vedada ao autor a retomada do curso do processo individual antes desse momento.

Art. 8º Comunicação sobre processos repetitivos – O juiz, tendo conhecimento da existência de diversos processos individuais correndo contra o mesmo demandado, com identidade de fundamento jurídico, notificará o Ministério Público e, na medida do possível, outros legitimados, a fim de que proponham, querendo, demanda coletiva, ressalvada aos autores individuais a faculdade prevista no artigo anterior.

Parágrafo único. Caso o Ministério Público não promova a demanda coletiva, no prazo de 90 (noventa) dias, o juiz, se considerar relevante a tutela coletiva, fará remessa das peças dos processos individuais ao Conselho Superior do Ministério Público, que designará outro órgão do Ministério Público para ajuizar a demanda coletiva, ou insistirá, motivadamente, no não ajuizamento da ação, informando o juiz.

Art. 9º Efeitos da citação – A citação válida para a demanda coletiva interrompe o prazo de prescrição das pretensões individuais e transindividuais direta ou indiretamente relacionadas com a controvérsia, retroagindo o efeito à data da propositura da ação.

Art. 10º Prioridade de processamento e utilização de meios eletrônicos – O juiz deverá dar prioridade ao processamento da demanda coletiva sobre as individuais, servindo-se preferencialmente dos meios eletrônicos para a prática de atos processuais do juízo e das partes, observados os critérios próprios que garantam sua autenticidade.

Art. 11º Provas – São admissíveis em juízo todos os meios de prova, desde que obtidos por meios lícitos, incluindo a prova estatística ou por amostragem.

§ 1º Sem prejuízo do disposto no artigo 333 do Código de Processo Civil, o ônus da prova incumbe à parte que detiver conhecimentos técnicos ou informações específicas sobre os fatos, ou maior facilidade em sua demonstração.

§ 2º O ônus da prova poderá ser invertido quando, a critério do juiz, for verossímil a alegação, segundo as regras ordinárias de experiência, ou quando a parte for hipossuficiente.

§ 3º Durante a fase instrutória, surgindo modificação de fato ou de direito relevante para o julgamento da causa (parágrafo único do artigo 5º deste Código), o juiz poderá rever, em decisão motivada, a distribuição do ônus da prova, concedendo à parte a quem for atribuída a incumbência prazo razoável para sua produção, observado o contraditório em relação à parte contrária (artigo 25, § 5º, inciso IV).

§ 4º O juiz poderá determinar de ofício a produção de provas, observado o contraditório.

§ 5º Para a realização de prova técnica, o juiz poderá solicitar a elaboração de laudos ou relatórios a órgãos, fundações ou universidades públicas especializados na matéria.

Art. 12º Motivação das decisões judiciárias – Todas as decisões deverão ser especificamente fundamentadas, especialmente quanto aos conceitos jurídicos indeterminados.

Parágrafo único. Na sentença de improcedência, o juiz deverá explicitar, no dispositivo, se rejeita a demanda por insuficiência de provas.

Art. 13º Coisa julgada – Nas ações coletivas de que trata este código, a sentença fará coisa julgada *erga omnes*, exceto se o pedido for julgado improcedente por insuficiência de provas, hipótese em que qualquer legitimado poderá intentar outra ação, com idêntico fundamento valendo-se de nova prova.

§ 1º Tratando-se de interesses ou direitos individuais homogêneos (art. 3º, III, deste Código), em caso de improcedência do pedido, os interessados poderão propor ação a título individual.

§ 2º Os efeitos da coisa julgada nas ações em defesa de interesses ou direitos difusos ou coletivos (art. 4º, I e II, deste Código) não prejudicarão as ações de indenização por danos pessoalmente sofridos, propostas individualmente ou na forma prevista neste Código, mas, se procedente o pedido, beneficiarão as vítimas e seus sucessores, que poderão proceder à liquidação e à execução, nos termos dos arts. 34 e 35.

§ 3º Aplica-se o disposto no parágrafo anterior à sentença penal condenatória.

§ 4º A competência territorial do órgão julgador não representará limitação para a coisa julgada *erga omnes*.

§ 5º Mesmo na hipótese de sentença de improcedência, fundada nas provas produzidas, qualquer legitimado poderá intentar outra ação, com idêntico fundamento, no prazo de 2 (dois) anos contados do conhecimento geral da descoberta de prova nova, superveniente, que não poderia ser produzida no processo, desde que idônea para mudar seu resultado.

§ 6º A faculdade prevista no parágrafo anterior, nas mesmas condições, fica assegurada ao demandado da ação coletiva julgada procedente.

Art. 14º Efeitos do recurso da sentença definitiva – O recurso interposto contra a sentença tem efeito meramente devolutivo, salvo quando a fundamentação for relevante e puder resultar à parte lesão grave e de difícil reparação, hipótese em que o juiz, ponderando os valores em jogo, poderá atribuir ao recurso efeito suspensivo.

Parágrafo único. As sentenças que julgam as demandas coletivas não se submetem ao reexame necessário.

Art. 15º Legitimação à liquidação e execução da sentença condenatória – Na hipótese de o autor da demanda coletiva julgada procedente não promover, em 120 (cento e vinte) dias, a liquidação ou execução da sentença, deverá fazê-lo o Ministério Público, quando se tratar de interesse público relevante, facultada igual iniciativa, em todos os casos, aos demais legitimados (art. 20 deste Código).

Art. 16º Execução definitiva e execução provisória – A execução é definitiva quando passada em julgado a sentença; e provisória, na pendência dos recursos cabíveis.

§ 1º A execução provisória corre por conta e risco do exequente, que responde pelos prejuízos causados ao executado, em caso de reforma da sentença recorrida.

§ 2º A execução provisória permite a prática de atos que importem em alienação do domínio ou levantamento do depósito em dinheiro.

§ 3º A pedido do executado, o tribunal pode suspender a execução provisória quando dela puder resultar lesão grave e de difícil reparação.

Art. 17º Custas e honorários – Nas demandas coletivas de que trata este código, a sentença condenará o demandado, se vencido, nas custas, emolumentos, honorários periciais e quaisquer outras despesas, bem como em honorários de advogados, calculados sobre a condenação.

§ 1º Tratando-se de condenação a obrigação específica ou de condenação genérica, os honorários advocatícios serão fixados levando-se em consideração a vantagem para o grupo, categoria ou classe, a quantidade e qualidade do trabalho desenvolvido pelo advogado e a complexidade da causa.

§ 2º O Poder Público, quando demandado e vencido, incorrerá na condenação prevista neste artigo.

§ 3º Se o legitimado for pessoa física, entidade sindical ou de fiscalização do exercício das profissões, associação civil ou fundação de direito privado, o juiz, sem prejuízo da verba da sucumbência, poderá fixar gratificação financeira, a cargo do Fundo dos Direitos Difusos e Coletivos, quando sua atuação tiver sido relevante na condução e êxito da demanda coletiva, observados na fixação os critérios de razoabilidade e modicidade.

§ 4º Os autores da demanda coletiva não adiantarão custas, emolumentos, honorários periciais e quaisquer outras despesas, nem serão condenados, salvo comprovada má-fé, em honorários de advogados, custas e despesas processuais.

§ 5º O litigante de má-fé e os responsáveis pelos respectivos atos serão solidariamente condenados ao pagamento das despesas processuais, em honorários advocatícios e em até o décuplo das custas, sem prejuízo da responsabilidade por perdas e danos.

Art. 18º Juízos especializados – Sempre que possível, as demandas coletivas de que trata este Código serão processadas e julgadas em juízos especializados.

PEDIDO E CAUSA DE PEDIR

Parágrafo único. Quando se tratar de liquidação e execução individuais dos danos sofridos em decorrência de violação a interesses ou direitos individuais homogêneos (artigo 34 deste Código), a competência para a tramitação dos processos será dos juízos residuais comuns.

Capítulo II
Da ação coletiva ativa

Seção I
Disposições gerais

Art. 19º Cabimento da ação coletiva ativa – A ação coletiva ativa será exercida para a tutela dos interesses e direitos mencionados no artigo 4º deste Código.

Art. 20º Legitimação – São legitimados concorrentemente à ação coletiva ativa:

I – qualquer pessoa física, para a defesa dos interesses ou direitos difusos, desde que o juiz reconheça sua representatividade adequada, demonstrada por dados como:

a – a credibilidade, capacidade e experiência do legitimado;

b – seu histórico na proteção judicial e extrajudicial dos interesses ou direitos difusos e coletivos;

c – sua conduta em eventuais processos coletivos em que tenha atuado; II – o membro do grupo, categoria ou classe, para a defesa dos interesses

ou direitos coletivos, e individuais homogêneos, desde que o juiz reconheça sua representatividade adequada, nos termos do inciso I deste artigo;

III – o Ministério Público, para a defesa dos interesses ou direitos difusos e coletivos, bem como dos individuais homogêneos de interesse social;

IV – a Defensoria Pública, para a defesa dos interesses ou direitos difusos e coletivos, quando a coletividade ou os membros do grupo, categoria ou classe forem necessitados do ponto de vista organizacional, e dos individuais homogêneos, quando os membros do grupo, categoria ou classe forem, ao menos em parte, hipossuficientes;

V – as pessoas jurídicas de direito público interno, para a defesa dos interesses ou direitos difusos e, quando relacionados com suas funções, dos coletivos e individuais homogêneos;

VI – as entidades e órgãos da Administração Pública, direta ou indireta, bem como os órgãos do Poder Legislativo, ainda que sem personalidade jurídica, especificamente destinados à defesa dos interesses e direitos indicados neste Código;

VII – as entidades sindicais e de fiscalização do exercício das profissões, restritas as primeiras à defesa dos interesses e direitos ligados à categoria;

VIII – os partidos políticos com representação no Congresso Nacional, nas Assembleias Legislativas ou nas Câmaras Municipais, conforme o âmbito do objeto da demanda, para a defesa de direitos e interesses ligados a seus fins institucionais;

IX – as associações civis e as fundações de direito privado legalmente constituídas e em funcionamento há pelo menos um ano, que incluam entre seus fins institucionais a defesa dos interesses ou direitos indicados neste Código, dispensadas a autorização assemblear ou pessoal e a apresentação do rol nominal dos associados ou membros.

§ 1º Na defesa dos interesses ou direitos difusos, coletivos e individuais homogêneos, qualquer legitimado deverá demonstrar a existência do interesse social e, quando se tratar de direitos coletivos e individuais homogêneos, a coincidência entre os interesses do grupo, categoria ou classe e o objeto da demanda;

§ 2º No caso dos incisos I e II deste artigo, o juiz poderá voltar a analisar a existência do requisito da representatividade adequada em qualquer tempo e grau de jurisdição, aplicando, se for o caso, o disposto no parágrafo seguinte.

§ 3º Em caso de inexistência do requisito da representatividade adequada (incisos I e II deste artigo), o juiz notificará o Ministério Público e, na medida do possível, outros legitimados, a fim de que assumam, querendo, a titularidade da ação.

§ 4º Em relação às associações civis e às fundações de direito privado, o juiz poderá dispensar o requisito da pré-constituição, quando haja manifesto interesse social evidenciado pelas características do dano, pela relevância do bem jurídico a ser protegido ou pelo reconhecimento de representatividade adequada (inciso I deste artigo).

§ 5º Os membros do Ministério Público poderão ajuizar a ação coletiva perante a Justiça federal ou estadual, independentemente da pertinência ao Ministério Público da União, do Distrito Federal ou dos Estados, e, quando se tratar da competência da Capital do Estado (artigo 22, inciso III) ou do Distrito Federal (artigo 22, inciso IV), independentemente de seu âmbito territorial de atuação.

§ 6º Será admitido o litisconsórcio facultativo entre os legitimados, inclusive entre os Ministérios Públicos da União, do Distrito Federal e dos Estados.

PEDIDO E CAUSA DE PEDIR

§ 7º Em caso de relevante interesse social, cuja avaliação ficará a seu exclusivo critério, o Ministério Público, se não ajuizar a ação ou não intervier no processo como parte, atuará obrigatoriamente como fiscal da lei.

§ 8º Havendo vício de legitimação, desistência infundada ou abandono da ação, o juiz aplicará o disposto no parágrafo 3º deste artigo.

§ 9º Em caso de inércia do Ministério Público, aplica-se o disposto no parágrafo único do artigo 8º deste Código.

Art. 21º Do termo de ajustamento de conduta – Preservada a indisponibilidade do bem jurídico protegido, o Ministério Público e os órgãos públicos legitimados, agindo com critérios de equilíbrio e imparcialidade, poderão tomar dos interessados compromisso de ajustamento de conduta à lei, mediante fixação de modalidades e prazos para o cumprimento das obrigações assumidas e de multas por seu descumprimento.

§ 1º Em caso de necessidade de outras diligências, os órgãos públicos legitimados poderão firmar compromisso preliminar de ajustamento de conduta.

§ 2º Quando a cominação for pecuniária, seu valor deverá ser suficiente e necessário para coibir o descumprimento da medida pactuada e poderá ser executada imediatamente, sem prejuízo da execução específica.

§ 3º O termo de ajustamento de conduta terá natureza jurídica de transação, com eficácia de título executivo extrajudicial, sem prejuízo da possibilidade de homologação judicial do compromisso, hipótese em que sua eficácia será de título executivo judicial.

Art. 22º Competência territorial – É absolutamente competente para a causa o foro:

I – do lugar onde ocorreu ou deva ocorrer o dano, quando de âmbito local;

II – de qualquer das comarcas ou sub-seções judiciárias, quando o dano de âmbito regional compreender até 3 (três) delas, aplicando-se no caso as regras de prevenção;

III – da Capital do Estado, para os danos de âmbito regional, compreendendo 4 (quatro) ou mais comarcas ou subseções judiciárias;

IV – de uma das Capitais do Estado, quando os danos de âmbito interestadual compreenderem até 3 (três) Estados, aplicando-se no caso as regras de prevenção;

V – do Distrito Federal, para os danos de âmbito interestadual que compreendam mais de 3 (três) Estados, ou de âmbito nacional.

§ 1º A amplitude do dano será aferida conforme indicada na petição inicial da demanda.

§ 2º Ajuizada a demanda perante juiz territorialmente incompetente, este remeterá incontinenti os autos ao juízo do foro competente, sendo vedada ao primeiro juiz a apreciação de pedido de antecipação de tutela.

§ 3º No caso de danos de âmbito nacional, interestadual e regional, o juiz competente poderá delegar a realização da audiência preliminar e da instrução ao juiz que ficar mais próximo dos fatos.

§ 4º Compete ao juiz estadual, nas comarcas que não sejam sede da Justiça federal, processar e julgar a ação coletiva nas causas de competência da Justiça federal.

Art. 23º Inquérito civil – O Ministério Público poderá instaurar, sob sua presidência, inquérito civil, nos termos do disposto em sua Lei Orgânica, ou requisitar, de qualquer organismo público ou particular, certidões, informações, exames ou perícias, no prazo que assinalar, o qual não poderá ser inferior a 10 (dez) dias.

§ 1º Aplica-se às atribuições do Ministério Público, em relação ao inquérito civil, o disposto no parágrafo 5o do artigo 20 deste Código.

§ 2º Nos casos em que a lei impuser sigilo, incumbe ao Ministério Público, ao inquirido e a seu advogado a manutenção do segredo.

§ 3º A eficácia probante das peças informativas do inquérito civil dependerá da observância do contraditório, ainda que diferido para momento posterior ao da sua produção;

§ 4º Se o órgão do Ministério Público, esgotadas todas as diligências, se convencer da inexistência de fundamento para a propositura de ação coletiva, promoverá o arquivamento dos autos do inquérito civil ou das peças informativas, fazendo-o fundamentadamente.

§ 5º Os demais legitimados (art. 20 deste Código) poderão recorrer da decisão de arquivamento ao Conselho Superior do Ministério Público, conforme dispuser o seu regimento.

§ 6º O órgão do Ministério Público que promover o arquivamento do inquérito civil ou das peças informativas encaminhará, no prazo de 3 (três) dias, sob pena de falta grave, os respectivos autos ao Conselho Superior do Ministério Público, para homologação e para as medidas necessárias à uniformização da atuação ministerial.

§ 7º Deixando o Conselho de homologar a promoção do arquivamento, designará, desde logo, outro membro do Ministério Público para o ajuizamento da ação.

PEDIDO E CAUSA DE PEDIR

§ 8º Constituem crime, punido com pena de reclusão de 1 (um) a 3 (três) anos, mais multa, a recusa, o retardamento ou a omissão de dados técnicos ou informações, quando requisitados pelo Ministério Público.

Art. 24º Da instrução da inicial e do valor da causa – Para instruir a inicial, o legitimado poderá requerer às autoridades competentes as certidões e informações que julgar necessárias.

§ 1º As certidões e informações deverão ser fornecidas dentro de 15 (quinze) dias da entrega, sob recibo, dos respectivos requerimentos, e só poderão ser utilizados para a instrução da ação coletiva.

§ 2º Somente nos casos em que a defesa da intimidade ou o interesse social, devidamente justificados, exigirem o sigilo, poderá ser negada certidão ou informação.

§ 3º Ocorrendo a hipótese do parágrafo anterior, a ação poderá ser proposta desacompanhada das certidões ou informações negadas, cabendo ao juiz, após apreciar os motivos do indeferimento, requisitá-las; feita a requisição, o processo correrá em segredo de justiça.

§ 4º Na hipótese de ser incomensurável ou inestimável o valor dos danos coletivos, fica dispensada a indicação do valor da causa na petição inicial, cabendo ao juiz fixá-lo em sentença.

Art. 25º Audiência preliminar – Encerrada a fase postulatória, o juiz designará audiência preliminar, à qual comparecerão as partes ou seus procuradores, habilitados a transigir.

§ 1º O juiz ouvirá as partes sobre os motivos e fundamentos da demanda e tentará a conciliação, sem prejuízo de sugerir outras formas adequadas de solução do conflito, como a mediação, a arbitragem e a avaliação neutra de terceiro.

§ 2º A avaliação neutra de terceiro, de confiança das partes, obtida no prazo fixado pelo juiz, é sigilosa, inclusive para este, e não vinculante para as partes, sendo sua finalidade exclusiva a de orientá-las na tentativa de composição amigável do conflito.

§ 3o Preservada a indisponibilidade do bem jurídico coletivo, as partes poderão transigir sobre o modo de cumprimento da obrigação.

§ 4º Obtida a transação, será homologada por sentença, que constituirá título executivo judicial.

§ 5º Não obtida a conciliação, sendo ela parcial, ou quando, por qualquer motivo, não for adotado outro meio de solução do conflito, o juiz, fundamentadamente:

I – decidirá se a ação tem condições de prosseguir na forma coletiva, certificando-a como tal;

II – poderá separar os pedidos em ações coletivas distintas, voltadas à tutela, respectivamente, dos interesses ou direitos difusos e coletivos, de um lado, e dos individuais homogêneos, do outro, desde que a separação represente economia processual ou facilite a condução do processo;

III – decidirá a respeito do litisconsórcio e da intervenção de terceiros, esta admissível até o momento do saneamento do processo, vedada a denunciação da lide na hipótese do artigo 13, parágrafo único, da Lei n. 8.078, de 11 de setembro de 1990 – Código de Defesa do Consumidor.

IV – fixará os pontos controvertidos, decidirá as questões processuais pendentes e determinará as provas a serem produzidas, designando audiência de instrução e julgamento, se for o caso;

V – na hipótese do inciso anterior, esclarecerá as partes sobre a distribuição do ônus da prova, de acordo com o disposto no § 1º do artigo 11 deste Código, e sobre a possibilidade de ser determinada, no momento do julgamento, sua inversão, nos termos do § 2º do mesmo artigo;

VI – Se não houver necessidade de audiência de instrução e julgamento, de acordo com a natureza do pedido e as provas documentais juntadas pelas partes ou requisitadas pelo juiz, sobre as quais tenha incidido o contraditório, simultâneo ou sucessivo, julgará antecipadamente a lide.

Art. 26º Ação reparatória – Na ação reparatória dos danos provocados ao bem indivisivelmente considerado, sempre que possível e independentemente de pedido do autor, a condenação consistirá na prestação de obrigações específicas, destinadas à compensação do dano sofrido pelo bem jurídico afetado, nos termos do artigo 461 e parágrafos do Código de Processo Civil.

§ 1º Dependendo da especificidade do bem jurídico afetado, da extensão territorial abrangida e de outras circunstâncias consideradas relevantes, o juiz poderá especificar, em decisão fundamentada, as providências a serem tomadas para a reconstituição dos bens lesados, podendo indicar a realização de atividades tendentes a minimizar a lesão ou a evitar que se repita, dentre outras que beneficiem o bem jurídico prejudicado.

§ 2º Somente quando impossível a condenação no cumprimento de obrigações específicas, o juiz condenará o réu, em decisão fundamentada, ao pagamento de indenização, independentemente de pedido do autor, a qual reverterá ao Fundo de Direitos Difusos e Coletivos, de natureza federal ou estadual, de acordo com a Justiça competente (art. 27 deste Código).

Art. 27º Do Fundo dos Direitos Difusos e Coletivos – O Fundo será administrado por um Conselho Gestor federal ou por Conselhos Gestores estaduais, dos quais participarão necessariamente, em composição paritária, membros do Ministério Público e representantes da comunidade, sendo seus recursos destinados à realização de atividades tendentes a minimizar as lesões ou a evitar que se repitam, dentre outras que beneficiem os bens jurídicos prejudicados, bem como a antecipar os custos das perícias necessárias à defesa dos direitos ou interesses difusos, coletivos e individuais homogêneos e a custear o prêmio previsto no § 3º do artigo 17.

§ 1º Além da indenização oriunda da sentença condenatória, prevista no parágrafo 2º do artigo 26, e da execução pelos danos globalmente causados, de que trata o parágrafo 3º do artigo 36, ambos deste Código, constitui receita do Fundo, dentre outras, o produto da arrecadação de multas, inclusive as decorrentes do descumprimento de compromissos de ajustamento de conduta.

§ 2º O representante legal do Fundo, considerado funcionário público para efeitos legais, responderá por sua atuação nas esferas administrativa, penal e civil.

§ 3º O Fundo será notificado da propositura de toda ação coletiva e sobre as decisões mais importantes do processo, podendo nele intervir em qualquer tempo e grau de jurisdição na função de *amicus curiae*.

§ 4º O Fundo manterá e divulgará registros que especifiquem a origem e a destinação dos recursos e indicará a variedade dos bens jurídicos a serem tutelados e seu âmbito regional;

§ 5º Semestralmente, o Fundo dará publicidade às suas demonstrações financeiras e atividades desenvolvidas.

Seção II
Da ação coletiva para a defesa de interesses ou direitos individuais homogêneos

Art. 28º Da ação coletiva para a defesa de interesses ou direitos individuais homogêneos – A ação coletiva para a defesa de interesses ou direitos individuais homogêneos será exercida para a tutela do conjunto de direitos ou interesses individuais, decorrentes de origem comum, de que sejam titulares os membros de um grupo, categoria ou classe.

§ 1º Para a tutela dos interesses ou direitos individuais homogêneos, além dos requisitos indicados no artigo 19 deste Código, é necessária a aferição da predominância das questões comuns sobre as individuais e da utilidade da tutela coletiva no caso concreto.

§ 2º A determinação dos interessados poderá ocorrer no momento da liquidação ou execução do julgado, não havendo necessidade de a petição inicial vir acompanhada da respectiva relação nominal.

Art. 29º Ação de responsabilidade civil – Os legitimados poderão propor, em nome próprio e no interesse das vítimas ou seus sucessores, dentre outras (artigo 2º deste Código), ação coletiva de responsabilidade pelos danos individualmente sofridos, de acordo com o disposto nos artigos seguintes.

Art. 30º Citação e notificações – Estando em termos a petição inicial, o juiz ordenará a citação do réu e a publicação de edital, de preferência resumido, no órgão oficial, a fim de que os interessados possam intervir no processo como assistentes, observado o disposto nos §§ 5º e 6º deste artigo.

§ 1º Sem prejuízo da publicação do edital, o juiz determinará sejam os órgãos e entidades de defesa dos interesses ou direitos indicados neste Código comunicados da existência da demanda coletiva e de seu trânsito em julgado, a serem também comunicados ao Cadastro Nacional de Processos Coletivos.

§ 2º Concedida a tutela antecipada e sendo identificáveis os beneficiários, o juiz determinará ao demandado que informe os interessados sobre a opção de exercerem, ou não, o direito à fruição da medida.

§ 3º Descumprida a determinação judicial de que trata o parágrafo anterior, o demandado responderá, no mesmo processo, pelos prejuízos causados aos beneficiários.

§ 4º Quando for possível a execução do julgado, ainda que provisória, o juiz determinará a publicação de edital no órgão oficial, às expensas do demandado, impondo-lhe, também, o dever de divulgar, pelos meios de comunicação social, nova informação, compatível com a extensão ou gravidade do dano, observado o critério da modicidade do custo. Sem prejuízo das referidas providências, o juízo providenciará a comunicação aos órgãos e entidades de defesa dos interesses ou direitos indicados neste Código, bem como ao Cadastro Nacional de Processos Coletivos.

§ 5º A apreciação do pedido de assistência far-se-á em autos apartados, sem suspensão do feito, recebendo o interveniente o processo no estado em que se encontre.

§ 6º Os intervenientes não poderão discutir suas pretensões individuais na fase de conhecimento do processo coletivo.

Art. 31º Efeitos da transação – As partes poderão transacionar, ressalvada aos membros do grupo, categoria ou classe a faculdade de não aderir à transação, propondo ação a título individual.

Art. 32º Sentença condenatória – Sempre que possível, o juiz fixará na sentença o valor da indenização individual devida a cada membro do grupo, categoria ou classe.

§ 1º Quando o valor dos danos individuais sofridos pelos membros do grupo, categoria ou classe for uniforme, prevalentemente uniforme ou puder ser reduzido a uma fórmula matemática, a sentença coletiva indicará o valor ou a fórmula de cálculo da indenização individual.

§ 2º O membro do grupo, categoria ou classe que divergir quanto ao valor da indenização individual ou à fórmula para seu cálculo, estabelecidos na sentença coletiva, poderá propor ação individual de liquidação.

§ 3º Não sendo possível a prolação de sentença condenatória líquida, a condenação poderá ser genérica, fixando a responsabilidade do demandado pelos danos causados e o dever de indenizar.

Art. 33º Competência para a liquidação e execução – É competente para a liquidação e execução o juízo:

I – da fase condenatória da ação ou da sede do legitimado à fase de conhecimento, quando coletiva a liquidação ou execução.

II – da fase condenatória, ou do domicílio da vítima ou sucessor, no caso de liquidação ou execução individual.

§ 1º O exequente poderá optar pelo juízo do local onde se encontrem bens sujeitos à expropriação.

§ 2º Quando a competência para a liquidação e execução não for do juízo da fase de conhecimento, o executado será citado, seguindo a execução o procedimento do art. 475-A e seguintes do Código de Processo Civil.

Art. 34º Liquidação e execução individuais – A liquidação e execução serão promovidas individualmente pelo beneficiário ou seus sucessores, que poderão ser representados, mediante instrumento de mandato, por associações, entidades sindicais ou de fiscalização do exercício das profissões e defensorias públicas, ainda que não tenham sido autoras na fase de conhecimento, observados os requisitos do artigo 20 deste Código.

§ 1º Na liquidação da sentença caberá ao liquidante provar, tão só, o dano pessoal, o nexo de causalidade e o montante da indenização.

§ 2º A liquidação da sentença poderá ser dispensada quando a apuração do dano pessoal, do nexo de causalidade e do montante da indenização depender exclusivamente de prova documental, hipótese em que o pedido de execução por quantia certa será acompanhado dos documentos comprobatórios e da memória do cálculo.

§ 3º Os valores destinados ao pagamento das indenizações individuais serão depositados em instituição bancária oficial, abrindo-se conta remunerada e individualizada para cada beneficiário, regendo-se os respectivos saques, sem expedição de alvará, pelas normas aplicáveis aos depósitos bancários.

§ 4º Na hipótese de o exercício da ação coletiva ter sido contratualmente vinculado ao pagamento de remuneração ajustada por serviços prestados, o montante desta será deduzido dos valores destinados ao pagamento previsto no parágrafo anterior, ficando à disposição da entidade legitimada.

§ 5º A carta de sentença para a execução provisória poderá ser extraída em nome do credor, ainda que este não tenha integrado a lide na fase de conhecimento do processo.

Art. 35º Liquidação e execução coletivas – Se possível, a liquidação e a execução serão coletivas, sendo promovidas por qualquer dos legitimados do artigo 20 deste Código.

Art. 36º Liquidação e execução pelos danos globalmente causados – Decorrido o prazo de um ano sem habilitação de interessados em número compatível com a gravidade do dano, poderão os legitimados do artigo 20 deste Código promover a liquidação e execução coletiva da indenização devida pelos danos causados.

§ 1º Na fluência do prazo previsto no *caput* deste artigo a prescrição não correrá.

§ 2º O valor da indenização será fixado de acordo com o dano globalmente causado, que poderá ser demonstrado por meio de prova pré-constituída ou, não sendo possível, mediante liquidação.

§ 3º O produto da indenização reverterá ao Fundo (art. 27 deste Código), que o utilizará para finalidades conexas à proteção do grupo, categoria ou classe beneficiados pela sentença.

§ 4º Enquanto não se consumar a prescrição da pretensão individual, fica assegurado o direito de exigir o pagamento pelo Fundo, limitado o total das condenações ao valor que lhe foi recolhido.

Art. 37º Concurso de créditos – Em caso de concurso de créditos decorrentes de condenação de que trata o artigo 26 deste Código e de indenizações pelos prejuízos individuais resultantes do mesmo evento danoso, estas terão preferência no pagamento.

Parágrafo único. Para efeito do disposto neste artigo, a destinação da importância a ser recolhida ao Fundo ficará sustada enquanto pendentes de decisão de recurso ordinário as ações de indenização pelos danos individuais, salvo na hipótese de o patrimônio do devedor ser manifestamente suficiente para responder pela integralidade das dívidas.

Capítulo III
Da ação coletiva passiva originária

Art. 38º Ações contra o grupo, categoria ou classe – Qualquer espécie de ação pode ser proposta contra uma coletividade organizada, mesmo sem personalidade jurídica, desde que apresente representatividade adequada (artigo 20, I, *a*, *b* e *c*), se trate de tutela de interesses ou direitos difusos e coletivos (artigo 4º, incisos I e II) e a tutela se revista de interesse social.

Parágrafo único. O Ministério Público e os órgãos públicos legitimados à ação coletiva ativa (art. 20, incisos III, IV, V e VI e VII deste Código) não poderão ser considerados representantes adequados da coletividade, ressalvadas as entidades sindicais.

Art. 39º Coisa julgada passiva – A coisa julgada atuará *erga omnes*, vinculando os membros do grupo, categoria ou classe e aplicando-se ao caso as disposições do artigo 12 deste Código, no que dizem respeito aos interesses ou direitos transindividuais.

Art. 40º Aplicação complementar às ações coletivas passivas – Aplica-se complementarmente às ações coletivas passivas o disposto no Capítulo I deste Código, no que não for incompatível.

Parágrafo único. As disposições relativas a custas e honorários, previstas no artigo 16 e seus parágrafos, serão invertidas, para beneficiar o grupo, categoria ou classe que figurar no polo passivo da demanda.

Capítulo IV
Do mandado de segurança coletivo

Art. 41º Cabimento do mandado de segurança coletivo – Conceder-se-á mandado de segurança coletivo, nos termos dos incisos LXIX e LXX do artigo 5º da Constituição federal, para proteger direito líquido e certo relativo a interesses ou direitos difusos, coletivos ou individuais homogêneos (art. 4º deste Código).

Art. 42º Legitimação ativa – O mandado de segurança coletivo pode ser impetrado por:

I – Ministério Público;

II – Defensoria Pública;

III – partido político com representação no Congresso Nacional;

IV – entidade sindical, entidade de classe ou associação legalmente constituída e em funcionamento há pelo menos um ano, em defesa dos interesses de seus membros ou associados, dispensada a autorização assemblear.

Parágrafo único. O Ministério Público, se não impetrar o mandado de segurança coletivo, atuará como fiscal da lei, em caso de interesse público ou relevante interesse social.

Art. 43º Disposições aplicáveis – Aplicam-se ao mandado de segurança coletivo as disposições do Capítulo I deste Código, inclusive no tocante às custas e honorários (art. 17 e seus parágrafos) e as da Lei n. 1.533/51, no que não for incompatível.

Capítulo V
Das ações populares

Seção I
Da ação popular constitucional

Art. 44º Disposições aplicáveis – Aplicam-se à ação popular constitucional as disposições do Capítulo I deste Código e as da Lei n. 4.717, de 29 de junho de 1965.

Seção II
Ação de improbidade administrativa

Art. 45º Disposições aplicáveis – A ação de improbidade administrativa rege-se pelas disposições do Capítulo I deste Código, com exceção do disposto no artigo 5º e seu parágrafo único, devendo o pedido e a causa de pedir ser interpretados restritivamente, e pelas disposições da Lei n. 8.429, de 2 de junho de 1992.

Capítulo VI
Disposições finais

Art. 46º Do Cadastro Nacional de Processos Coletivos – O Conselho Nacional de Justiça organizará e manterá o Cadastro Nacional de Processos Coletivos, com a finalidade de permitir que todos os órgãos do Poder Judiciário e todos os interessados tenham acesso ao conhecimento da existência de ações coletivas, facilitando a sua publicidade.

§ 1º Os órgãos judiciários aos quais forem distribuídos processos coletivos remeterão, no prazo de 10 (dez) dias, cópia da petição inicial ao Cadastro Nacional de Processos Coletivos.

§ 2º O Conselho Nacional de Justiça, no prazo de 90 (noventa) dias, editará regulamento dispondo sobre o funcionamento do Cadastro Nacional de Processos Coletivos, incluindo a forma de comunicação pelos juízos quanto à existência de processos coletivos e aos atos processuais mais relevantes, como a concessão de antecipação de tutela, a sentença e o trânsito em julgado, a interposição de recursos e seu andamento, a execução provisória ou definitiva; disciplinará, ainda, os meios adequados a viabilizar o acesso aos dados e seu acompanhamento por qualquer interessado.

Art. 47º Instalação de órgãos especializados – A União, no prazo de 180 (cento e oitenta) dias, e os Estados criarão e instalarão órgãos especializados, em primeira e segunda instância, para o processamento e julgamento de ações coletivas.

Art. 48º Princípios de interpretação – Este Código será interpretado de forma aberta e flexível, compatível com a tutela coletiva dos direitos e interesses de que trata.

Art. 49º Aplicação subsidiária do Código de Processo Civil – Aplicam-se subsidiariamente às ações coletivas, no que não forem incompatíveis, as disposições do Código de Processo Civil, independentemente da Justiça competente para o processamento e julgamento.

Parágrafo único. Os recursos cabíveis e seu processamento seguirão o disposto no Código de Processo Civil e legislação correlata, no que não for incompatível.

Art. 50º Nova redação – Dê-se nova redação aos artigos de leis abaixo indicados:

a – Dê-se aos §§ 4º e 5º do art. 273 da Lei n. 5.869, de 11 de janeiro de 1973 (Código de Processo Civil), a seguinte redação:

"Art. 273 (...)

§ 4º A tutela antecipada poderá ser revogada ou modificada, fundamentadamente, enquanto não se produza a preclusão da decisão que a concedeu (§ 1° do art. 273-B e art. 273-C).

§ 5º Na hipótese do inciso I deste artigo, o juiz só concederá a tutela antecipada sem ouvir a parte contrária em caso de extrema urgência ou quando verificar que o réu, citado, poderá torná-la ineficaz".

b – A Lei n. 5.869, de 11 de janeiro de 1973 (Código de Processo Civil), passa a vigorar acrescida dos seguintes arts.: 273-A, 273-B, 273-C, 273-D:

"Art. 273-A. A antecipação de tutela poderá ser requerida em procedimento antecedente ou na pendência do processo".

"Art. 273-B. Aplicam-se ao procedimento previsto no art. 273-A, no que couber, as disposições do Livro III, Título único, Capítulo I deste Código.

§ 1º Concedida a tutela antecipada em procedimento antecedente, é facultado, até 30 (trinta) dias contados da preclusão da decisão concessiva:

a) ao réu, propor demanda que vise à sentença de mérito;

b) ao autor, em caso de antecipação parcial, propor demanda que vise à satisfação integral da pretensão.

§ 2º Não intentada a ação, a medida antecipatória adquirirá força de coisa julgada nos limites da decisão proferida".

"Art. 273-C. Concedida a tutela antecipada no curso do processo, é facultado à parte interessada, até 30 (trinta) dias contados da preclusão da decisão concessiva, requerer seu prosseguimento, objetivando o julgamento de mérito.

Parágrafo único. Não pleiteado o prosseguimento do processo, a medida antecipatória adquirirá força de coisa julgada nos limites da decisão proferida".

"Art. 273-D Proposta a demanda (§ 1° do art. 273-B) ou retomado o curso do processo (art. 273-C), sua eventual extinção, sem julgamento do mérito, não ocasionará a ineficácia da medida antecipatória, ressalvada a carência da ação, se incompatíveis as decisões."

c – O artigo 10 da Lei n. 1.533, de 31 de dezembro de 1951, passa a ter a seguinte redação:

Artigo 10: "Findo o prazo a que se refere o item I do art. 7º e ouvido, dentro de 5 (cinco) dias, o representante da pessoa jurídica de direito público, responsável pela conduta impugnada, os autos serão conclusos ao juiz, independentemente de solicitação da parte, para a decisão, a qual deverá ser proferida em 5 (cinco) dias, tenham sido ou não prestadas as informações pela autoridade coatora".

d – O artigo 7o, inciso I, alínea *a*, da Lei n. 4717, de 29 de junho de 1965, passa a ter a seguinte redação:

Art. 7º "(...) I – (...)

a – além da citação dos réus, a intimação do representante do Ministério Público, que poderá intervir no processo como litisconsorte ou fiscal da lei, devendo fazê-lo obrigatoriamente quando se tratar, a seu exclusivo critério, de interesse público relevante, vedada, em qualquer caso, a defesa dos atos impugnados ou de seus autores."

e – Acrescente-se ao artigo 18 da Lei n. 4717, de 29 de junho de 1965 um parágrafo único, com a seguinte redação:

Art. 18 "(...)

Parágrafo único – Mesmo na hipótese de improcedência fundada nas provas produzidas, qualquer legitimado poderá intentar outra ação, com idêntico fundamento, no prazo de 2 (dois) anos contados do conhecimento geral da descoberta de prova nova, superveniente, que não pode ria ser produzida no processo, desde que idônea, por si só, para mudar seu resultado."

f – Acrescentem-se ao artigo 17 da Lei n. 8.429, de 2 de junho de 1992, dois parágrafos, numerados como 1o e 2o, renumerando-se os atuais parágrafos 1º, 2º, 3º, 4º, 5º, 6º, 7º, 8º, 9º, 10, 11 e 12 como 3º, 4º, 5º, 6º, 7º, 8º, 9º, 10, 11, 12, 13 e 14.

Art.17 "(...)

§ 1º Nas hipóteses em que, pela natureza e circunstâncias de fato ou pela condição dos responsáveis, o interesse social não apontar para a necessidade de pronta e imediata intervenção do Ministério Público, este, a seu exclusivo critério, poderá, inicialmente, provocar a iniciativa do Poder Público colegitimado, zelando pela observância do prazo prescricional e, sendo proposta a ação, intervir nos autos respectivos como fiscal da lei, nada obstando que, em havendo omissão, venha a atuar posteriormente, inclusive contra a omissão, se for o caso.

§ 2º No caso de a ação principal ter sido proposta pelo Ministério Público, a pessoa jurídica interessada integrará a lide na qualidade de litisconsorte, cabendo-lhe apresentar ou indicar os meios de prova de que disponha.

§ 3º (...)

§ 4º (...)

§ 5º (...)

§ 6º (...)

§ 7º (...)

§ 8º (...)

§ 9º (...)

§ 10 (...)

§ 11 (...)

§ 12 (...)

§ 13 (...)

§ 14 (...)"

g – O artigo 80 da Lei n. 10.741, de 1º de outubro de 2003, passa a ter a seguinte redação:

Artigo 80: "As ações individuais movidas pelo idoso serão propostas no foro de seu domicílio, cujo juízo terá competência absoluta para processar e julgar a causa".

Art. 51º Revogação – Revogam-se a Lei n. 7.347, de 24 de julho de 1985; os artigos 81 a 104 da Lei n. 8.078, de 11 de setembro de 1990; o parágrafo 3º do artigo 5o da Lei n. 4.717, de 29 de junho de 1965; os artigos 3º, 4º, 5º, 6º e 7º da Lei n. 7.853, de 24 de outubro de 1989; o artigo 3º da Lei n. 7.913, de 7 de dezembro de 1989; os artigos 210, 211, 212, 213, 215, 217, 218, 219, 222, 223 e 224 da Lei n. 8.069, de 13 de junho de 1990; o artigo 2º da Lei n. 9.494, de 10 de setembro de 1997; e os artigos 81, 82, 83, 85, 91, 92 e 93 da Lei n. 10.741, de 1º de outubro de 2003.

Art. 52º Vigência – Este Código entrará em vigor dentro de cento e oitenta dias a contar de sua publicação.

Anexo B

Tabulação dos dados da pesquisa empírica

Natureza do Conflito & Turmas Julgadoras	Ações	Elementos objetivos da demanda	Entendimento dos julgados em relação à regra da correlação (Ementa, Relatório e Votos)	Acórdãos
Disponível Matéria de Direito Privado – 3ª e 4ª Turmas: Segunda Seção	Ações individuais (indenização e responsabilidade civil)	Pedidos líquidos de indenização por danos morais e/ou materiais: i. pela morte de familiares, ii. acidente de trabalho; iii. ilícito resultante de publicação jornalística; iv. vícios ocultos em imóvel; v. defeitos em construção de edifício residencial; vi. defeitos na aparelhagem de computador e inoperância da assistência técnica; vii. acidente de veículo; viii. cancelamento de protesto indevido, cumulado com pedido de perdas e danos; ix. ressarcimento de prejuízos causados por dolo ou culpa grave pelos diretores e administradores, na gestão de instituição financeira; ix. obrigação de fazer (outorga de escritura de frações ideais de terreno, vinculado a unidades residenciais), cumulado com perdas e danos.	**Aplicação estrita** da regra da correlação (arts. 128 e 460 do CPC), com adequação da verba indenizatória ao *quantum* requerido pelo Autor, sendo anulado ou reduzido aquilo que eventualmente não tenha correspondido a este valor (sentença *extra* e *ultra petita*). Decisão que, em ação de indenização decorrente de acidente do trabalho, fixa o termo final da pensão mensal na data em que a vítima venha a falecer, havendo, no entanto, pedido que tenha ela fim quando o ofendido completar 70 (setenta) anos de idade, incorre em julgamento *ultra petita*, devendo ser decotada a parte que ultrapassou o requerimento feito na peça de ingresso, ante o respeito ao princípio da adstrição do juiz ao pedido. Aplicação da regra da correlação à causa de pedir sustentada na inicial. Impossibilidade de considerar outros fatos e fundamentos, mesmo que a prova produzida os tenha revelado, pois, depois de colhidas as provas, já ficaram ultrapassadas fases fundamentais ao exercício do direito de defesa.	REsp 196398-SP, Quarta Turma, Rel. Min. Sálvio de Figueiredo Teixeira, j. 02.12.1999. REsp 161526-SP, Terceira Turma, Rel. Min. Eduardo Ribeiro, j. 15.02.2000. REsp 93171-SP, Terceira Turma, Rel. Min. Eduardo Ribeiro, j. 10.06.1996. REsp 86279-SP, Terceira Turma, Rel. Min. Waldemar Zveiter, j. 18.02.1997. REsp 113355 / RS, Quarta Turma, Rel. Min. César Asfor Rocha, j. 18.12.1997. REsp 135686-SP, Terceira Turma, Rel. Min. Antônio de Pádua Ribeiro, j. 29.08.2000. REsp 2586-CE, Terceira Turma, Rel. Min. Eduardo Ribeiro, j. 05.06.1990. REsp 246132-PE, Terceira Turma, Rel. Min. Eduardo Ribeiro, j. 27.04.2000.

Disponível **Matéria de Direito Privado** – 3ª e 4ª Turmas: Segunda Seção	Ações individuais (indenização e responsabilidade civil)		Pleiteando a inicial a condenação em perdas e danos, conforme especifica, não é possível condenar o réu ao pagamento de multa a que o autor não se referiu. – A exigência de exibição do original da duplicata, sob pena de pagamento de multa diária, não constante do pedido exordial, implica infringência aos arts. 128 e 460 do CPC. Ajuizado o pleito indenizatório, com base na prática de atos irregulares decorrentes de dolo ou culpa grave, é inadmissível, por estranha à causa de pedir, a condenação dos corréus assentada na responsabilidade objetiva. Tendo o pedido se limitado às escrituras das frações ideais do terreno, com a indicação dos apartamentos a que estão vinculadas, não pode a decisão as estender às unidades condominiais, sob pena de decidir *extra petita*.	REsp 52841-SP, Terceira Turma, Rel. Min. Carlos Alberto Direito, j. 05.11.1998. REsp 63558-SP, Terceira Turma, Rel. Min. Eduardo Ribeiro, j. 18.06.1996. REsp 407447-MG, Quarta Turma, Rel. Min. Ruy Rosado de Aguiar, j. 15.08.2002. REsp 29425-SP, Terceira Turma, Rel. Min. Dias Trindade, j. 01.12.1992. REsp 344583-RJ, Quarta Turma, Rel. Min. Barros Monteiro, j. 15.02.2005. REsp 62320-SP, Quarta Turma, Rel. Min. Barros Monteiro, j. 27.09.2002. REsp 76559-SP, Terceira Turma, Rel. Min. Eduardo Ribeiro, j. 30.10.1995.

Natureza do Conflito & Turmas Julgadoras	Ações	Elementos objetivos da demanda	Entendimento dos julgados em relação à regra da correlação (Ementa, Relatório e Votos)	Acórdãos
Disponível Matéria de Direito Privado – 3ª e 4ª Turmas: Segunda Seção	Ações individuais (indenização e responsabilidade civil)	Pedidos líquidos de indenização por danos morais e/ou materiais: i. pelo protesto indevido de título de crédito, ii. atropelamento por veículo automotivo; iii. acidente de trabalho; iv. inadimplemento contratual; v. publicidade enganosa; vi. furto de moto em estacionamento; vii. suspensão indevida de sócio de clube recreativo; viii. acidente sofrido durante o transporte do empregado para seu trabalho em veículo fornecido pela empresa; ix. acidente com veículo automotivo, com morte.	**Aplicação não estrita** da regra de correlação. O pedido se extrai da interpretação lógico-sistemática da petição inicial e leva em conta os requerimentos feitos em seu corpo e não só aqueles constantes em capítulo especial sob a rubrica "dos pedidos". Extrai-se do pedido a pretensão de danos morais, a despeito de não ter constado pedido expresso da autora nesse sentido (ex: denominação genérica "danos emergentes" ou "danos pessoais", "perdas e danos"), desde que toda a argumentação da petição inicial tenha se dado nesse sentido, e a deficiência na formulação do pedido não tenha acarretado prejuízo à defesa. Embora não conste na inicial o pedido indenizatório pela sobrevida do atropelado, pois o requerimento foi restrito ao período em que ficou inativo, toda a argumentação levava a essa conclusão, inocorrendo em decisão *ultra petita*. Relativização de algumas atecnias relacionadas de institutos, sob pena de injustiças sociais. Em construção afinada com os fins teleológicos do processo, e com a instrumentalidade deste, tem-se entendido que não se deve decretar a nulidade da sentença na hipótese contemplada no parágrafo único do art. 459 do CPC, uma vez que tal proceder retardaria a prestação jurisdicional, contrariando o principal objetivo da norma.	REsp 284480-RJ, Quarta Turma, Rel. Min. Sálvio de Figueiredo Teixeira, j. 12.12.2000. REsp 120299-ES, Quarta Turma, Rel. Min. Sálvio de Figueiredo Teixeira, j. 25.06.1998. REsp 119642-RJ, Terceira Turma, Rel. Min. Waldemar Zveiter, j. 15.12.1997. REsp 547662-AC, Terceira Turma, Rel. Min. Antônio de Pádua Ribeiro, j. 02.12.2004. REsp 21305-BA, Terceira Turma, Rel. Min. Carlos Alberto Direito, j. 14.03.2000. REsp 222644-RS, Terceira Turma, Rel. Min. Antônio de Pádua Ribeiro, j. 19.05.2005. REsp 58468-MG, Quarta Turma, Rel Min. Ruy Rosado de Aguiar, j. 16.05.1995. REsp 590385-RS, Terceira Turma, Rel. Min. Nancy Andrighi, j. 05.10.2004. REsp 412602-SP, Terceira Turma, Rel. Min. Ari Pargendler, j. 21.03.2002.

Disponível Matéria de Direito Privado – 3ª e 4ª Turmas: Segunda Seção	Ações individuais (indenização e responsabilidade civil)		Não estando o juiz convencido da procedência da extensão do pedido certo formulado pelo autor, pode reconhecer o direito, remetendo as partes para a liquidação (a regra do art. 459, parágrafo único, do CPC deve ser interpretada em consonância com o princípio do livre convencimento do juiz, consagrado no art. 131). Regra da correlação aplicada ao pedido e à causa de pedir, expostos pelas partes no processo. Na atualização monetária, aplicam-se os índices de correção correspondentes à inflação do período, que se impõe como imperativo econômico, jurídico e ético, para coibir o enriquecimento sem causa do devedor, mormente quando, como no caso, tratar-se de indenizar dano, devendo ocorrer de forma ampla. Poder-se-ia, até de ofício, fazer incidi-la, inclusive, em processo de liquidação, ainda que não requerida na inicial, sem ofender a garantia constitucional da coisa julgada. A condenação em honorários é imposição obrigatória prevista em lei, pelo que o juiz, ainda que não haja pedido expresso (enunciado n. 256 da súmula/STF), deve incluir mencionada parcela na decisão.	REsp 41095-SP, Terceira Turma, Rel. Min. Waldemar Zveiter, j. 14.03.1994. REsp 295737-MG, Quarta Turma, Rel. Min. Sálvio de Figueiredo Teixeira, j. 20.02.2001. REsp 12697-SP, Quarta Turma, Rel. Min. Sálvio de Figueiredo Teixeira, j. 16.08.1994. REsp 721346-RJ, Terceira Turma, Rel. Min. Nancy Andrighi, j. 18.04.2006. REsp 110002-MT, Quarta Turma, Rel. Min. Aldir Passarinho Junior, j. 14.03.2000. REsp 278180-CE, Quarta Turma, Rel. Min. Sálvio de Figueiredo Teixeira, j. 07.11.2000.

Natureza do Conflito & Turmas Julgadoras	Ações	Elementos objetivos da demanda	Entendimento dos julgados em relação à regra da correlação (Ementa, Relatório e Votos)	Acórdãos
Disponível Matéria de Direito Privado – 3ª e 4ª Turmas: Segunda Seção	Ações individuais (indenização e responsabilidade civil)		A circunstância de haver sido relegada a perícia para a fase de execução não importa em julgamento *extra petita*. Se a qualificação jurídica que o julgador pretende dar aos fatos implicar a modificação substantiva na condução da instrução do processo, na abordagem da prova e, consequentemente, implicar restrição ao direito de defesa, não lhe será dado acolher o pedido por fundamento diverso do apresentado na inicial. Se, por outro lado, a qualificação que pretende dar o magistrado se adequar perfeitamente às pretensões em jogo, sem qualquer influência na instrução do processo, tratando-se de questão exclusivamente jurídica, não há limite para sua atuação na interpretação da lei. Postulada na inicial da ação uma pensão cujo valor a autora expressou em moeda corrente e na sua equivalência de um salário mínimo, não decide *extra petita*, muito ao contrário, o Tribunal confirma a sentença monocrática que estabelecera o pagamento correspondente à metade do pretendido, ou seja, apenas meio salário mínimo. Não está o juiz adstrito às razões da parte ao apreciar determinada questão, podendo fazê-lo por outros fundamentos.	

PEDIDO E CAUSA DE PEDIR

	Pedidos	Aplicação	Jurisprudência
Disponível **Matéria de Direito Privado** – 3ª e 4ª Turmas: Segunda Seção Ações individuais (indenização e responsabilidade civil)	Pedidos ilíquidos/genéricos de indenização: i. por acidente de trabalho; ii. pelo dever de indenizar do patrão em face de homicídio doloso praticado pelo empregado.	**Aplicação estrita** da regra da correlação (arts. 128 e 460 do CPC). Havendo condenação em valor certo quando o autor, na inicial, pedira fosse o valor da indenização fixado em ulterior liquidação, a decisão é *extra petita*, pois o réu não exerceu o contraditório em face do montante da indenização a ser paga.	REsp 27284-PR, Terceira Turma, Rel. Min. Eduardo Ribeiro, j. 09.02.1993 REsp 47246-RJ, Terceira Turma, Rel. Min. Costa Leite, j. 30.08.1994.
	Pedidos ilíquidos/genéricos de indenização: i. por lesão permanente em membro superior (braço) – ato ilícito; ii. acidente de trabalho; iii. inadimplemento de obrigação contratual e atos ilícitos; iv. morte ocasionada por homicídios culposo e doloso.	**Aplicação não estrita** da regra de correlação. Pode o juiz transmudar o pedido ilíquido e genérico em líquido, desde que as provas e/ou elementos dos autos permitam fixar o valor da condenação, dispensando a longa fase de liquidação, em consonância com os princípios da instrumentalidade de formas e economia processual. O pedido se extrai da interpretação lógico-sistemática da petição inicial, levando-se em conta os requerimentos feitos em seu corpo e não só aqueles constantes sob a rubrica "dos pedidos". Não há julgamento *extra petita* quando a parte procura imputar ao réu uma modalidade de culpa e o julgador, diante da prova dos autos, entende caracterizada outra. Na linha de precedente do Tribunal, "em nosso Direito vigora o princípio de que as leis são do conhecimento do juiz, bastando que as partes apresentem-lhe os fatos, não estando o julgador adstrito aos fundamentos legais apontados pelo autor".	REsp 486022-SC, Terceira Turma, Rel. Min. Castro Filho, j. 03.11.2005. REsp 423120-RS, Quarta Turma, Rel. Min. Ruy Rosado de Aguiar, j. 05.09.2002. REsp 647448-RJ, Quarta Turma, Jorge Scartezzini, j. 02.08.2005. REsp 233446-RJ, Quarta Turma, Rel. Min. Sálvio de Figueiredo Teixeira, j. 27.03.2001.

Natureza do Conflito & Turmas Julgadoras	Ações	Elementos objetivos da demanda	Entendimento dos julgados em relação à regra da correlação (Ementa, Relatório e Votos)	Acórdãos
Disponível Matéria de Direito Privado – 3ª e 4ª Turmas: Segunda Seção	Ações individuais (indenização e responsabilidade civil)	Pedidos de: i. resolução de contrato de promessa de compra e venda, cumulado com reintegração de posse e perdas e danos; ii. prestação de contas em face de parte com a qual se firmou contrato de compra e venda de cotas ideais de terreno e de construção por administração.	**Aplicação estrita** da regra da correlação (arts. 128 e 460 do CPC). Se a sentença, ao julgar ação de reintegração de posse, não se limita a acolher ou rejeitar o pedido inicial, mas vai além deste, deferindo pretensão deduzida na contestação e condenando o autor ao pagamento de verba que sequer foi objeto de requerimento expresso da ré, há julgamento *extra petita*. Cumpre ao autor explicitar seus pedidos, sendo defeso ao juiz proferir decisão que, em ação de resolução de contrato de promessa de compra e venda cumulada com reintegração na posse, concede a perda das prestações já pagas, sem que tivesse havido pedido a respeito, sob pena de infringir o princípio da ampla defesa e o da adstrição do juiz ao pedido (decisão *ultra petita*). Na ação de prestar contas, o autor haverá de apresentar as que considere corretas, indicando o respectivo saldo, que lhe poderá ser favorável ou desfavorável. Impugnadas, o processo visará a definir se exatas. A sentença fica limitada ao saldo indicado pelo autor, não podendo ir além do consignado na inicial, se a ele favorável, nem ficar aquém, se desfavorável.	REsp 439514-DF, Terceira Turma, Rel. Min. Castro Filho, j. 11.11.2003. REsp 39339-RJ, Quarta Turma, Rel. Min. Sálvio de Figueiredo Teixeira, j. 18.03.1997. REsp 36866-SP, Quarta Turma, Rel. Min. Sálvio de Figueiredo Teixeira, j. 02.04.1996. REsp 61100-SP, Terceira Turma, Rel. Min. Eduardo Ribeiro, j. 13.11.1995.

Disponível	Ações individuais (contratos – compra e venda e arrendamento mercantil)		
Matéria de Direito Privado — 3ª e 4ª Turmas: Segunda Seção		Pedidos de: i. rescisão de contrato de promessa de compra e venda, cumulado com reintegração de posse e perdas e danos, incluindo devolução das parcelas pagas; ii. reintegração de posse fundada em contrato de arrendamento mercantil; iii. cobrança de valores pagos em face de contrato de promessa de compra e venda, após resilição unilateral, cumulado com perdas e danos; iv. indenização em perdas e danos por vícios e mau funcionamento de veículo automotivo, com devolução da quantia paga na aquisição do bem.	**Aplicação não estrita** da regra de correlação, considerando-se que o pedido se extrai da interpretação lógico-sistemática da petição inicial a partir de uma análise de todo o seu conteúdo. Pode o juiz reduzir proporcionalmente a perda das quantias pagas pelo promissário adquirente nos casos de resolução de contrato de compra e venda celebrado antes da vigência do Código de Defesa do Consumidor, fixando o valor da cláusula penal em patamar justo, com base no art. 924 do Código Civil, que se traduz na aplicação do princípio geral que veda o enriquecimento sem causa. Sendo matéria de ordem pública, sua aplicação independe de pedido expresso, de vez que constitui exceção ao princípio dispositivo (não há sentença *ultra petita*). Questões de ordem pública (como condições da ação e pressupostos processuais, cláusulas abusivas na seara consumerista) podem ser analisadas de ofício, sem que haja decisão *ultra e extra petita*. O pagamento antecipado e progressivo do Valor Residual Garantido (VRG) descaracteriza o contrato de arrendamento mercantil, transmudando-o em compra e venda a prazo, o que permite a extinção do processo de reintegração, de ofício, sem julgamento do mérito, por carência da ação (impossibilidade jurídica do pedido).	REsp 337785-RJ, Terceira Turma, Rel. Min. Nancy Andrighi, j. 04.12.2001. REsp 52995-SP, Quarta Turma, Rel. Min. Sálvio de Figueiredo Teixeira, j. 27.03.1995. REsp 284157-AL, Quarta Turma, Rel. Min. Sálvio de Figueiredo Teixeira, j. 01.03.2001. REsp 155313-MG, Terceira Turma, Rel. Min. Antônio de Pádua Ribeiro, j. 22.08.2000. RESP 89598-RS, Quarta Turma, Rel. Min. Aldir Passarinho Junior, j. 29.02.2000. REsp 598200-SP, Terceira Turma, Rel. Min. Castro Filho, j. 14.06.2004. REsp 423287-SC, Quarta Turma, Rel. Min. Aldir Passarinho Junior, j. 16.05.2002. REsp 164953-RS, Quarta Turma, Rel. Min. Sálvio de Figueiredo Teixeira, j. 23.05.2000. AgRg no Ag 196922-MG, Terceira Turma, Rel. Min. Ari Pargendler, j. 20.08.2001

Natureza do Conflito & Turmas Julgadoras	Ações	Elementos objetivos da demanda	Entendimento dos julgados em relação à regra da correlação (Ementa, Relatório e Votos)	Acórdãos
Disponível Matéria de Direito Privado – 3ª e 4ª Turmas: Segunda Seção	Ações individuais (contratos – compra e venda e arrendamento mercantil)		A decisão atacada não decidiu *extra petita* ao decretar a nulidade do distrato de promessa de compra e venda, em ação de cobrança. Esta nulidade adveio da aplicação do Código de Defesa do Consumidor (proibição de cláusulas abusivas), que não fora invocado pelo autor. Noutros termos, o juiz não está adstrito aos fundamentos legais indicados pelas partes. Ao contrário, sua decisão deve pautar-se pela interpretação sistêmica do ordenamento jurídico, de modo a adequar a pretensão ao sistema de leis. Não há julgado *extra petita* quando os réus impugnam a cobrança excessiva e o acórdão, examinando o contrato, identifica cláusulas incompatíveis com a legislação vigente. A sentença que condena o vendedor a devolver o preço do automóvel, cujos defeitos foi incapaz de consertar em prazo hábil, não ofende o artigo 460 do Código de Processo Civil, ainda que a respectiva fundamentação aluda a enguiços não descritos na petição inicial; a causa de pedir foi genérica, e o consumidor não está obrigado a identificar a origem do mau funcionamento do veículo, que é de responsabilidade do vendedor.	

239

ANEXOS

PEDIDO E CAUSA DE PEDIR

			Aplicação estrita da regra da correlação (arts. 128 e 460 do CPC).	
Disponível	Ações individuais (locação)	Pedidos de: i. cobrança de aluguéis, ii. despejo por falta de pagamento, iii. renovatória de locação.	**Aplicação estrita** da regra da correlação (arts. 128 e 460 do CPC).	REsp 54306-SP, Quarta Turma, Rel. Min. Bueno de Souza, j. 25.03.1999.
Matéria de Direito Privado			Não se pode modificar o pedido imediato formulado pelo autor, surpreendendo o réu na condenação.	REsp 549587-PE, Quinta Turma, Rel. Min. Felix Fischer, j. 23.03.2004.
– 3ª e 4ª Turmas: Segunda Seção			Em ação de despejo, não havendo pedido de pagamento dos aluguéis atrasados, é *extra petita* a sentença que condena a esse pagamento.	REsp 595904-RJ, Sexta Turma, Rel. Min. Paulo Medina, j. 10.02.2004.
– 5ª e 6ª Turmas: Terceira Seção			É defeso ao Poder Judiciário agir de ofício, para ultrapassar os limites do pedido, ainda mais em lides de natureza privada e direito disponível. Interpretação deve ser restritiva (CPC, art. 293).	REsp 285472-SP, Sexta Turma, Rel. Min. Fernando Gonçalves, j. 16.10.2001.
			Ainda que a ação renovatória tenha caráter dúplice, possibilitando ao réu, na contestação, formular pedidos em seu favor, sem exigir reconvenção, há julgamento *ultra petita* quando a decisão fixa novo *quantum* do aluguel, sem que haja requerimento nesse sentido, mas, tão somente, informação no tocante ao seu valor de mercado.	

Natureza do Conflito & Turmas Julgadoras	Ações	Elementos objetivos da demanda	Entendimento dos julgados em relação à regra da correlação (Ementa, Relatório e Votos)	Acórdãos
Disponível Matéria de Direito Privado – 3ª e 4ª Turmas: Segunda Seção – 5ª e 6ª Turmas: Terceira Seção	Ações individuais (locação)	Pedidos de: i. revisão de aluguel; ii. renovatória de locação; iii. despejo por falta de pagamento combinado com cobrança de aluguéis.	**Aplicação não estrita** da regra de correlação. A quantia requerida pelo autor, a título de revisão de aluguel, é meramente estimativa, a depender de laudo pericial e da fixação pelo juiz, não configurando julgamento *ultra petita* estabelecer valor superior ao postulado pelo locador. O juiz deve fixar o aluguel que entender justo, ainda que superior ao pedido pelo locador, ou o apontado pelos peritos, sem que isso implique julgamento *ultra petita*. Vencido na renovatória, o locatário deverá pagar, a partir do término do contrato até a desocupação do imóvel, o valor do aluguel fixado pela perícia para a hipótese de renovação, mesmo que não haja pedido do locador a esse respeito na contestação. Não decide além do pedido o juiz que decreta o despejo por falta de pagamento e declara, também, a rescisão do contrato, embora não requerida expressamente pelo locador. Nessa hipótese, a rescisão é pressuposto do despejo e o pedido se mostra implícito.	AgRg no Ag 659340-RS, Quinta Turma, Rel. Min. Gilson Dipp, j. 21.03.2006. REsp 168553-DF, Quinta Turma, Rel. Min. José Arnaldo da Fonseca, j. 16.06.1998. REsp 32328-RS, Quinta Turma, Rel. Min. Edson Vidigal, j. 15.12.1993. REsp 34012-RJ, Sexta Turma, Rel. Min. Adhemar Maciel, j. 31.05.1993. REsp 48622-SP, Sexta Turma, Rel. Min. Anselmo Santiago, j. 06.10.1997. REsp 9338-SP, Terceira Turma, Rel. Min. Cláudio Santos, j. 25.02.1992. REsp 113178-PE, Quinta Turma, Rel. Min. Edson Vidigal, j. 07.10.1997.

Disponível	Ações individuais (locação)	Não ocorre julgamento *extra petita* na hipótese em que a instância *a quo*, mantendo a sentença que reduzira o percentual de multa moratória, a despeito da declaração de revelia dos demandados, sufraga o entendimento de que as disposições contidas no Código de Defesa do Consumidor quanto à nulidade das cláusulas contratuais que coloquem o consumidor em desvantagem exagerada possuem incidência independentemente de requerimento das partes, por ser matéria de ordem pública, muito embora o CDC não se aplique aos contratos de locação, que são regidos por legislação específica (Lei n. 8.245/1991).	REsp 47766-RS, Sexta Turma, Rel. Min. Anselmo Santiago, j. 12.05.1997. REsp 310093-CE, Sexta Turma, Rel. Min. Vicente Leal, j. 04.10.2001.
Matéria de Direito Privado			
– 3ª e 4ª Turmas: Segunda Seção			
– 5ª e 6ª Turmas: Terceira Seção			

Natureza do Conflito & Turmas Julgadoras	Ações	Elementos objetivos da demanda	Entendimento dos julgados em relação à regra da correlação (Ementa, Relatório e Votos)	Acórdãos
Disponível Matéria de Direito Privado – 3ª e 4ª Turmas: Segunda Seção	Ações individuais (demais contratos/ responsabilidade civil)	Pedidos de: i. cobrança de reebolso de valor pago a segurado pela seguradora, por acidente de veículo; ii. cobrança de cotas consorciais a serem recebidas por sociedade revendedora e administradora de consórcios; iii. pagamento de multa tarifada por atraso em voo internacional; iv. cancelamento da garantia de alienação fiduciária em face do pagamento do débito relativo a contratos de financiamento bancário firmados entre as partes, com a liberação do gravame dos bens, sob pena de multa diária; v. declaração da existência de relação jurídica – prestação de serviços; vi. anulação de documento por dolo essencial; vii. cobrança das diferenças de correção monetária de valor depositado em caderneta de poupança, no período em que houve o bloqueio do "Plano Collor"; viii. cobrança de valor contratado e não pago em face da execução de serviços de marcenaria, confecção e instalação de móveis.	**Aplicação estrita** da regra da correlação (arts. 128 e 460 do CPC), com adequação do valor da condenação ao pedido do Autor, sendo anulado o que tenha ultrapassado ou não tenha correspondido a este requerimento (sentenças *ultra* e *extra petita*). Havendo pedido arrimado em legislação específica sobre a matéria (Convenção de Varsóvia), incorre em julgamento *extra petita* a sentença que concede valor aleatório, a título de indenização, fundado em outra causa de pedir. Proposta ação para cancelamento da garantia da alienação fiduciária porque o débito estaria pago, não cabe deferir o pedido sob o fundamento de que há outra garantia suficiente, embora persista a dívida. Como se vê, o fundamento de fato e a razão jurídica constantes do pedido inicial não serviram ao julgamento da ação, cuja procedência veio a ser reconhecida pelo excesso de garantia, mas não porque – quitadas as dívidas – extinguiam-se consequentemente as garantias a elas atreladas. Incorre em julgamento *ultra petita* a sentença que condena, quando o que se buscou no pedido foi declarar existente relação jurídica e se o fez pedindo prestação jurisdicional declaratória.	REsp 31484-RJ, Quarta Turma, Rel. Min. Sálvio de Figueiredo Teixeira, j. 15.08.1995. REsp 36762-RJ, Quarta Turma, Rel. Min. Antônio Torreão Braz, j. 27.09.1993. REsp 153783-SP, Quarta Turma, Rel. Min. Sálvio de Figueiredo Teixeira, j. 11.04.2000. REsp 335074-SE, Quarta Turma, Rel. Min. Ruy Rosado de Aguiar, j. 16.04.2002. REsp 16979-SP, Terceira Turma, Rel. Min. Waldemar Zveiter, j. 24.03.1992. REsp 267243-SP, Quarta Turma, Rel. Min. Sálvio de Figueiredo Teixeira, j. 20.03.2001. REsp 90117-MG, Terceira Turma, Rel. Min. Eduardo Ribeiro, j. 24.08.1999. REsp 157105-SP, Quarta Turma, Rel. Min. Barros Monteiro, j. 08.06.2004.

Disponível		
Matéria de Direito Privado – 3ª e 4ª Turmas: Segunda Seção	Ações individuais (demais contratos/ responsabilidade civil)	Tendo a inicial da ação se fundado em ato anulável por dolo essencial e pedida a anulação desse ato, e tendo as provas afastado o dolo essencial e a falsificação do ato, é consequência julgar-se improcedente o pedido, perfazendo-se o silogismo basilar da prestação jurisdicional. Não se permite avançar além desses exatos contornos da demanda para declarar nulidade de outro documento, para o qual não concorreram, nem a causa de pedir, nem o pedido. A correção monetária considera-se implícita no pedido quando se trata de garantir a identidade daquilo que foi pleiteado. Não assim, entretanto, quando se constitua no próprio pedido. Havendo sido postulada a condenação ao pagamento de diferença de correção monetária, relativa a determinados meses, em razão do expurgo dos índices de inflação, não é possível incluir mês a cujo propósito nada se pediu. Deve haver adstrição do Magistrado aos limites do pedido.

Natureza do Conflito & Turmas Julgadoras	Ações	Elementos objetivos da demanda	Entendimento dos julgados em relação à regra da correlação (Ementa, Relatório e Votos)	Acórdãos
Disponível Matéria de Direito Privado – 3ª e 4ª Turmas: Segunda Seção	Ações individuais (demais contratos/ responsabilidade civil)	Pedidos de: i. cobrança de honorários periciais; ii. cobrança, com base em contrato de abertura de crédito, por falta de pagamento da primeira parcela e das subsequentes, acarretando o vencimento antecipado da dívida; iii. revisão de contrato bancário; iv. revisão de contrato de administração de cartão de crédito; v. declaração de ausência de responsabilidade solidária em contrato de abertura de crédito por empresa da qual o autor era sócio-gerente; vi. obrigação de fazer: transferência de ações ordinárias nominativas de determinada empresa na proporção de 30% do capital social, assim como de seus frutos civis, e idêntico percentual de todos os aumentos de capital realizados, e condenação em indenização pelos direitos de preferência não exercidos, além de juros e correção monetária destes valores; vii. cobrança da remuneração devida à autora desde a sua eleição para o Conselho Consultivo, na mais alta remuneração, em cumprimento de encargo imposto a acionistas em testamento;	**Aplicação não estrita** da regra da correlação A sentença que condena o réu a realizar o pagamento pedido na inicial e determina que o valor seja convertido para a moeda vigente, devidamente atualizada, não é *ultra petita*. Inocorre julgamento *extra petita* quando, em ação revisional de contrato bancário, o Tribunal de origem se manifesta acerca da existência de cláusulas abusivas, à luz do Código de Defesa do Consumidor, decretando, de ofício, a sua invalidade. Não há julgado *extra petita* quando os réus impugnam a cobrança excessiva e o acórdão, examinando o contrato, identifica cláusulas incompatíveis com a legislação vigente (abusividade prevista no CDC). Inocorre julgamento além do pedido se a parte, requerendo a declaração da ausência de responsabilidade solidária como garante em contrato firmado pela sociedade desde o momento em que dela se desligara, obtém a referida declaração com efeitos apenas a partir da citação. Assentado que o réu foi inadimplente, e não havendo condição de exigir-se o cumprimento da obrigação específica, pela inexistência da coisa (transformação da sociedade por ações em sociedade por quotas), impõe-se o reconhecimento da responsabilidade do devedor por perdas e danos.	REsp 431889-SP, Terceira Turma, Rel. Min. Nancy Andrighi, j. 11.11.2002. REsp 198538-RS, Terceira Turma, Rel. Min. Carlos Alberto Direito, j. 26.06.2000. AgRg no REsp 657259-RS, Quarta Turma, Rel. Min. Jorge Scartezzini, j. 07.06.2005. AgRg no REsp 718124-RS, Terceira Turma, Rel. Min. Castro Filho, j. 03.05.2005. REsp 417069-MG, Terceira Turma, Rel. Min. Carlos Alberto Direito, j. 29.11.2002. REsp 150320-ES, Quarta Turma, Rel. Min. César Asfor Rocha, j. 18.05.2000. REsp 26912-SP, Terceira Turma, Rel. Min. Nilson Naves, j. 14.03.1994. REsp 84847-SP, Terceira Turma, Rel. Min. Ari Pargendler, j. 17.08.1999. REsp 481761-SE, Terceira Turma, Rel. Min. Carlos Alberto Direito, j. 04.09.2003. REsp 169404-RS, Terceira Turma, Rel. Min. Carlos Alberto Direito, j. 23.03.1999.

Disponível Matéria de Direito Privado – 3ª e 4ª Turmas: Segunda Seção	Ações individuais (demais contratos/ responsabilidade civil)	viii. declaração de inexistência de relação jurídica que submeta o autor a cláusulas abusivas e ilegais, em ação declaratória revisional de contrato; ix. consignação em pagamento com o fito de ser declarada a extinção de obrigação decorrente de crédito bancário / cédula de crédito rural; x. indenização pelas acessões e benfeitorias erigidas no imóvel locado, em conformidade com o contrato, e depositadas em favor do locador em ação de desapropriação; xi. anulação de negócios jurídicos decorrentes de doação.	O reconhecimento do julgamento *ultra petita* não implica a anulação da sentença; seu efeito é o de eliminar o excesso da condenação. Não importa o nome jurídico dado pelo autor à ação, devendo o Magistrado atentar para a causa de pedir e para o pedido, aspectos que definem a natureza jurídica da ação. Tendo-se requerido a limitação da taxa de juros e a devolução ou compensação dos valores pagos a maior, não julgam *extra petita* ou violam o art. 4º do Código de Processo Civil a sentença e o acórdão que, decidindo ser procedente a ação rotulada de declaratória, deferem a postulação inicial. Como o pedido deve ser entendido conforme o conjunto consubstanciador da causa, a que se amolda o julgado, quando este guardar correlação com a causa de pedir e o pedido, não é de se reconhecer a ocorrência de julgamento *extra petita*. Dados os fatos da causa, ao juiz cabe dizer o direito; e não implica julgamento *extra petita* indicar o julgador, ao acolher o pedido, fundamento legal diverso do mencionado na inicial. Não alterada a natureza do pedido imediato (ação condenatória, sentença condenatória), não é *extra petita* o julgamento que se valeu de regra jurídica diversa da invocada, pelo autor, na inicial. Caso em que a aplicação da lei envolveu questão de direito, somente. *Iura novit curia*. Conforme reiterados precedentes, o juiz não está adstrito à qualificação jurídica dos fatos formulada na exordial.	REsp 362820-SP, Terceira Turma, Rel. Min. Nancy Andrighi, j. 19.11.2002. AgRg no Ag 8016-MG, Quarta Turma, Rel. Min. Fontes de Alencar, j. 09.04.1991. REsp 5239-SP, Terceira Turma, Rel. Min. Nilson Naves, j. 05.03.1991. REsp 254894-SP, Terceira Turma, Rel. Min. Castro Filho, j. 09.08.2005.

Natureza do Conflito & Turmas Julgadoras	Ações	Elementos objetivos da demanda	Entendimento dos julgados em relação à regra da correlação (Ementa, Relatório e Votos)	Acórdãos
Indisponível Matéria de Direito Público – 1ª e 2ª Turmas: Primeira Seção – 5ª e 6ª Turmas: Terceira Seção	Mandados de Segurança e ações individuais (administrativo)	Pedidos de: i. declaração de nulidades em processo administrativo disciplinar; ii. cobrança de correção monetária de valores relacionados a contrato de prestação de serviços em obras públicas; iii. execução para obtenção da diferença de proventos de servidor público estadual; iv. pagamento de juros e correção monetária, acrescidos dos expurgos inflacionários, sobre verbas pagas com atraso a título de adicional de insalubridade, em sede de embargos à execução, v. obtenção de vantagens funcionais por policiais militares – cumulatividade de quinquênios de adicional por tempo de serviço, restauração da gratificação por nível universitário ou, sucessivamente, a correção do cálculo de sua incorporação aos vencimentos; vi. anulação de exame psicotécnico de concurso público e o deferimento da matrícula do impetrante no curso de formação da academia de polícia; vii. nomeação ao cargo de cirurgiã-dentista, por ter sido a impetrante preterida por outros candidatos que obtiveram pior classificação;	**Aplicação estrita** da regra da correlação (arts. 128 e 460 do CPC). Inviabilidade de alteração do pedido após o saneador, para levar em conta fatores diversos daqueles alegados na exordial (CPC, art. 264). O acórdão que manda aplicar índice de correção monetária não requerido na inicial viola os artigos 128 e 460 do CPC – julgamento *extra petita*. Quando o acórdão recusou a pretendida cumulatividade dos adicionais por tempo de serviço, não poderia compensar o indeferimento por outro favorecimento menor, ainda que este tivesse forro na jurisprudência uniformizada do Tribunal. Decerto que não cabia concedê-lo aos autores, cuja inicial não aventou qualquer pedido alternativo da perseguida cumulatividade. Não tendo o autor formulado pedido alternativo de que lhe fosse aplicado novo teste, o julgado recorrido, ao determinar a sua realização, incorreu em julgamento *extra petita*. Não é possível dizer que a tutela deferida estaria na abrangência do pleiteado na exordial, porquanto ambos têm natureza distinta, não sendo possível estabelecer entre eles qualquer relação de *minus* e *plus*.	REsp 213354-CE, Quinta Turma, Rel. Min. Felix Fischer, j. 22.02.2000. REsp 778921-SC, Primeira Turma, Rel. Min. José Delgado, j. 17.11.2005. REsp 289981-SP, Sexta Turma, Rel. Min. Fernando Gonçalves, j. 06.02.2001. REsp 264098-SP, Quinta Turma, Rel. Min. Gilson Dipp, j. 06.02.2001. REsp 30693-SP, Quinta Turma, Rel. Min. José Dantas, j. 18.08.1993. REsp 316278-BA, Quinta Turma, Rel. Min. Felix Fischer, j. 27.04.2004. REsp 298490-MG, Sexta Turma, Rel. Min. Hamilton Carvalhido, j. 11.06.2002. REsp 472276-SP, Segunda Turma, Rel. Min. Franciulli Netto, j. 26.06.2003. RMS 12520-GO, Sexta Turma, Rel. para acórdão Min. Paulo Gallotti, j. 07.10.2003.

| Indisponível Matéria de Direito Público – 1ª e 2ª Turmas: Primeira Seção – 5ª e 6ª Turmas: Terceira Seção | Mandados de Segurança e ações individuais (administrativo) | viii. indenização de danos morais e materiais em decorrência de responsabilidade civil objetiva do Estado (ato ilícito praticado por funcionários públicos em serviço); ix. percepção de vantagens pessoais sobre a remuneração do cargo de fiscal da previdência; x. cancelamento da anotação de 30 faltas injustificadas, pelo Municipio de SP, nos registros funcionais do autor, em determinado período; xi. consideração de excesso de crédito em embargos à execução de sentença que fixou o pagamento das diferenças dos expurgos inflacionários pelo BACEN – correção monetária de cruzados bloqueados em conta corrente (plano Collor); xii. declaração de inexistência de relação jurídica entre o Conselho Federal de Engenharia, Arquitetura e Agronomia (CONFEA) e empresa prestadora de serviços de concretagem, para fins de recolhimento de taxas; xiii. execução fiscal para cobrança de multa decorrente de auto de infração do INMETRO; xiv. pagamento de gatilhos salariais a servidores do Hospital das Clínicas da Faculdade de Medicina da USP; | Os atos de nomeação praticados em desacordo com a ordem classificatória do concurso público só serão passíveis de anulação quando inexistente vaga destinada ao preenchimento do cargo a ser provido pelo candidato preterido. Em existindo vaga de preenchimento possível pelo candidato preterido, a anulação, sem pedido expresso, pelo Poder Judiciário, dos atos de nomeação praticados em desacordo com a ordem classificatória do concurso público, caracteriza hipótese de julgamento *ultra petita*. Adequação da verba indenizatória ao *quantum* requerido pelo Autor, sendo anulado ou reduzido aquilo que eventualmente não tenha correspondido a este valor (sentença *extra e ultra petita*). Tendo o autor limitado seu pedido a um período certo e determinado, é *ultra petita* a sentença que o julga procedente, mas abrange também alguns dias além do termo final prefixado. Há julgamento *extra petita* quando os embargos à execução se fundam em excesso de crédito, e a sentença afirma a inexistência do débito, pretendendo revolver na execução matéria que transitou em julgado no processo de conhecimento (qual seja, o fato gerador do débito, consistente na correção monetária de cruzados bloqueados em conta corrente), como se – por via transversa – fosse possível atingir a coisa julgada, em franca rescisão do título – efeito preclusivo da coisa julgada (CPC, art. 474). | REsp 54833-SP, Quinta Turma, Rel. Min. Felix Fischer, j. 14.04.1998. REsp 779361-RJ, Primeira Turma, Rel. Min. Luiz Fux, j. 21.03.2006. REsp 742441-DF, Primeira Turma, Rel. Min. Denise Arruda, j. 08.08.2006. REsp 496348-PR, Primeira Turma, Rel. Min. José Delgado, j. 04.09.2003. REsp 40652-SP, Sexta Turma, Rel. Min. Luiz Vicente Cernicchiaro, j. 14.12.1993. REsp 37451-RJ, Sexta Turma, Rel. Min. Luiz Vicente Cernicchiaro, j. 14.09.1993. REsp 159092-DF, Sexta Turma, Rel. Min. Vicente Leal, j. 10.03.1998. RMS 11308-RS, Quinta Turma, Rel. Min. Laurita Vaz, j. 11.10.2005. |

Natureza do Conflito & Turmas Julgadoras	Ações	Elementos objetivos da demanda	Entendimento dos julgados em relação à regra da correlação (Ementa, Relatório e Votos)	Acórdãos
Indisponível Matéria de Direito Público – 1ª e 2ª Turmas: Primeira Seção – 5ª e 6ª Turmas: Terceira Seção	Mandados de Segurança e ações individuais (administrativo)	xv. cumprimento da Lei n. 1.016/1989, que estabeleceu a semestralidade dos reajustes nos proventos de todos os servidores públicos municipais do RJ, com o pagamento das diferenças pretéritas devidas, acrescidas de juros e correção monetária, em face da natureza salarial e alimentar da verba; xvi. enquadramento dos autores no serviço público efetivo do senado federal, na qualidade de secretários parlamentares; xvii. aprovação em prova oral de concurso público para juiz de direito substituto, em face de direito líquido e certo do impetrante.	Há vedação expressa de serem conhecidas pelo juiz questões não suscitadas durante a lide, a cujo respeito a lei exige a iniciativa da parte. Autuação feita pelo INMETRO que foi discutida em embargos pela empresa sob a única alegação de a falta não ter sido cometida. Sentença *extra petita* que, impondo surpresa às partes, decide pela impossibilidade legal de o INMETRO, em face da Lei n. 5.966/1973, impor multa. Os recorridos postularam direito renunciável. Em sendo assim, a sentença não pode ampliar o pedido. Caracterizar-se-á, quando contempla com excesso, a decisão *ultra petita*. O pedido delimita a extensão da norma individual. O julgado não pode contemplar mais do que o solicitado pelo autor. Caso contrário, ter-se-á julgamento *ultra petita*, com o mesmo vício da sentença *citra petita* e *extra petita*. O pedido, porém, não se confunde com a causa de pedir. Aquele, não esta, deve ser tomado como referência.	

Indisponível Matéria de Direito Público – 1ª e 2ª Turmas: Primeira Seção – 5ª e 6ª Turmas: Terceira Seção	Mandados de Segurança e ações individuais (administrativo)		Se o acórdão adotou a premissa de que se postulava a reintegração em face de dispensa, quando o que se postulou foi o enquadramento no serviço público efetivo do senado federal como secretários parlamentares, resta configurada a ocorrência de julgamento *extra petita*. Na hipótese, não pleiteou o ora Recorrente a sua nomeação e posse no cargo de Juiz de Direito Substituto, limitando-se a requerer a sua aprovação, tornando sem efeito a decisão administrativa que o eliminou, o que dá ensejo ao esvaziamento do objeto do presente *writ* pela perda superveniente do interesse processual. Isso porque, tendo expirado o prazo de validade do concurso, o eventual deferimento do objeto da impetração, qual seja, a nulidade da reprovação na Prova Oral e a consequente aprovação no concurso, não lhe confere direito automático à nomeação e posse. O Poder Judiciário, à luz do princípio da correlação, não pode ultrapassar o expressamente postulado.

Natureza do Conflito & Turmas Julgadoras	Ações	Elementos objetivos da demanda	Entendimento dos julgados em relação à regra da correlação (Ementa, Relatório e Votos)	Acórdãos
Indisponível Matéria de Direito Público – 1ª e 2ª Turmas: Primeira Seção – 5ª e 6ª Turmas: Terceira Seção	Mandados de Segurança e ações individuais (administrativo)	Pedidos de: i. cessação de descontos na remuneração de servidores municipais, ii. retificação de vencimentos, pela alteração do regime funcional de seletista para estatutário; iii. reintegração de funcionário à função de policial militar; v. execução provisória de julgado em face da Fazenda Pública; vi. redução de excesso em embargos à execução; vi. pedido de concessão de vantagem de vencimentos por servidor público estadual inativo; vii. pagamento de parcelas de adicional de insalubridade a funcionário público estadual; viii. transferência para a inatividade remunerada com vencimentos integrais e pagamento das diferenças atrasadas, corrigidas apartir do acidente; ix. recebimento de gatilhos salariais, com correção monetária; x. fornecimento estatal de medicamentos e tratamento médico a doentes individuais (doença pulmonar obstrutiva crônica/ bócio difuso tóxico com hipertireoidismo/ hepatite C crônica/ insuficiência renal crônica/ paralisia cerebral);	**Aplicação não estrita** da regra de correlação, considerando-se que o pedido se extrai da interpretação lógico-sistemática da petição inicial. Não ocorre nulidade da decisão quando a mesma invoca nova causa de pedir para indeferir a pretensão do autor, desde que sejam observados os limites do seu pedido. Não se rejeita o pedido genérico se, mesmo deficientemente formulado, permitir a correta compreensão de seu alcance e a ampla defesa da parte adversa. Não há julgamento *extra petita* se a parte dispositiva guardar sintonia com o pedido e a causa de pedir lançados na exordial, traduzindo a sentença um raciocínio lógico. No caso em tela, o pagamento da correção monetária do atrasado foi requerido implicitamente. A atualização monetária não pode ser encarada como uma sanção, mas sim mera recomposição do poder aquisitivo, desgastado pelo processo inflacionário. Deve, assim, ser concedida em juízo, ainda que não pleiteada ou feita de forma errônea, em desacordo com os critérios oficiais, ainda mais quando a verba é de natureza alimentar.	REsp 182687-SP, Quinta Turma, Rel. Min. Felix Fischer, j. 07.10.2003. REsp 161789-MG, Quinta Turma, Rel. Min. Felix Fischer, j. 21.03.2000. REsp 20923-SP, Primeira Turma, Rel. Min. Demócrito Reinaldo, j. 05.08.1992. REsp 243566-MG, Quinta Turma, Rel. Min. José Arnaldo da Fonseca, Rel. para acórdão Felix Fischer, j. 03.04.2001. REsp 696142-RJ, Segunda Turma, Rel. Min. Eliana Calmon, j. 25.10.2005. AgRg no REsp 649432-RS, Primeira Turma, Rel. Min. Luiz Fux, j. 03.03.2005. REsp 43074-SP, Sexta Turma, Rel. Min. Vicente Leal, j. 16.04.1996. REsp 63253-SP, Sexta Turma, Rel. Min. Luiz Vicente Cernicchiaro, j. 22.05.1995. REsp 73238-SP, Quinta Turma, Rel. Min. José Arnaldo da Fonseca, j. 11.11.1996.

| Indisponível

Matéria de Direito Público

–1ª e 2ª Turmas: Primeira Seção

–5ª e 6ª Turmas: Terceira Seção | Mandados de Segurança e ações individuais (administrativo) | xi. anulação do ato que dispensou o impetrante do cargo de juiz e lhe negou vitaliciamento, por não haver observado o direito de ampla defesa, com a reintegração do mesmo aos quadros da magistratura paulista; xii. pagamento a servidores públicos de atualização monetária sobre diferenças pagas administrativamente com atraso, sem a devida correção; xiii. declaração de nulidade de auto de infração e apreensão de veículo, por vício de ilegalidade, e indenização por danos morais; xiv. declaração da ilegalidade de portaria, expedida pela Secretaria de Vigilância Sanitária do Ministério da Saúde, que proibiu a manipulação em farmácias de determinadas substâncias; xv. retorno às funções de juiz titular da 4ª Vara Criminal de São Paulo, cujo afastamento foi determinado por processo administrativo disciplinar; xvi. indenização de danos morais e materiais em decorrência de responsabilidade civil objetiva do Estado (ato ilícito praticado por funcionários públicos em serviço); xvii. indenização pela prisão indevida e por erro judiciário; | A diferença pode ser incluída em fase de liquidação de sentença, sem que haja ofensa à *res judicata*, uma vez que a correção é, juridicamente, a atualização do pedido, não importando em aumento da dívida. Proposta a ação objetivando a condenação do ente público ao fornecimento gratuito dos medicamentos necessários ao tratamento de doenças, resta inequívoca a cumulação de pedidos do tratamento e fornecimento de medicamento, posto umbilicalmente ligados. É assente que os pedidos devem ser interpretados como manifestações de vontade, de forma a tornar o processo efetivo, o acesso à justiça amplo e justa a composição da lide.
A decisão, que ante a pretensão genérica do pedido defere tratamento com os medicamentos consectários, não incide no vício in procedendo do julgamento *ultra* ou *extra petita*, sendo os remédios necessários plenamente determináveis pela medicina.
A sentença que condena o Estado a prestar medicamentos a portador de doença crônica, enquanto perdurar a moléstia, não é incerta, tampouco advém da formulação de pedido genérico.
Tutela mandamental: obrigação de fazer do Estado consistente no fornecimento dos medicamentos pleiteados na inicial, bem como os que venham a ser necessários no curso do tratamento, desde que comprovada a necessidade por atestado médico fornecido pelo hospital da rede pública. | REsp 46238-SP, Sexta Turma, Rel. Min. Vicente Leal, j. 14.05.1996.
REsp 36958-SP, Sexta Turma, Rel. Min. Adhemar Maciel, j. 28.03.1995.
REsp 304383-SP, Sexta Turma, Rel. para acórdão Min. Vicente Leal, j. 07.02.2002.
AgRg no REsp 68197-SP, Quinta Turma, Rel. Min. Gilson Dipp, j. 06.08.2002.
REsp 814076-RJ, Primeira Turma, Rel. Min. Luiz Fux, j. 20.06.2006.
REsp 625329-RJ, Primeira Turma, Rel. Min. Luiz Fux, j. 03.08.2004.
REsp 809804-RJ, Segunda Turma, Rel. Min. João Otávio de Noronha, j. 16.03.2006. REsp 775032-RJ, Segunda Turma, Rel. Min. Castro Meira, j. 20.09.2005.
REsp 164574-SP, Sexta Turma, Rel. Min. Luiz Vicente Cernicchiaro, j. 08.09.1998.
REsp 206417-SP, Quinta Turma, Rel. Min. Felix Fischer, j. 15.02.2000.
REsp 785652-MA, Primeira Turma, Rel. Min. José Delgado, j. 21.03.2006. |

Natureza do Conflito & Turmas Julgadoras	Ações	Elementos objetivos da demanda	Entendimento dos julgados em relação à regra da correlação (Ementa, Relatório e Votos)	Acórdãos
Indisponível Matéria de Direito Público – 1ª e 2ª Turmas: Primeira Seção – 5ª e 6ª Turmas: Terceira Seção	Mandados de Segurança e ações individuais (administrativo)	xviii. indenização por retardamento no pagamento de desapropriação de imóvel pelo Município do RJ, xix. desapropriação indireta; xx. recebimento de aposentadoria por invalidez acidentária ocorrida no exercício de operação policial; xxi. pagamento de correção monetária por mora no adimplemento de adicional de insalubridade devido a policial militar; xxii. consideração da averbação de tempo de serviço na ficha funcional da autora, obstando ilegalidade cometida no curso de processo administrativo, consistente na exigência de requisitos além dos previstos na legislação para a concessão do benefício de aposentadoria, bem como na desconsideração do tempo de serviço já averbado no registro funcional; xxiii. reintegração do autor às fileiras do Exército na condição de adido, para tratamento médico e futura reforma;	Inexiste, na hipótese, julgamento *extra petita*, uma vez que o bem jurídico tutelado na presente ação é a saúde, buscando-se com a prestação jurisdicional o fornecimento de medicamentos necessários ao tratamento da doença, e não a concessão de um determinado medicamento. Como bem ressaltou o Ministério Público, "O direito da apelada tem respaldo na Carta Magna, como direito fundamental; portanto, ela tem direito a toda a medicação necessária ao seu **tratamento**". Não importa que o pedido de cancelamento do auto de infração e apreensão de veículo tenha sido feito apenas liminarmente, até porque, constatada a ilegalidade de que se reveste o ato administrativo praticado, impõe se a sua nulidade até mesmo em face de controle externo do Judiciário. Em rigor, a declaração de nulidade foi proclamada *incidenter tantum*, como fundamento de procedência da ação. Não há decisão *extra petita* quando o juiz examina o pedido e aplica o **direito** com fundamentos diversos dos fornecidos na petição inicial ou mesmo na apelação, desde que baseados em fatos ligados ao fato-base (coerentes com a causa de pedir), e não alterada a natureza do pedido.	REsp 551959-RS, Primeira Turma, Rel. Min. Luiz Fux, j. 07.04.2005. RMS 6566-SP, Sexta Turma, Rel. Min. Anselmo Santiago, j. 01.04.1997. REsp 195627-SP, Primeira Turma, Rel. Min. Demócrito Reinaldo, j. 29.04.1999. REsp 434970-MG, Primeira Turma, Rel. Min. Luiz Fux, j. 26.11.2002. REsp 427560-TO, Primeira Turma, Rel. Min. Luiz Fux, j. 05.09.2002. REsp 54-RJ, Segunda Turma, Rel. Min. Luiz Vicente Cernicchiaro, j. 02.08.1989. REsp 770098-RS, Segunda Turma, Rel. Min. Humberto Martins, j. 22.08.2006. REsp 361689-RS, Primeira Turma, Rel. Min. José Delgado, j. 11.12.2001. REsp 114464-BA, Segunda Turma, Rel. Min. Ari Pargendler, j. 01.09.1997.

Indisponível Matéria de Direito Público – 1ª e 2ª Turmas: Primeira Seção – 5ª e 6ª Turmas: Terceira Seção	Mandados de Segurança e ações individuais (administrativo)	xxiv. reintegração de servidor público a cargo, com anulação de penalidade de demissão e, falecido o servidor, habilitação de sucessores que fazem jus aos efeitos patrimoniais da anulação; xxv. reintegração de posse de imóvel funcional por rescisão do contrato de uso em face de inadimplemento contratual e falta de interesse na sua prorrogação; xxvi. ação declaratória na qual se discute a revisão de cláusula de contrato (correção do saldo devedor) para a aquisição de casa própria pelo Sistema Financeiro de Habitação, a fim de que seja declarado o direito do autor de pagar suas prestações no valor devido; xxvii. declaração de inexistência de débitos perante a Telemar, condenação ao pagamento de indenização por perdas e danos pelo desligamento de linha telefônica e ao detalhamento das faturas; xxviii. responsabilidade objetiva por danos morais e estéticos, atribuída a agentes de ente público, diretores de escola pública, por omissão no encaminhamento de aluno a tratamento médico, após ser atingido por outra criança, por brincadeira, o que gerou a perda da visão do aluno;	Por outro lado, verificada a ocorrência de fato novo que influencie no julgamento da lide, impõe-se ao juiz levá-lo em consideração quando da prolação da sentença, à luz do art. 462 do CPC, desde que tal fato não seja estranho à *causa petendi*. Precedentes do STJ. O princípio da imutabilidade da ação, por mais radical que seja, não impede a aplicação da normatividade inscrita no art. 462 do CPC, à luz do qual ocorrido fato superveniente constitutivo, modificativo ou extintivo do direito, capaz de influir no julgamento da lide, caberá ao juiz tomá-lo em consideração ao decidir, sem que isso configure julgamento *ultra petita*. Quando ajuizada a ação, encontrava-se o autor em fase de tratamento médico, mas estava, desde logo, autorizado a promover a indenização, formulando, para tanto, pedido genérico. Isto porque não era possível mensurar, de plano, a extensão dos danos físicos sofridos. Com efeito, diante da incerteza do resultado morte, a indenização pelos gastos com funeral (pedido mediato), não poderia ser determinada, e sim determinável. Se no decorrer da relação processual sobreveio o falecimento da parte autora, nada mais justo, dentro dos limites do pedido genérico, o ressarcimento pelas despesas funerárias, ainda que não requerido expressamente na exordial. – A condenação do Estado em perdas e danos por erro judiciário abrange as imputações impostas no acórdão recorrido, inclusive os danos morais. O pedido de perdas e danos, assim como manifestação volitiva do jurisdicionado, deve ser interpretado e nele entrevisto o pleito moral.	REsp 435128-SP, Primeira Turma, Rel. Min. Luiz Fux, j. 11.02.2003. REsp 16983-SP, Primeira Turma, Rel. Min. Cesar Asfor Rocha, j. 16.11.1992. REsp 15689-SP, Primeira Turma, Rel. Min. Demócrito Reinaldo, j. 20.04.1994. REsp 90103-SP, Sexta Turma, Rel. Min. William Patterson, j. 13.05.1996. REsp 224960-SC, Quinta Turma, Rel. Min. Felix Fischer, j. 06.04.2001. REsp 636438-RS, Quinta Turma, Rel. Min. Arnaldo Esteves Lima, j. 18.10.2005. REsp 605201-RJ, Sexta Turma, Rel. Min. Paulo Medina, j. 24.11.2004. REsp 606165-DF, Rel. Min. Denise Arruda (decisão monocrática), Primeira Turma, j. 05.10.2005. REsp 402390-SE, Primeira Turma, Rel. Min. Teori Albino Zavascki, j. 04.11.2003. AgRg no Resp 654580-RJ, Primeira Turma, Rel. Min. Francisco Falcão, j. 16.08.2005.

Natureza do Conflito & Turmas Julgadoras	Ações	Elementos objetivos da demanda	Entendimento dos julgados em relação à regra da correlação (Ementa, Relatório e Votos)	Acórdãos
Indisponível Matéria de Direito Público – 1ª e 2ª Turmas: Primeira Seção – 5ª e 6ª Turmas: Terceira Seção	Mandados de Segurança e ações individuais (administrativo)	xxix. anulação de julgamento de processo administrativo e reintegração do autor ao cargo de juiz de direito, cumulado com pedido de indenização por perdas e danos; xxx. ação de consignação em pagamento, combinada com ação cominatória de não fazer (que a Companhia Estadual de Águas e Esgotos do RJ seja proibida de efetuar o corte ou diminuição no fornecimento de água), fazer (que a Companhia seja compelida a efetuar a cobrança do esgoto do estabelecimento pelo que for efetivamente utilizado) e repetição de indébito (devolução em dobro dos valores indevidamente pagos); xxxi. anulação de prova e de nomeação de candidato aprovado em concurso público, ante a constatação de fraude no certame;	Os juros compensatórios não precisam constar expressamente do pedido, pois constituem efeito secundário da sentença, integrantes que são dos juros legais. Inexistência de julgamento *ultra petita*. É possível a convolação de ação de reivindicação em ação de indenização por perdas e danos, em face da impossibilidade de devolução do imóvel aos antigos proprietários, sem ofensa aos artigos 128 e 460 do CPC. Construção pretoriana, já antiga, destinada a reparar os danos da chamada "desapropriação indireta". Para que a decisão se considere *extra petita*, é necessário que desconsidere os elementos objetivos da demanda, estando demonstrado o prejuízo da defesa, que não teve oportunidade de se manifestar sobre o ponto. Não constitui julgamento *extra* ou *ultra petita*, o *decisum* que, ao decretar a nulidade do ato demissório de policial militar, reintegra-o nas fileiras da policia militar, concedendo-lhe, em seguida, a aposentadoria por invalidez acidentária.	REsp 716468-RJ, Primeira Turma, Rel. Min. José Delgado, j. 03.08.2006. AgRg no Ag 468472-RJ, Primeira Turma, Rel. Min. Luiz Fux, j. 20.05.2003. REsp 252741-SP, Quinta Turma, Rel. Min. Felix Fischer, j. 17.10.2000. REsp 684801-RJ, Primeira Turma, Rel. Min. Denise Arruda, j. 03.08.2006. REsp 675395-RS, Quinta Turma, Rel. Min. Laurita Vaz, j. 08.03.2005. AgRg no Ag 402417-PA, Primeira Turma, Rel. Min. José Delgado, j. 06.12.2001. AgRg no Ag 571533-RJ, Primeira Turma, Rel. Min. Teori Albino Zavascki, j. 03.06.2004. REsp 712881-RS, Primeira Turma, Rel. Min. José Delgado, j. 05.05.2005.

| Indisponível

Matéria de Direito Público

– 1ª e 2ª Turmas: Primeira Seção

– 5ª e 6ª Turmas: Terceira Seção | Mandados de Segurança e ações individuais (administrativo) | xxxii. Indenização por perdas e danos decorrente da impossibilidade de haver retrocessão de imóvel desapropriado; xx-xiii. abstenção de aplicação de penalidade de trânsito, com anulação dos atos de infração, cumulado com pedido de tutela antecipada; xxxiv. recebimento de pensão pela morte de filho de pais dependentes economicamente, durante a prestação de serviço militar obrigatório (responsabilidade objetiva do Estado); xxxv. indenização por serviços realizados e não pagos, referentes à obra pública; xxxvi. cautelar inominada com o fito de assegurar o direito dos autores de participarem da segunda etapa de concurso público. Com a subsequente aprovação na segunda etapa, requerem os autores a ampliação dos efeitos da liminar para que sejam nomeados e empossados no cargo de Delegado da Polícia Civil; xxxvii. rescisão contratual cumulada com cobrança de serviços extras, diferenças de correção e perdas e danos, com pedido incidental de cutela; xxxviii. declaração de nulidades em processo administrativo disciplinar. | O reconhecimento judicial de ser ilegal o ato demissório implica automaticamente na reintegração funcional, por ser esta uma consequência lógica desse reconhecimento; e essas duas situações, por sua vez, são o antecedente lógico da aposentadoria decretada, daí concluir-se que elas estão implícitas no pedido de aposentadoria.
Não ofende o art. 460 do CPC a decisão que, ao acolher pedido de correção monetária, fixa o índice a ser utilizado. Isso porque no pedido mais abrangente se inclui o de menor abrangência.
Se a parte pede sua reintegração às fileiras do Exército e posterior reforma, não é *extra petita* a sentença que julga parcialmente procedente o pedido para determinar apenas sua reintegração para tratamento médico, sem direito à reforma, pois considera-se como parte do pedido do autor.
A morte do servidor no curso do processo e a posterior habilitação de seus herdeiros não autoriza o julgador a estender o pedido, condenando a União Federal a habilitar a viúva do autor ao benefício de pensão por morte, que deve ser formulado perante a Administração Pública e atendidos os requisitos do art. 217, I, *b*, da Lei n. 8.112/1990.
Em razão do princípio da economia processual, a sentença deve ser anulada somente na parte que excedeu o pedido formulado, porquanto o vício não guarda e nem interfere com a concessão da reintegração por ilegalidade da dispensa. | REsp 121308-RS, Segunda Turma, Rel. Min. Paulo Gallotti, j. 02.05.2000.
REsp 38520-PR, Primeira Turma, Rel. para acórdão Humberto Gomes de Barros, j. 08.03.1995.
REsp 493093-BA, Quinta Turma, Rel. Min. Laurita Vaz, j. 18.12.2003.
REsp 218738-RS, Segunda Turma, Rel. Min. Franciulli Netto, j. 21.09.2000.
REsp 135301-MG, Quinta Turma, Rel. Min. Edson Vidigal, j. 04.02.1999.
MS 9315-DF, Terceira Seção, Rel. para acórdão Min. Gilson Dipp, j. 13.12.2004. |

ANEXOS

Natureza do Conflito & Turmas Julgadoras	Ações	Elementos objetivos da demanda	Entendimento dos julgados em relação à regra da correlação (Ementa, Relatório Votos)	Acórdãos
Indisponível Matéria de Direito Público – 1ª e 2ª Turmas: Primeira Seção – 5ª e 6ª Turmas: Terceira Seção	Mandados de Segurança e ações individuais (administrativo)		No caso concreto, contudo, a sentença não concedeu tutela jurisdicional diversa da pedida, nem se baseou em causa de pedir estranha à inicial. O prolator, atendendo aos fatos e circunstâncias constantes dos autos, ainda que não alegadas expressamente pelas partes, decidiu a controvérsia de acordo com o seu livre convencimento, esclarecendo os fundamentos da sua motivação, de acordo com o disposto no art. 131 do Código de Processo Civil. Entendimento contrário, aliás, implicaria desconsiderar o princípio da instrumentalidade do processo, como instrumento à disposição dos cidadãos para a justa solução do conflito de interesses, visto que estar-se-ia, em última análise, levando ao extremo o formalismo processual, a ponto de desconsiderar elemento que, pelo contexto, integra a causa de pedir. O processo não é um fim em si mesmo; existe enquanto meio de tornar efetivo o direito material nele discutido. Embora o autor tenha denominado a ação de "declaratória", pela análise do pedido, deduz-se, de forma clara e inequívoca, que a demanda objetiva obter não só a declaração de uma situação jurídica, como também modificar, com o provimento jurisdicional, determinada situação jurídica em que ela se encontra.	

Indisponível Matéria de Direito Público – 1ª e 2ª Turmas: Primeira Seção – 5ª e 6ª Turmas: Terceira Seção	Mandados de Segurança e ações individuais (administrativo)		A errônea denominação da ação não retira do autor o direito à prestação jurisdicional postulada. A denominação que se dá à "ação" é elemento secundário para definir a sua natureza. O que importa, sim, é o seu conteúdo, e, de modo especial, o pedido. O pedido não deve ser extraído apenas do capítulo da petição especificamente reservado para os requerimentos, mas da interpretação lógico-sistemática das questões apresentadas pela parte ao longo da petição, que foi efetivamente o que aconteceu na presente *quaestio*. Os pedidos, como manifestações de vontade, devem ser interpretados à luz do princípio da efetividade e da economia processual, que visam conferir à parte um máximo de resultado com um mínimo de esforço processual. O pedido de indenização engloba perdas e danos de natureza material e moral. Inexiste julgamento *extra petita* e, em consequência, ofensa aos arts. 128 e 460, do CPC, quando o Tribunal interpreta de forma ampla o pedido formulado na petição inicial. A corroborar o entendimento de que o julgador não se encontra limitado aos argumentos legais elencados pelo autor, é de se observar o estatuído no artigo 131 do Código de Processo Civil vigente: "O juiz apreciará livremente a prova, atendendo aos fatos e circunstâncias constantes dos autos, ainda que não alegados pelas partes, mas deverá indicar na sentença, os motivos que lhe formarem o convencimento".	

Natureza do Conflito & Turmas Julgadoras	Ações	Elementos objetivos da demanda	Entendimento dos julgados em relação à regra da correlação (Ementa, Relatório e Votos)	Acórdãos
Indisponível Matéria de Direito Público – 1ª e 2ª Turmas: Primeira Seção – 5ª e 6ª Turmas: Terceira Seção	Ações individuais (previdenciário)		Se ocorreu, na formulação do pedido, erro material, reconhecido pelo beneficiário, impõe-se a correção, mesmo em sede de recurso especial. Tendo em vista que a finalidade precípua do processo cautelar é a de assegurar a efetiva prestação jurisdicional na ação principal, não se afigura *ultra petita* a decisão que, em sede de ação cautelar, amplia os efeitos de medida liminar diante da superveniência do direito à nomeação e posse dos Recorrentes no cargo de Delegado da Polícia Civil. Nada mais fez o magistrado de primeiro grau, a não ser cumular os processos da ação principal e da cautelar, adotando o procedimento ordinário, para prestar a tutela jurisdicional, simultaneamente, de acordo com os pedidos de cada uma. Se não estiver convencido da extensão do pedido formulado na inicial, pode o magistrado reconhecer seu direito, mas remeterá, todavia, as partes ao processo de liquidação. A decisão judicial não está limitada apenas pelo pedido formulado pela parte, mas também pela causa de pedir deduzida, sendo esta elemento delimitador da atividade jurisdicional na ação. Neste sentido, se o magistrado se limita ao pedido formulado, considerando, entretanto, outra causa de pedir que não aquela suscitada pela parte, estará incorrendo em decisão *extra petita*, restando configurada a nulidade da sentença, ante a ofensa ao princípio da congruência	

| Indisponível

– 1ª e 2ª Turmas:
Primeira Seção

– 5ª e 6ª Turmas:
Terceira Seção | Ações individuais
(previdenciário) | Pedidos de: i. pagamento de diferenças de benefício feito a menor; ii. aposentadoria por invalidez; iii. aposentadoria por tempo de serviço; iv. recebimento de pensão de montepio; v. revisão da renda mensal de pensão especial, para sua equivalência ao vencimento integral do funcionário público falecido; vi. declaração de reconhecimento do tempo de serviço prestado em atividade rural, para fins de aposentadoria por tempo de serviço; vii. declaração de dependência econômica em relação ao filho falecido, para fins de obtenção de benefício de pensão por morte; viii. declaração de existência de relação jurídica entre a ré e a autora, para que se reconheça o direito desta de recebimento de pensão de servidor militar falecido; ix. revisão de benefício acidentário; x. revisão de proventos de aposentadoria recebidos do Instituto de Previdência e Assistência pelos servidores do Estado do Paraná; | **Aplicação estrita** da regra da correlação (arts. 128 e 460 do CPC). Não pode o julgador admitir outros fundamentos não alegados pela parte, sob pena de decisão *extra petita*. Sendo a pensão previdenciária estranha ao pedido da ação proposta, o seu deferimento gera decisão *extra petita*. Em se decidindo fora da matéria impugnada e, por maior razão, fora dos limites objetivos da sentença e do próprio pedido da ação revisional, caracteriza-se o julgamento *extra petita*, que consequencializa a sua nulidade. Tendo o aresto atacado estendido o tempo de serviço pleiteado pelo autor, uma vez que reconheceu o período continuado de 20.10.1955 a 08.07.1981, indo além do pedido, merece ser corrigido e restringido. Tratando-se de ação declaratória, não há que se falar em condenação ao pagamento de prestações anteriores que nem sequer foram objetos da inicial. Verificado o julgamento *ultra petita*, exclui-se a parte que foi objeto do apelo especial. Profere julgamento *extra petita* o acórdão que julga apelação interposta em ação declaratória de dependência econômica como se se tratasse de ação revisional de benefício previdenciário. Julgamento anulado. | REsp 155170-CE, Quinta Turma, Rel. Min. Felix Fischer, j. 22.09.1998.
REsp 140725-PE, Sexta Turma, Rel. Min. Hamilton Carvalhido, j. 01.06.1990.
EDcl no REsp 279275-PR, Quinta Turma, Rel. Min. Jorge Scartezzini, j. 18.03.2004.
REsp 581983-CE, Quinta Turma, Min. José Arnaldo da Fonseca, j. 04.08.2005.
REsp 514411-RJ, Quinta Turma, Rel. Min. Laurita Vaz, j. 21.08.2003.
REsp 328539-RN, Quinta Turma, Rel. Min. Felix Fischer, j. 04.10.2001.
REsp 443727-SC, Sexta Turma, Rel. Min. Hamilton Carvalhido, j. 04.03.2004.
REsp 107522-PR, Quinta Turma, Rel. Min. José Dantas, j. 04.03.1997.
REsp 41285-SP, Sexta Turma, Rel. Min. Luiz Vicente Cernicchiaro, j. 01.03.1994.
REsp 10346-SP, Segunda Turma, Rel. Min. Peçanha Martins, j. 26.03.1992. |

Natureza do Conflito & Turmas Julgadoras	Ações	Elementos objetivos da demanda	Entendimento dos julgados em relação à regra da correlação (Ementa, Relatório e Votos)	Acórdãos
Indisponível – 1ª e 2ª Turmas: Primeira Seção – 5ª e 6ª Turmas: Terceira Seção	Ações individuais (previdenciário)	xi. condenação para que a Câmara Municipal de Limeira seja constrangida a cumprir sua obrigação de pagar indenização pelos prejuízos causados aos vereadores, pelo rompimento do convênio com Carteira da Previdência a que estavam filiados, com o pagamento mensal de indenização correspondente ao valor da pensão a que fariam jus, se o convênio fosse mantido; xii. conversão da aposentadoria por tempo de serviço em aposentadoria por invalidez acidentária, devido a lesões auditivas e visuais resultantes de trabalho executado em ambiente com ruídos excessivos, iluminação deficiente e temperaturas elevadas.	Se a ação proposta visa tão somente a declaração de existência de relação jurídica entre a autora e a ré, para que se reconheça o direito daquela ao recebimento de pensão correspondente ao valor integral do que perceberia o ex-servidor, mostra-se nula, por se caracterizar como *extra petita* a sentença que condena a ré ao pagamento de diferenças não pleiteadas na inicial. Tratando-se de decisão *extra petita*, que decidiu fora da matéria posta em juízo, a mesma é totalmente nula. Corrige-se o vício sentencial, nos limites da demonstrada extrapolação, de forma a reduzir o dispositivo sentencial aos limites do termo a quo especificado na inicial, tudo em corrigenda do evidente julgamento *ultra petita*. A ação condenatória civil encerra pedido que, por sua vez, traduz a pretensão do autor. Em se tratando de direito disponível, condiciona o limite da prestação jurisdicional. Inadequado julgamento *ultra, citra* ou *extra petita*. Inocorre vício quando a sentença se ajusta ao requerido pelo autor. É defeso ao juiz proferir decisão de natureza diversa do pedido (CPC, art. 460). Recurso provido para decretar a nulidade do processo desde a sentença de primeiro grau (CPC, art. 245, parágrafo único).	REsp 59862-SP, Sexta Turma, Rel. Min. Adhemar Maciel, j. 27.11.1995. REsp 21796-SP, Segunda Turma, Rel. Min. Antônio de Pádua Ribeiro, j. 01.03.1993.

Indisponível – 1ª e 2ª Turmas: Primeira Seção – 5ª e 6ª Turmas: Terceira Seção	Ações individuais (previdenciário)	É defeso ao juiz proferir decisão de natureza diversa do pedido (CPC, art. 460). Recurso provido para decretar a nulidade do processo desde a sentença de primeiro grau (CPC, art. 245, parágrafo único). Decide *extra petita*, violando os artigos 128 e 460 do CPC, a sentença que concede a autora benefício diverso do pleiteado na exordial. Na espécie, a autora pediu "aposentadoria invalidez" e a sentença, confirmada pelo acórdão recorrido, lhe deu a "renda mensal vitalícia", benefício, aliás, a que não faz jus.

Natureza do Conflito & Turmas Julgadoras	Ações	Elementos objetivos da demanda	Entendimento dos julgados em relação à regra da correlação (Ementa, Relatório e Votos)	Acórdãos
Indisponível – 1ª e 2ª Turmas: Primeira Seção – 5ª e 6ª Turmas: Terceira Seção	Ações individuais (previdenciário)	Pedidos de: i. concessão de aposentadoria por idade; ii. concessão de aposentadoria por tempo de serviço; iii. complementação de benefício previdenciário; iv. percepção de benefício previdenciário; v. percepção de proventos de inatividade por policial militar da reserva; vi. recebimento de aposentadoria por invalidez acidentária; vii. obtenção de auxílio-doença; viii. correção dos últimos salários de contribuição, para o cômputo de salários de benefício dos segurados; ix. obtenção de pensão de montepio; x. reajuste/revisão de benefício; xi. abstenção, por parte da Administração, de realizar descontos administrativos irregulares nos proventos de aposentadoria de servidor, com o ressarcimento dos descontos já efetuados; xii. condenação da União a retificar portaria de reforma para propiciar ao autor os proventos de graduação de terceiro sargento, acrescendo-se	**Aplicação não estrita** da regra de correlação. A atualização monetária do benefício previdenciário não pode ser encarada como uma sanção, e sim mera recomposição do poder aquisitivo, sob pena de enriquecimento sem causa. A correção monetária de verbas alimentares pagas em atraso pelo INSS deve ser concedida pelo Tribunal, ainda que não haja pedido expresso da parte beneficiada nem tenha a sentença se manifestado a respeito, por se constituir mera recomposição do seu poder aquisitivo. A jurisprudência desta Corte já pacificou o entendimento de que é possível incluir na correção monetária os índices inflacionários expurgados, ainda que não pedido na inicial. Em face do caráter alimentar do benefício previdenciário, a correção monetária deve incidir desde quando as parcelas em atraso passaram a ser devidas, mesmo que em período anterior ao ajuizamento da ação, sem subtrair qualquer período de desvalorização do poder aquisitivo da moeda, a fim de ajustar o valor formal ao significado material da prestação.	REsp 240114-CE, Quinta Turma, Rel. Min. Edson Vidigal, j. 28.03.2000. REsp 217081-CE, Quinta Turma, Rel. Min. Felix Fischer, j. 10.08.1999. REsp 134434-PB, Quinta Turma, Rel. Min. Edson Vidigal, j. 12.08.1997. EREsp 87634-RJ, Terceira Seção, Rel. Min. Edson Vidigal, j. 09.10.1996 REsp 445371-MA, Sexta Turma, Rel. Min. Vicente Leal, j. 08.10.2002. REsp 328247-RS, Quinta Turma, Rel. Min. Arnaldo Esteves Lima, j. 12.06.2006. REsp 57815-DF, Sexta Turma, Rel. Min. Anselmo Santiago, j. 16.05.1995. REsp 412676-RS, Sexta Turma, Rel. Min. Vicente Leal, j. 03.12.2002. REsp 226958-ES, Quinta Turma, Rel. Min. Gilson Dipp, j. 06.02.2001.

Indisponível			
Indisponível – 1ª e 2ª Turmas: Primeira Seção – 5ª e 6ª Turmas: Terceira Seção	**Ações individuais (previdenciário)**	o valor do auxílio invalidez, com pedido sucessivo de proventos de graduação de segundo sargento, se ficar comprovado que as condições de guerra na Itália e o estado mórbido do autor guardam relação de causa e efeito; xiii. reconhecimento do direito à permanência nas fileiras do exército, sem qualquer prejuízo, até que o autor obtenha o restabelecimento total de sua saúde, nos moldes de como ali ingressou, com pleito superveniente visando a reforma.	
		Não há julgamento *extra petita* quando o magistrado, observando os limites estabelecidos no pedido formulado, bem como na causa de pedir, defere o pedido em menor extensão daquela postulada. O autor pediu o mais, dentro dos termos da Lei n. 7.138/1978, tendo a sentença julgado parcialmente procedente o pedido para dar menos do que o pedido, mas sempre de acordo com a causa de pedir, e sem alterar a natureza do objeto da ação, que é a revisão da reforma do demandante. Em tema de benefício previdenciário decorrente de acidente de trabalho, é lícito ao juiz, de ofício, enquadrar a hipótese fática no dispositivo legal pertinente à concessão do benefício cabível, em face da relevância da questão social que envolve o assunto. Não ocorre julgamento *extra petita* na hipótese em que o órgão colegiado *a quo*, em sede de apelação, mantém sentença concessiva do benefício da aposentadoria por invalidez, ainda que a pretensão deduzida em juízo vincule-se à concessão de auxílio-acidente, ao reconhecer a incapacidade definitiva da segurada para o desempenho de suas funções. – Formulado pedido de aposentadoria por invalidez, mas não atendidos os pressupostos para o deferimento deste benefício, não caracteriza julgamento *extra petita* a decisão que, constatando supridos os requisitos para o direito ao auxílio-acidente, concede em juízo esse benefício.	REsp 293659-SC, Quinta Turma, Rel. Min. Felix Fischer, j. 20.02.2001. REsp 231667-SC, Quinta Turma, Rel. Min. Felix Fischer, j. 18.11.1999. AgRg no REsp 336295-SC, Quinta Turma, Rel. Min. Felix Fischer, j. 18.09.2003. REsp 267652-RO, Quinta Turma, Rel. Min. Felix Fischer, j. 18.03.2003. REsp 244606-SC, Quinta Turma, Rel. Min. Jorge Scartezzini, j. 05.10.2000. REsp 255776-PE, Quinta Turma, Rel. Min. Edson Vidigal, j. 17.08.2000. REsp 180461-SP, Quinta Turma. Rel. Min. José Arnaldo da Fonseca, j. 09.11.1999. REsp 193220-SP, Sexta Turma, Rel. Min. Vicente Leal, j. 09.02.1999. REsp 155170-CE, Quinta Turma, Rel. Min. Felix Fischer, j. 22.09.1998. REsp 11583-RJ, Primeira Turma, Rel. Min. César Asfor Rocha, j. 21.06.1993. REsp 81174-PR, Sexta Turma, Rel. Min. Vicente Leal, j. 08.06.1999.

Natureza do Conflito & Turmas Julgadoras	Ações	Elementos objetivos da demanda	Entendimento dos julgados em relação à regra da correlação (Ementa, Relatório e Votos)	Acórdãos
Indisponível – 1ª e 2ª Turmas: Primeira Seção – 5ª e 6ª Turmas: Terceira Seção	Ações individuais (previdenciário)		Não é *extra petita* a r. sentença que, constatando o preenchimento dos requisitos legais para tanto, reconhece como período trabalhado em atividade especial interstício diverso do pedido, tempo esse que havia sido indeferido na esfera administrativa e que o MM. Julgador, com base no acervo probatório dos autos e tendo em vista a relevância da questão social que envolve a matéria, reconheceu como devido ao autor. Ainda que a pretensão deduzida em juízo vincule-se à concessão da aposentadoria por invalidez, é lícito ao Tribunal colegiado, em face da relevância da questão social que envolve o assunto, conceder o benefício da renda mensal vitalícia, sem a ocorrência de julgamento extra petita. A causa de pedir delimita o pedido, não se podendo apenas apreciar este último, desvinculando-o dos fundamentos de fato e de direito trazidos ao exame do Judiciário, na exordial.	REsp 254223-SC, Quinta Turma, Rel. Min. Felix Fischer, j. 26.09.2000. AgRg no Ag 615731-DF, Sexta Turma, Rel. Min. Hamilton Carvalhido, j. 26.04.2005. REsp 440901-RJ, Sexta Turma, Rel. Min. Hamilton Carvalhido, j. 20.04.2004. REsp 156242-DF, Sexta Turma, Rel. Min. Hamilton Carvalhido, j. 23.11.1999. AgRg no REsp 553053-PB, Quinta Turma, Rel. Min. Gilson Dipp, j. 16.12.2003. REsp 75490-MG, Sexta Turma, Rel. Min. Luiz Vicente Cernicchiaro, j. 14.11.1995. REsp 577014-CE, Sexta Turma, Rel. Min. Hamilton Carvalhido, j. 21.09.2004

Indisponível – 1ª e 2ª Turmas: Primeira Seção – 5ª e 6ª Turmas: Terceira Seção	Ações individuais (previdenciário)		Deferir uma pretensão material que integra o pedido formulado na inicial não significa julgar *extra petita*. Não se pode esquecer o velho brocardo que sempre orientou as decisões dos bons juízes: "Dá-me os fatos e dar-te-ei o direito". E no direito processual de hoje, em que se preconiza o princípio da efetividade do processo, o mencionado brocardo ganha relevância e se torna atual, pois o juiz há de conferir ao processo o máximo de efetividade, sem perder-se em formalismos retrógrados, que emperram a máquina judiciária e diminuem o prestígio da justiça. Não há de se falar em julgamento *extra petita* quando ocorre a rejeição do pedido com base em fundamento diverso e decisão contrária ao interesse do autor. Não se verifica alteração da causa de pedir quando se atribui ao fato qualificação jurídica diversa da originalmente atribuída. *Da mihi factum, dabo tibi jus.* O pedido e a causa de pedir circunscrevem-se pelos argumentos fáticos e jurídicos invocados na exordial e não pelo preciosismo dos artigos invocados. Na aplicação da regra da correlação, indispensável vincular a causa de pedir ao pedido.	REsp 246256-SP, Quinta Turma, Rel. Min. Felix Fischer, j. 09.05.2000.

Natureza do Conflito & Turmas Julgadoras	Ações	Elementos objetivos da demanda	Entendimento dos julgados em relação à regra da correlação (Ementa, Relatório e Votos)	Acórdãos
Indisponível – 1ª e 2ª Turmas: Primeira Seção	Ações individuais (tributário)	Pedidos de: i. declaração de inexistência de relação jurídico-tributária e reconhecimento incidental de inconstitucionalidade; ii. repetição de indébito; iii. obtenção de certidão negativa de débito tributário; iv. reconhecimento do direito de compensação de parcelas indevidas do PIS; v. anulação de "termo de confissão de dívida e compromisso de pagamento" e anulação de atos da Administração do Estado do Amazonas (ação popular); vi. restituição de indevidos recolhimentos e compensação de créditos da contribuição ao FINSOCIAL com débitos do COFINS; vii. afastar a cobrança da contribuição previdenciária incidente sobre folha de salário em relação a parcelas e indenizações pagas a funcionário de empresa.	**Aplicação não estrita** da regra de correlação. Não configura decisão *ultra petita* aquela que explicita e abrange o que logicamente decorre do pedido do autor. Havendo equívoco na denominação da ação, mas evidenciada a correspondência entre a sentença e o pedido e causa de pedir, o julgado é apto a resolver a controvérsia, sem distanciar-se da questão jurídico-litigiosa. Não há decisão *extra petita* quando o juiz examina o pedido e aplica o direito com fundamentos diversos dos fornecidos na petição inicial ou mesmo na apelação, desde que baseados em fatos ligados ao fato-base. A repetição de indébito pode tomar a forma de compensação ou de devolução, sem que se rompa com o princípio de que deve estar a sentença ajustada ao pleito, atendendo o julgador, sem excesso, ao que foi pedido genericamente, ou seja, repetir o indébito. Não incorre em julgamento *extra petita* a decisão do Tribunal que aplica legislação posterior ao ajuizamento da lide relativa à compensação tributária, ainda que não mencionada na sentença de primeiro grau, pois ao juiz cabe aplicar o direito à espécie, a partir da análise dos fatos *(iura novit curia)*.	REsp 108606-RS, Segunda Turma, Rel. Min. Francisco Peçanha Martins, j. 18.05.1999. EDcl no RESP 193513-PR, Primeira Turma, Rel. Min. Milton Luiz Pereira, j. 14.12.1999. AgRg no RESP 642906/AL, Primeira Turma, Rel. Min. Luiz Fux, j. 09.11.2004. REsp 575497-TO, Segunda Turma, Rel. Min. Eliana Calmon, j. 16.03.2004. REsp 835107-MG, Primeira Turma, Rel. Min. Francisco Falcão, j. 20.06.2006. REsp 677911-CE, Segunda Turma, Rel. Min. Eliana Calmon, j. 06.12.2005. REsp 86416-ES, Segunda Turma, Rel. Min. Francisco Peçanha Martins, j. 06.10.1998. REsp 582074-AM, Segunda Turma, Rel. Min. Castro Meira, j. 04.04.2006. REsp 179298-SP, Primeira Turma, Rel. Min.Francisco Falcão, j. 15.08.2002.

| Indisponível

– 1ª e 2ª Turmas: Primeira Seção | Ações individuais (tributário) | | Para que haja julgamento *extra petita* faz-se necessário que tenha sido julgado questão diversa da pretendida pelo autor. A anulação de apenas uma cláusula do contrato está inserida no pedido maior de anulação de todo o termo.
A *praesumptione hominis* ou presunção natural não está vinculada apenas à experiência pessoal do magistrado, mas, também, por inferência em relação às provas extraídas dos autos.
A sentença que levou em conta a petição inicial e outros dois aditamentos, fazendo um apanhado dos pleitos do autor, realizou julgamento dentro dos limites da demanda, não incorrendo na alegada violação ao artigo 128 do CPC.
O pedido não deve ser extraído apenas do capítulo da petição especificamente reservado para os requerimentos, mas da interpretação lógico-sistemática das questões apresentadas pela parte ao longo da petição.
Identificar a *causa petendi* é a identificação do fato ou dos fatos capazes de produzirem o pretendido efeito jurídico. Não há julgamento *extra* ou *ultra petita* quando o julgador aprecia os fatos e decide adstrito aos fundamentos legais, exercitando atividade que lhe está reservada e não à parte interessada em obter resultado diferente.
Não há julgamento *extra petita* quando o acórdão não atende à integral solicitação do impetrante, concedendo menos do que pedido (exoneração parcial e não total do FINSOCIAL)." | AgRg no REsp 511670-MG, Segunda Turma, Rel. Min. Franciulli Netto, j. 15.03.2005.
REsp 273797-SP, Primeira Turma, Rel. Min. Milton Luiz Pereira, j. 06.08.2002.
REsp 47835-CE, Segunda Turma, Rel. Min. Peçanha Martins, j. 04.03.1996 |

Natureza do Conflito & Turmas Julgadoras	Ações	Elementos objetivos da demanda	Entendimento dos julgados em relação à regra da correlação (Ementa, Relatório e Votos)	Acórdãos
Indisponível – 1ª e 2ª Turmas: Primeira Seção	Ações individuais (tributário)	Pedidos implícitos de: i. inclusão de expurgos inflacionários; ii. correção monetária do valor objeto da condenação/repetição de indébito tributário/compensação tributária; iii. consideração de questões de ordem pública; iv. determinação de incidência da taxa SELIC (Sistema Especial de Liquidação e de Custódia) na restituição e compensação de tributos.	**Aplicação não estrita** da regra de correlação. A correção monetária não constitui um *plus* ao pedido, porque nada acrescenta, sendo mera recomposição do valor da moeda corroído pela inflação, motivo pelo qual se dá, assim como os juros de mora, *ex vi legis* (Lei n. 6.899/1981), independentemente de pedido expresso e de determinação pela sentença, na qual se considera implicitamente incluída. Devem ser utilizados os índices que demonstrem com exatidão sua real ocorrência nos períodos respectivos, inclusive os expurgos inflacionários determinados pelos desastrados planos econômicos. Quando se deparar com questão de ordem pública, fica autorizado o órgão julgador a decidir fora dos limites objetivos da demanda, sem que incorra em julgamento *ultra*, *extra* ou *citra petita*. A utilização dos expurgos inflacionários é devida, mesmo que não haja pedido explícito da parte. É devida a inclusão, na correção monetária, dos índices de inflação expurgados, que são aqueles que melhor refletem a perda do poder aquisitivo da moeda.	REsp 555031-CE, Segunda Turma, Rel. Min. Francisco Peçanha Martins, j. 28.06.2005. REsp 814885-SE, Segunda Turma, Rel. Min. Castro Meira, j. 09.05.2006. REsp 727031-PE, Primeira Turma, Rel. Min. Teori Albino Zavascki, j. 20.10.2005. REsp 813428-CE, Segunda Turma, Rel. Min. Castro Meira, j. 19.09.2006. REsp 865013-RN, Segunda Turma, Rel. Min. Castro Meira, j. 12.09.2006. REsp 827990-SE, Primeira Turma, Rel. Min. Teori Albino Zavascki, j. 09.05.2006. AgRg no REsp 727200-PB, Primeira Turma, Rel. Min. Luiz Fux, j. 08.11.2005. REsp 729605-CE, Segunda Turma, Rel. Min. Eliana Calmon, j. 05.05.2005. AgRg no Ag 655595-RJ, Primeira Turma, Rel. Min. Luiz Fux, j. 25.10.2005.

Natureza do Conflito & Turmas Julgadoras	Ações	Elementos objetivos da demanda	Entendimento dos julgados em relação à regra da correlação (Ementa, Relatório e Votos)	Acórdãos
Indisponível – 1ª e 2ª Turmas: Primeira Seção	Ações individuais (tributário)	Pedidos implícitos de: i. inclusão de expurgos inflacionários; ii. correção monetária do valor objeto da condenação/repetição de indébito tributário/compensação tributária; iii. consideração de questões de ordem pública; iv. determinação de incidência da taxa SELIC (Sistema Especial de Liquidação e de Custódia) na restituição e compensação de tributos.	**Aplicação não estrita** da regra de correlação. A correção monetária não constitui um *plus* ao pedido, porque nada acrescenta, sendo mera recomposição do valor da moeda corroído pela inflação, motivo pelo qual se dá, assim como os juros de mora, *ex vi legis* (Lei n. 6.899/1981), independentemente de pedido expresso e de determinação pela sentença, na qual se considera implicitamente incluída. Devem ser utilizados os índices que demonstrem com exatidão sua real ocorrência nos períodos respectivos, inclusive os expurgos inflacionários determinados pelos desastrados planos econômicos. Quando se deparar com questão de ordem pública, fica autorizado o órgão julgador a decidir fora dos limites objetivos da demanda, sem que incorra em julgamento *ultra, extra ou citra petita*. A utilização dos expurgos inflacionários é devida, mesmo que não haja pedido explícito da parte. É devida a inclusão, na correção monetária, dos índices de inflação expurgados, que são aqueles que melhor refletem a perda do poder aquisitivo da moeda.	REsp 555031-CE, Segunda Turma, Rel. Min. Francisco Peçanha Martins, j. 28.06.2005. REsp 814885-SE, Segunda Turma, Rel. Min. Castro Meira, j. 09.05.2006. REsp 727031-PE, Primeira Turma, Rel. Min. Teori Albino Zavascki, j. 20.10.2005. REsp 813428-CE, Segunda Turma, Rel. Min. Castro Meira, j. 19.09.2006. REsp 865013-RN, Segunda Turma, Rel. Min. Castro Meira, j. 12.09.2006. REsp 827990-SE, Primeira Turma, Rel. Min. Teori Albino Zavascki, j. 09.05.2006. AgRg no REsp 727200-PB, Primeira Turma, Rel. Min. Luiz Fux, j. 08.11.2005. REsp 729605-CE, Segunda Turma, Rel. Min. Eliana Calmon, j. 05.05.2005. AgRg no Ag 655595-RJ, Primeira Turma, Rel. Min. Luiz Fux, j. 25.10.2005.

| Indisponível | Ações individuais (tributário) | | Deve ser seguido o índice que melhor reflita a realidade inflacionária do período, independentemente das determinações oficiais. Assegura-se, contudo, seguir o percentual apurado por entidade de absoluta credibilidade e que, para tanto, merecia credenciamento do Poder Público, como é o caso da Fundação IBGE. É firme a jurisprudência desta Corte que para tal propósito, há de se aplicar o IPC, por melhor refletir a inflação à sua época. Os expurgos inflacionários nada mais são que decorrência da correção monetária, pois compõem este instituto, uma vez que se configuram como valores extirpados do cálculo da inflação, quando da apuração do índice real que corrigiria preços, títulos públicos, tributos e salários, entre outros. Logo, correta a decisão que admite a inclusão dos expurgos na execução do julgado, no momento em que homologou a conta de liquidação. A sentença deve ser entendida materialmente; traduz declaração própria de toda decisão judicial e condenação ao valor do débito; traduz, sem dúvida, o *quantum* real, ainda que determinável em liquidação. A correção monetária é mera adequação do valor real à sua expressão numérica. Pode ser elaborada a qualquer momento (traduz correção de erro material); não ofende a preclusão, nem a coisa julgada. Ao contrário, torna-as eficaz. | AgRg no REsp 638456-SC, Primeira Turma, Rel. Min. Luiz Fux, j. 07.06.2005. REsp 722475-AM, Primeira Turma, Rel. Min. Teori Albino Zavascki, j. 21.06.2005 EREsp 291257-SC, EREsp 399497-SC, EREsp 425709-SP, Primeira Seção, Rel. Min. Luiz Fux, j. 14.05.2003. EResp 267080-SC, Primeira Seção, Rel. Min. Teori Albino Zavascki, j. 22.10.2003. EREsp 478359-SP, Corte Especial, Rel. Min. José Delgado, j. 19.05.2004. REsp 203019-SP, Segunda Turma, Rel. Min. Franciulli Netto, j. 17.02.2000. REsp 798937-SE, Segunda Turma, Rel. Min. Eliana Calmon, j. 20.04.2006. EREsp 126538-DF, Corte Especial, Rel. Min. Luiz Vicente Cernicchiaro, j. 04.02.1998. AgRg no REsp 661615-RJ, Primeira Turma, Rel. Min. Luiz Fux, j. 22.03.2005. |
| – 1ª e 2ª Turmas: Primeira Seção | | | | |

PEDIDO E CAUSA DE PEDIR

Natureza do Conflito & Turmas Julgadoras	Ações	Elementos objetivos da demanda	Entendimento dos julgados em relação à regra da correlação (Ementa, Relatório Votos)	Acórdãos
Indisponível – 1ª e 2ª Turmas: Primeira Seção	Ações individuais (tributário)		A determinação, na sentença, de incidência da Taxa SELIC sobre os valores a serem objeto da compensação pleiteada, embora inexistente pedido expresso da parte autora neste sentido, não implica julgamento *extra petita*, porquanto integra o conteúdo implícito do pedido. É assente nas Turmas de Direito Público do STJ, com ressalvas minoritárias, que na repetição do indébito, a taxa SELIC é aplicada a partir da data da entrada em vigor da lei que determinou a sua incidência do campo tributário (art. 39, § 4º, da Lei n. 9.250/1995). Assim, a orientação prevalente no âmbito da 1ª Seção pode ser sintetizada da seguinte forma: (a) antes do advento da Lei n. 9.250/1995, incidia a correção monetária desde o pagamento indevido até a restituição ou compensação (Súmula n. 162/STJ), acrescida de juros de mora a partir do trânsito em julgado (Súmula n. 188/STJ), nos termos do art. 167, parágrafo único, do CTN; (b) após a edição da Lei n. 9.250/1995, aplica-se a taxa SELIC desde o recolhimento indevido, ou, se for o caso, a partir de 01.01.1996, não podendo ser cumulada, porém, com qualquer outro índice, seja de atualização monetária, seja de juros, porque a SELIC inclui, a um só tempo, o índice de inflação do período e a taxa de juros real.	

Indisponível – 1ª e 2ª Turmas: Primeira Seção	Ações individuais (tributário)	Pedidos de: i. execução fiscal para cobrança de diferencial de alíquotas de ICMS; ii. compensação de créditos tributários; iii. impedir a retenção, na fonte, de IR em face de imunidade tributária; iv. declaração de inexigibilidade de crédito tributário; v. declaração de inexistência de relação jurídico-tributária válida com base na qual a União possa cobrar a contribuição para o Programa de Integração Social – PIS; vi. inexigibilidade do recolhimento do FINSOCIAL, e levantamento dos valores depositados em juízo, por meio de medida cautelar, referentes ao tributo; vii. rescindir decisão que declarou a inconstitucionalidade de norma municipal que instituiu taxa de iluminação pública; viii. correção monetária dos depósitos do FGTS, com base nos índices do IPC; ix. declaração de existência de relação jurídico-tributária entre as partes para que a autora receba integralmente o seu benefício, com a condenação da ré ao pagamento de juros e correção monetária relativos ao crédito-prêmio de IPI já pagos desde a data em que eram devidos.	**Aplicação estrita** da regra da correlação (arts. 128 e 460 do CPC). O pedido e a causa de pedir devem ser interpretados restritivamente, como manifestações de vontade, estando o juiz adstrito aos limites objetivos da demanda, em obediência aos princípios do contraditório e ampla defesa. Apenas em casos excepcionais (questões de ordem pública, direitos indisponíveis, entre outros) poderá o juiz apreciar de ofício alguma matéria. Há julgamento *ultra petita* quando o autor requer, na inicial, a compensação do imposto de renda sobre o lucro líquido com o próprio imposto de renda, e a sentença concede a compensação com qualquer imposto de competência da União, indo além dos limites do pedido. Viciada é a sentença que decidir *extra petita*, quer no concernente ao pedido imediato (sentença de natureza diversa da pedida), quer no tocante ao pedido mediato (sentença que incida sobre objeto diverso daquele que foi demandado). Se o pedido é de declaração de inexigibilidade do débito até que se faça a compensação (com créditos do contribuinte), o juiz não pode declarar inexistente o fato gerador do tributo, objeto de confissão de dívida, extrapolando o pedido e tratando de dados não discutidos no processo.	REsp 705631-MS, Primeira Turma, Rel. Min. José Delgado, j. 03.03.2005. REsp 776622-RJ, Primeira Turma, Rel. Min. Francisco Falcão, j. 04.10.2005. REsp 81238-RS, Primeira Turma, Rel. Min. Demócrito Reinaldo, j. 17.09.1998. REsp 158019-PE, Primeira Turma, Rel. Min. Demócrito Reinaldo, j. 04.02.1999. REsp 201215-CE, Segunda Turma, Rel. Min. Ari Pargendler, j. 04.03.1999. REsp 345779-RJ, Primeira Turma, Rel. Min. José Delgado, j. 11.12.2001. REsp 596502-PR, Primeira Turma, Rel. Min. José Delgado, j. 04.03.2004. REsp 197002-AL, Primeira Turma, Rel. Min. Garcia Vieira, j. 23.02.1999. REsp 571304-DF, Primeira Turma, Rel. Min. Humberto Gomes de Barros, j. 18.11.2003.

Natureza do Conflito & Turmas Julgadoras	Ações	Elementos objetivos da demanda	Entendimento dos julgados em relação à regra da correlação (Ementa, Relatório e Votos)	Acórdãos
Indisponível – 1ª e 2ª Turmas: Primeira Seção	Ações individuais (tributário)		O julgamento *extra petita* é aferido, não a partir do rótulo que se dá à ação, e, sim, do pedido; incorre nesse erro, a sentença que condena o autor a repetir valores, se o pedido é meramente declaratório, ainda que a ação seja rotulada de ação declaratória cumulada com repetição de indébito. Sendo o pedido referente à declaração de inexigibilidade de recolhimento de determinado tributo, é *extra petita* a decisão judicial que declara o direito de compensar os valores indevidamente recolhidos com débitos de outro tributo. Não obstante a previsão legal contida no artigo 113 do Código de Processo Civil, não pode o juiz em sede de ação rescisória, sem o requerimento expresso da parte, declarar de ofício a incompetência absoluta. O *decisum*, mesmo proferido por juiz incompetente, mesmo nulo, produz coisa julgada entre as partes, é lei entre litigantes. A incompetência absoluta apenas poderia ser declarada a pedido expresso da autora, nos termos do artigo 485, II, do Código de Processo Civil. O acórdão que manda aplicar índice de correção monetária não requerido na exordial viola os artigos 128 e 460 do CPC. O pedido limita a prestação jurisdicional. Proferida dentro dos lindes requeridos, não há sentença *extra petita*.	

| Indisponível

– 3ª e 4ª Turmas: Segunda Seção | Ações individuais (direito de família) | Pedidos de: i. reconhecimento e dissolução de sociedade de fato cumulada com partilha de bens adquiridos por esforço comum de concubinos; ii. reconhecimento e dissolução de sociedade de fato cumulada com indenização por serviços domésticos prestados e pensão. | **Aplicação estrita** da regra da correlação (arts. 128 e 460 do CPC). O pedido inicial delimita o alcance da prestação jurisdicional e define o campo em que a defesa da ré deverá se fazer, evitando surpresa no curso da lide pela discussão de matéria alheia àquela sobre a qual o autor buscou a intervenção do Poder Judiciário. Postulada pelo autor, após rompida a relação concubinária, o reconhecimento do seu **direito** à titularidade integral ou, ao menos, à meação de determinados bens, é defeso ao Tribunal *a quo*, em não deferindo tais pretensões, deliberar o pagamento, pela ré, de indenização ao recorrido por serviços prestados, tema que não foi objeto da exordial, nem como pedido alternativo, nem sucessivo. O pedido baliza a prestação jurisdicional. A autora não requereu na inicial a cobrança de empréstimo feito ao seu concubino, nem tal pedido é próprio à ação de reconhecimento da sociedade de fato. Daí, então, não poderiam as instâncias ordinárias ir além do pedido para condenar o espólio do réu a tal pagamento, ainda que ao argumento de indenização. | REsp 59738-SP, Quarta Turma, Rel. Min. Aldir Passarinho, j. 10.10.2000. REsp 52142-MG, Quarta Turma, Rel. Min. Fontes de Alencar, j. 08.05.1995. |

Natureza do Conflito & Turmas Julgadoras	Ações	Elementos objetivos da demanda	Entendimento dos julgados em relação à regra da correlação (Ementa, Relatório e Votos)	Acórdãos
Indisponível –3ª e 4ª Turmas: Segunda Seção	Ações individuais (direito de família)	Pedidos de: i. declaração de invalidade da compra e venda de determinado imóvel entre ascendente a descendente, sem o consentimento dos demais herdeiros, e condenação em perdas e danos; ii. investigação de paternidade; iii. negação de paternidade c/c investigação de paternidade e petição de herança; iv. concessão de alimentos; v. revisão de alimentos; vi. exoneração de alimentos.	**Aplicação não estrita** da regra de correlação. Na petição inicial, os recorrentes, antes de formularem o pedido de declaração de invalidade do contrato de compra e venda de imóvel, que, na origem, foi julgado procedente, narram com riqueza de detalhes os fatos que deram origem à lide, e coube ao juiz fazer o enquadramento legal, de acordo com precedente desta Corte. Não há de se falar em julgamento fora do pedido. A sentença de procedência da ação de investigação de paternidade pode condenar o réu em alimentos provisionais ou definitivos, independentemente de pedido expresso na inicial (art. 7º da Lei n. 8.560, de 29.12.1992). Portanto, é efeito da sentença de procedência o deferimento de alimentos ao investigante necessitado, assim como o é a alteração no registro civil. Ao réu de investigação de paternidade não é lícito mostrar-se surpreso com a condenação em alimentos, embora não haja pedido expresso na inicial, pois essa consequência está na lei.	REsp 476557-PR, Terceira Turma, Rel. Min. Nancy Andrighi, j. 18.12.2003. REsp 257885-RS, Quarta Turma, Rel. Min. Ruy Rosado de Aguiar, j. 21.09.2000. REsp 488512-MG, Quarta Turma, Rel. Min. Jorge Scartezzini, j. 16.09.2004. REsp 216719-CE, Quarta Turma, Rel. Min. Sálvio de Figueiredo Teixeira, j. 16.09.2003. REsp 162028-MG, Quarta Turma, Rel. Min. César Asfor Rocha, j. 20.11.2001. REsp 203208-SP, Quarta Turma, Rel. Min. Ruy Rosado de Aguiar, j. 26.06.2001. REsp 40690-SP, Terceira Turma, Rel. Min. Costa Leite, j. 21.02.1995.

Indisponível – 3ª e 4ª Turmas: Segunda Seção	Ações individuais (direito de família)		A falsidade do registro de nascimento pode ser demonstrada no âmbito da ação investigatória de paternidade. A procedência do pedido conduz ao cancelamento do registro, não se exigindo pedido expresso nem muito menos ação própria. Pouco importa o rótulo que se atribua às demandas (*nomen juris*). O que é importante e fundamental é a exposição clara e cristalina dos fatos, com a aplicação do direito cabível à espécie e o pedido ou *causa petendi* certo e escorreito. Na ação de caráter alimentar, não constitui julgamento *ultra petita* a fixação da pensão em *quantum* superior ao solicitado na inicial. Em demanda de caráter alimentar não se deve impor rigor na exegese do art. 460 do CPC, não constituindo, ademais, julgamento *extra petita* a atualização da pensão alimentícia. Não é *extra petita* a sentença que, diante do pedido de exoneração total de pensão, defere a redução dos alimentos. Como se sabe, no pedido mais abrangente se inclui o menor abrangência. Ademais, certo é que não houve prejuízo à ré, pois a contestação de um pedido de exoneração se assemelha à defesa em um pedido de revisão.	REsp 158086-MS, Terceira Turma, Rel. Min. Carlos Alberto Direito, j. 06.06.2000. REsp 107222-MG, Quarta Turma, Rel. Min. Ruy Rosado de Aguiar, j. 29.02.2000. REsp 114589-MG, Quarta Turma, Rel. Min. Ruy Rosado de Aguiar, j. 10.11.1997. REsp 119866-SP, Terceira Turma, Rel. Min. Waldemar Zveiter, j. 06.10.1998. REsp 176141-SP, Terceira Turma, Rel. Min. Ari Pargendler, j. 01.10.2002. REsp 249513-SP, Quarta Turma, Rel. Min. Sálvio de Figueiredo Teixeira, j. 06.03.2003. REsp 66169-SP, Terceira Turma, Rel. Min. Cláudio Santos, j. 19.09.1995. REsp 23619-RJ, Terceira Turma, Rel. Min. Cláudio Santos, j. 20.10.1992. REsp 4518-RS, Quarta Turma, Rel. Min. Barros Monteiro, j. 17.09.1991.

Natureza do Conflito & Turmas Julgadoras	Ações	Elementos objetivos da demanda	Entendimento dos julgados em relação à regra da correlação (Ementa, Relatório e Votos)	Acórdãos
Indisponível – 1ª e 2ª Turmas: Primeira Seção	Ações coletivas (ações civil pública, popular e de improbidade administrativa)	Pedidos de: i. declaração de nulidade parcial de sentença condenatória, proferida em sede de embargos do devedor, para extirpar de sua parte dispositiva a condenação do Município de Caldas Novas ao pagamento de multa contratual não requerida pelo exequente e não constante do contrato de prestação de serviços e execução de obras públicas; ii. responsabilidade por danos causados ao erário (improbidade administrativa); iii. condenação de empresa imobiliária a não se utilizar de alvarás expedidos pela Prefeitura Municipal, que seriam ilegais, para edificações no Morro de Pitiú, bem como a providenciar as obras necessárias com a finalidade de devolver as áreas verdes afetada ao seu aspecto natural e, na impossibilidade absoluta de restauração, ao pagamento de indenização correspondente à gravidade do dano verificado, calculado em liquidação; iv. tutela específica consistente em:	**Aplicação estrita** da regra da correlação (arts. 128 e 460 do CPC). A ação volta-se contra o aspecto excedente da sentença, que padece de nulidade absoluta e insanável, não tendo eficácia e nem produzindo efeito, e, por isso mesmo, não transitando em julgado nesse ponto, sendo cabível a ação civil pública (e não a rescisória) para obter a declaração de sua nulidade parcial. Conforme restou demonstrado na decisão agravada, a inicial foi proposta buscando a condenação do agente ímprobo por lesão ao patrimônio público, não tendo o *Parquet* formulado qualquer pleito no sentido de vê-lo condenado pela prática descrita no art. 11, II, da Lei n. 8.429/1992. Irrefutável que o provimento do apelo em epígrafe implicaria julgamento fora dos limites da lide (*extra petita*), o que é vedado por lei. A investigação a respeito de ter sido invocada matéria de fato estranha à causa de pedir posta na inicial, é atividade que consiste, não em juízo sobre o conteúdo de norma federal (CPC, arts. 128 e 460), e sim a respeito do conteúdo da petição inicial e de sua confrontação com os fundamentos do acórdão recorrido. Trata-se de atividade estranha ao âmbito constitucional do recurso especial, vedada pela Súmula n. 7/STJ.	REsp 199153-GO, Segunda Turma, Rel. Min. Francisco Peçanha Martins, j. 24.10.2000. AgRg no AgRg no REsp 505298-MG, Primeira Turma, Rel. Min. Francisco Falcão, j. 21.03.2006. REsp 507574-MG, Primeira Turma, Rel. Min. Teori Albino Zavascki, j. 15.09.2005. REsp 61618-SP, Primeira Turma, Rel. para acórdão Min. Milton Luiz Pereira, j. 22.05.1997. REsp 485842-RS, Segunda Turma, Rel. Min. Eliana Calmon, j. 06.04.2004.

| Indisponível | Ações coletivas (ações civil pública, popular e de improbidade administrativa) | a) fornecimento e colocação de hidrômetros pela CORSAN (Companhia Riograndense de Saneamento) para todos os consumidores de água potável por ela fornecida, residenciais e empresariais, estabelecendo-se, para tanto, prazo razoável, b) obrigatoriedade de cobrar tarifas de água em preços iguais para todos os consumidores, c) proibição das chamadas tarifas mínimas, d) fornecimento gratuito de água potável aos consumidores residenciais necessitados. | Embora o pedido tenha mencionado a ilegalidade do alvará, não se pode esquecer que na Ação Civil, alinhada à pretensão de direito subjetivo vertido de interesses coletivos (Lei n. 7.345/1985, art. 1º), o sucesso do pedido – ajustado a seus fins – não pode custodiar danos ambientais, com base em questão prejudicial não especificada na inicial. Não se pode decidir, no caso, se ocorreram, ou não, danos ambientais, fincando-se o resultado na ilegalidade do alvará, cuja avaliação não foi pedida. Quando o julgado tem por base afirmação não contemplada na postulação, consubstancia-se violação ao artigo 469, III, do CPC. A ação proposta pelo representante do MP do Rio Grande do Sul, na cidade de Pedro Osório, de forma anômala, recebeu do Tribunal efeito *erga omnes*, sem observância ao limite territorial da decisão (art. 16 da LACP). Extensão da coisa julgada da ação civil pública que enseja julgamento *ultra petita* para atingir base territorial não contemplada no pleito inicial, atropelando o acórdão o princípio dispositivo e o princípio da legitimidade do representante do Ministério Público, com atribuições limitadas no âmbito territorial. Afinal, a jurisdição do Tribunal só tem competência para valer por todo o Estado quando se tratar de ação de competência originária, ou quando ajuizada pelo MP com atribuições na capital do Estado, estando o Judiciário atrelado ao princípio dispositivo. | |
| –1ª e 2ª Turmas: Primeira Seção | | | | |

Natureza do Conflito & Turmas Julgadoras	Ações	Elementos objetivos da demanda	Entendimento dos julgados em relação à regra da correlação (Ementa, Relatório e Votos)	Acórdãos
Indisponível – 1ª e 2ª Turmas: Primeira Seção	Ações coletivas (ações civil pública, popular e de improbidade administrativa)	Pedidos de: i. responsabilidade por danos causados ao erário (improbidade administrativa); ii. paralisação da implantação do loteamento denominado Jardim Tabajara, em São Bernardo do Campo, por não terem os impetrantes cumprido os termos de ajustamento de conduta, iii. condenação solidária ao ressarcimento dos danos causados pelo lançamento de poluentes por diversas empresas na atmosfera e nos rios, com degradação do meio ambiente na Serra do Mar; iv. nulidade de procedimento licitatório referente à concorrência e, em consequência, do contrato administrativo para prestação de serviços, em razão de falhas observadas pelo MP na licitação e por manutenção de contrato taxado como preço excessivo; v. nulidade do pleito licitatório e do contrato subsequente, ou, caso desacolhida a pretensão desconstitutiva, a proibição de cobrança do pedágio até a disponibilização ao usuário de rodovia alternativa;	**Aplicação não estrita** da regra de correlação. Não há julgamento fora ou além do pedido quando o julgador, em face da relevância da questão social e do interesse público, sujeita, na condenação do responsável por atos de improbidade administrativa que atenta contra os princípios da administração pública, às penas cominadas em lei, como a suspensão de direitos políticos e vedação de contratar com o Poder Público (art. 12, III, da Lei n. 8.429/1992). O Recurso Ordinário devolve ao Tribunal *ad quem* a integralidade da matéria debatida, não havendo julgamento *extra* nem *ultra petita*. Não faz coisa julgada sentença homologatória do termo de ajustamento de conduta, sendo detectada nulidade absoluta na transação, que dispôs indevidamente sobre direito imaterial e indisponível ao meio ambiente. É possível a reabertura do processo, havendo o descumprimento do acordo, mesmo após o trânsito em julgado de sentença homologatória. Ao formular o pedido posterior à homologação, o MP não estava pretendendo invalidá-la, mas, apenas, verificar e pedir seu cumprimento, pelo que era da competência do juiz.	REsp 324282-MT, Primeira Turma, Rel. Min. Humberto Gomes de Barros, j. 05.02.2002. RMS 6292-SP, Segunda Turma, Rel. Min. Antônio de Pádua Ribeiro, j. 02.06.1997. Ag 16096-SP, Segunda Turma, Rel. Min. Américo Luz, j. 24.05.1995. REsp 12640-SP, Segunda Turma, Rel. Min. Eliana Calmon, j. 10.08.1999. REsp 11019-SP, Primeira Turma, Rel. Min. Garcia Vieira, j. 01.03.1993. REsp 794155-SP, Segunda Turma, Rel. Min. Castro Meira, j. 22.08.2006. REsp 620345-PR, Segunda Turma, Rel. Min. Castro Meira, j. 14.12.2004. REsp 439280-RS, Primeira Turma, Rel. Min. Luiz Fux, j. 01.04.2003. REsp 434283-RS, Primeira Turma, Rel. Min. Luiz Fux, j. 21.11.2002.

| Indisponível
–1ª e 2ª Turmas: Primeira Seção | Ações coletivas (ações civil pública, popular e de improbidade administrativa) | vi. tutela específica para restauração de área degradada por dano ambiental e, caso a restauração não seja possível, o recolhimento, ao Fundo Estadual para a reparação dos interesses difusos lesados, de quantia necessária para a execução de obras para esse fim; vii. obrigação de fazer – lacração obrigatória de determinado jornal quando publicar matéria ou ilustração que sejam impróprios ou inadequados para crianças e adolescentes, sob pena de multa diária (art. 78 do ECA); viii. indenização pelos danos difusos causados por interrupção de tráfego em virtude de manifestação de protesto de entidade sindical; ix. ação popular que objetiva a nulidade de contrato administrativo firmado para a execução de obras relativas ao anel viário, no Município de São José dos Campos. | Aliás, a providência reclamada tinha nitido caráter executório pelo que, da mesma forma que se reconhece aos juízos de execução, após o processo de conhecimento, tomar medidas acessórias, tinha o Dr. Juiz competência para fazê-lo.
Foi pedida a condenação solidária das rés ao pagamento de indenização correspondente ao custo integral da completa recomposição do complexo ecológico atingido, mas no saneador, entendeu o magistrado que o que se pretende é o ressarcimento das empresas, apurando-se a culpa, extensão do dano e responsabilidade de cada uma delas, para repor o equivalente, após prova pericial, mesmo que na inicial tenha se falado em condenação solidária. Não há risco de decisão *ultra e extra petita*, já que não se pode confundir a individualização da conduta repreensível de cada uma das demandadas com a solidariedade na responsabilidade extracontratual.
O magistrado, dentro do que foi pedido e da legislação indicada, praticamente explicitou o conteúdo objetivo da ação, sem afastar-se, em nenhum passo, do que contido estava na inicial. Daí a impertinência do recurso. | REsp 346227-SP, Primeira Turma, Rel. Min. Garcia Vieira,
j. 06.12.2001.
REsp 50639-SP, Primeira Turma, Rel. Min. Milton Luiz Pereira,
j. 14.03.1996.
REsp 285630-SP, Quarta Turma, Rel. Min. Ruy Rosado de Aguiar, j. 16.10.2001.
REsp 612123-SP, Primeira Turma, Rel. Min. Luiz Fux,
j. 08.03.2005. |

Natureza do Conflito & Turmas Julgadoras	Ações	Elementos objetivos da demanda	Entendimento dos julgados em relação à regra da correlação (Ementa, Relatório e Votos)	Acórdãos
Indisponível – 1ª e 2ª Turmas: Primeira Seção	Ações coletivas (ações civil pública, popular e de improbidade administrativa)		Não é inepta a petição inicial que deixa de apontar o dispositivo de lei, se da narração dos fatos decorrer logicamente o pedido. Da mesma forma, a aplicação de legislação diversa daquela utilizada pela parte para fundamentar seu pedido não implica julgamento *extra petita*. Aplicação dos brocardos *jura novit curia* e *mihi factum dabo tibi ius*. No que se refere ao suposto julgamento *extra petita*, pela fixação do preço justo na sentença, que não teria sido objeto do pedido. Não há como condenar-se ao ressarcimento sem resolver o litígio de forma integral. Concluindo-se pelo preço excessivo do contrato, com base nos elementos probatórios colacionados nos autos, o princípio do livre convencimento do juízo resultou na fixação do valor mensal do serviço atendendo a um critério de razoabilidade para fixação do valor correspondente à média de mercado. Se o pedido principal da ação civil pública era o ressarcimento ao erário em razão do superfaturamento do contrato, era imprescindível a fixação do justo valor da prestação dos serviços para apuração do *quantum* a ser devolvido ao erário, por ocasião da liquidação de sentença.	

| Indisponível

– 1ª e 2ª Turmas: Primeira Seção | Ações coletivas (ações civil pública, popular e de improbidade administrativa) | | Preliminar de julgamento *extra petita*. Os recorrentes foram demandados em Ação de Improbidade, sede em que vários fatos foram invocados como incidentes na citada Lei n. 8.429/1992. Assim os réus defenderam-se dos fatos, competindo ao juízo a qualificação jurídica dos mesmos. Aliás, é cediço que a qualificação jurídica dos fatos é dever de ofício do Juízo, por isso *tura novit curia*. Consectariamente, essa qualificação não integra a *causa petendi* e o seu ajuste na decisão à luz da demanda inicial não significa violação da regra da congruência, consubstanciada nos artigos 128 e 460 do CPC. Deveras, as multifárias ações administrativas que se enquadram no novel diploma, transmudam o pedido de adequação das mesmas, aos fatos previstos, como nítida ação fungível, podendo o juízo, ao decidir, impor sanção *aliud* porém *minus*.
O MP inseriu como pedido eventual aquilo que é efeito de um dos pedidos cumulados, qual seja, a sustação do pedágio ante a nulificação da licitação e do contrato. É manifestamente efeito secundário da decisão de nulificação da licitação e do contrato correspondente, a sustação do pedágio, porquanto de um contrato nulo não derivam efeitos, por isso a reversão das partes ao estado anterior.
Assim, a sustação do pedágio, como efeito consectário da sentença, sequer necessitaria constar do pedido, afastando, por conseguinte, a alegação de violação ao princípio da inércia, que na sua gênese exige a provocação do juiz para prover sobre o pedido. | |

Natureza do Conflito & Turmas Julgadoras	Ações	Elementos objetivos da demanda	Entendimento dos julgados em relação à regra da correlação (Ementa, Relatório e Votos)	Acórdãos
Indisponível – 1ª e 2ª Turmas: Primeira Seção	Ações coletivas (ações civil pública, popular e de improbidade administrativa)		Na cumulação eventual, em sendo compatíveis, é lícito acolher parte de um pedido e parcela do outro. O pedido foi o de restaurar a área degradada e a condenação foi de desbastar as espécies artificiais e apresentar projeto de reflorestamento. Não se configura o julgamento *extra petita*, quando a decisão, ao acolher o pedido formulado na inicial, especifica medidas complementares e alternativas necessárias ao fiel cumprimento da sentença. A declaração da inadequação do jornal era antecedente lógico para se julgar a procedência da vestibular que pedia, em última análise, fosse a ré condenada a cumprir a norma do art. 78 do ECA. [...] Consubstancia-se o interesse processual, constante nas motivações que justificaram a causa de pedir e o pedido judicial. O confrontado julgado, no acertamento final, não se divorciou da pretensão deduzida, compatível com a fincada relação jurídica, nem fugiu da adstrição à causa de pedir e pedido, limites da jurisdição (CPC, art. 128). Enfim, segundo a natureza e os fins da Ação Civil Pública os efeitos jurídicos pretendidos foram bem adequados na composição da lide posta para julgamento.	

| Indisponível | Ações coletivas (ações civil pública, popular e de improbidade administrativa) | | Ainda que o pedido seja genérico, o Juiz, que dispõe de elementos para desde logo arbitrar o valor da condenação, poderá fazê-lo sem ofensa aos arts. 128 e 460 do CPC, pois nada recomenda sejam as partes enviadas à longa e custosa fase do arbitramento. Os pedidos são manifestações passíveis de interpretação e, na ação popular, o pedido de anulação abrange todos os atos lesivos à administração, quer com base no vínculo originário principal quer com fulcro nos vínculos acessórios subsequentes, tudo analisado à luz do contexto integral da petição inicial. Vislumbrado o pedido nesse contexto, não há que se aduzir à violação do princípio da congruência, que pressupõe iniciativa oficial em matéria totalmente intocada pela iniciativa da parte. | |
| – 1ª e 2ª Turmas: Primeira Seção | | | | |